CODE

DE

PROCÉDURE CIVILE

AVEC RÉFÉRENCES AU *SUPPLÉMENT A TOUS LES CODES*

POUR LES LOIS, DÉCRETS ET CIRCULAIRES MINISTÉRIELLES

SUIVI

DES TARIFS DES FRAIS ET DÉPENS EN MATIÈRE CIVILE

PRÉCÉDÉ DE DEUX TABLES

L'une des Matières par titre et l'autre Alphabétique des Matières
du Code de procédure civile

COLLATIONNÉ SUR LES TEXTES OFFICIELS

PAR

PAUL ROY

OFFICIER D'ACADÉMIE

Directeur du Supplément à tous les Codes et du Bulletin-Commentaire des Lois nouvelles

———— ❧ ————

PARIS

PAUL ROY, Libraire-Éditeur

97, Boulevard Saint-Michel, 97

——

1897

PAUL ROY, Éditeur, 97, boulevard Saint-Michel, PARIS

REVUE DES LOIS

BULLETIN

DES LOIS USUELLES, DÉCRETS, ARRÊTÉS, CIRCULAIRES, ETC., ETC.

Sert à compléter et annoter les Codes de tous les auteurs

RECUEIL MENSUEL

Abonnement annuel, payable en un mandat-poste. . . . **3** fr.

ou **3** fr. **50** sur traite

Seul Recueil mensuel publiant rapidement la Législation nouvelle

CODE MUNICIPAL

LOI MUNICIPALE

DU 5 AVRIL 1884

EXPLIQUÉE

Par la Circulaire du 15 mai 1884 et l'Instruction du 11 avril 1896

DÉCRETS DES 7 AVRIL 1884 ET 29 AVRIL 1889 — LOIS DES 12 MAI 1889 ET 2 AVRIL 1896

Suivis d'un résumé de la Législation et de la Jurisprudence concernant l'administration communale

PAR

MAURICE BOIVIN

Ancien Conseiller de Préfecture

SECRÉTAIRE PARTICULIER DU MINISTRE DU COMMERCE ET DE L'INDUSTRIE

et

PAUL ROY

OFFICIER D'ACADÉMIE

Directeur de la *Revue des Lois* et du *Bulletin-Commentaire des Lois nouvelles*

1 brochure in-8° jésus (1897). — PRIX : *franco*. . . . . **4** fr.

CODE

DE

PROCÉDURE CIVILE

CODE

DE

PROCÉDURE CIVILE

AVEC RÉFÉRENCES AU *SUPPLÉMENT A TOUS LES CODES*

POUR LES LOIS, DÉCRETS ET CIRCULAIRES MINISTÉRIELLES

SUIVI

DES TARIFS DES FRAIS ET DÉPENS EN MATIÈRE CIVILE

PRÉCÉDÉ DE DEUX TABLES

L'une des Matières par titre et l'autre Alphabétique des Matières
du Code de procédure civile

COLLATIONNÉ SUR LES TEXTES OFFICIELS

PAR

PAUL ROY

OFFICIER D'ACADÉMIE

Directeur du Supplément à tous les Codes et du Bulletin-Commentaire des Lois nouvelles

PARIS

PAUL ROY, LIBRAIRE-ÉDITEUR

97, Boulevard Saint-Michel, 97

—

1897

TABLE DES TITRES

DU CODE DE PROCÉDURE CIVILE

1

TABLE ALPHABÉTIQUE DES MATIÈRES

DU CODE DE PROCÉDURE CIVILE

CODE DE PROCÉDURE CIVILE[1]

—⋙⊙⋘—

PREMIÈRE PARTIE

PROCÉDURE DEVANT LES TRIBUNAUX

LIVRE PREMIER

De la justice de paix [2]

TITRE PREMIER

DES CITATIONS

Art. 1er. Toute citation devant les juges de paix contiendra la date des jour, mois et an, les noms, profession et domicile du demandeur, les noms, demeure et immatricule de l'huissier, les noms et demeure du défendeur; elle énoncera sommairement l'objet et les moyens de la demande, et indiquera le juge de paix qui doit connaître de la demande, et le jour et l'heure de la comparution. — Pr. 4, 61. — C. 102. — T. 7 et 21.

2. En matière purement personnelle ou mobilière, la citation sera donnée devant le juge du domicile du défendeur; s'il n'a pas de domicile, devant le juge de sa résidence. — Pr. 50, 59, 69, 363. — C. 102.

3. Elle le sera devant le juge de la situation de l'objet litigieux, lorsqu'il s'agira,

1° Des actions pour dommages aux champs, fruits et récoltes;

2° Des déplacements de bornes, des usurpations de terres, arbres, haies, fossés et autres clôtures, commis dans l'année; des entreprises sur les cours d'eau, commises pareillement dans l'année, et de toutes autres actions possessoires;

3° Des réparations locatives;

4° Des indemnités prétendues par le fermier ou locataire pour non-jouissance, lorsque le droit ne sera pas contesté; et des dégradations alléguées par le propriétaire. — Pr. 23 et s., 38. — C. 645, 646, 686 et s., 1721 et s., 1754, 1769, 2228, 2243. — P. 389, 444, 456.

4. La citation sera notifiée par l'huissier de la justice de paix du domicile du défendeur; en cas d'em-

pêchement, par celui qui sera commis par le juge : copie en sera laissée à la partie; s'il ne se trouve personne en son domicile, la copie sera laissée au maire ou adjoint de la commune, qui visera l'original sans frais.

L'huissier de la justice de paix ne pourra instrumenter pour ses parents en ligne directe, ni pour ses frères, sœurs et alliés au même degré. — Pr. 61 et s., 1039.

5. Il y aura un jour au moins entre celui de la citation et le jour indiqué pour la comparution, si la partie citée est domiciliée dans la distance de trois myriamètres [3].

Si elle est domiciliée au delà de cette distance, il sera ajouté un jour par trois myriamètres.

Dans le cas où les délais n'auront point été observés, si le défendeur ne comparaît pas, le juge ordonnera qu'il sera réassigné, et les frais de la première citation seront à la charge du demandeur. — Pr. 19, 173, 1033.

6. Dans les cas urgents, le juge donnera une cédule [4] pour abréger les délais, et pourra permettre de citer, même dans le jour et à l'heure indiqués.—T. 7.

7. Les parties pourront toujours se présenter volontairement devant un juge de paix; auquel cas, il jugera leur différend, soit en dernier ressort, si les lois ou les parties l'y autorisent, soit à la charge de l'appel, encore qu'il ne fût le juge naturel des parties, ni à raison du domicile du défendeur, ni à raison de la situation de l'objet litigieux. — Pr. 1005. — T. 11.

La déclaration des parties qui demanderont jugement sera signée par elles, ou mention sera faite si elles ne peuvent signer. — Pr. 54, 1003, 1005. — C. 1350, 1351, 2123. — T. 11.

TITRE DEUXIÈME

DES AUDIENCES DU JUGE DE PAIX ET DE LA COMPARUTION DES PARTIES

8. Les juges de paix indiqueront au moins deux audiences par semaine : ils pourront juger tous les

---

[1] Exécutoire depuis le 1er janv. 1807.
[2] V. Lois 29 vent. an IX, art. 1, 2, 3; 16 vent. an XII; 25 mai 1838.

[3] Actuellement cinq myriamètres (L. 3 mai 1862, art. 4).
[4] Exemptes de la formalité de l'enregistrement (L. 18 therm. an VII); leur signification est soumise au droit.

jours, même ceux de dimanches et fêtes, le matin et l'après-midi (1).

Ils pourront donner audience chez eux, en tenant les portes ouvertes. — Pr. 9 et s., 87, 781. — T. 9, 27.

9. Au jour fixé par la citation, ou convenu entre les parties, elles comparaîtront en personne ou par leurs fondés de pouvoir (2), sans qu'elles puissent faire signifier aucune défense. — Pr. 53.

10. Les parties seront tenues de s'expliquer avec modération devant le juge, et de garder en tout le respect qui est dû à la justice ; si elles y manquent, le juge les y rappellera d'abord par un avertissement ; en cas de récidive, elles pourront être condamnées à une amende qui n'excédera pas la somme de dix francs, avec affiches du jugement, dont le nombre n'excédera pas celui des communes du canton. — Pr. 88 et s., 781-4°. — P. 222.

11. Dans le cas d'insulte ou irrévérence grave envers le juge, il en dressera procès-verbal, et pourra condamner à un emprisonnement de trois jours au plus. — Pr. 89 et s. — I. cr. 504 et s. — P. 222.

12. Les jugements, dans les cas prévus par les précédents articles, seront exécutoires par provision. — Pr. 17.

13. Les parties ou leurs fondés de pouvoir seront entendus contradictoirement. La cause sera jugée sur-le-champ, ou à la première audience ; le juge, s'il le croit nécessaire, se fera remettre les pièces. — Pr. 19 et s., 93.

14. Lorsqu'une des parties déclarera vouloir s'inscrire en faux, déniera l'écriture, ou déclarera ne pas la reconnaître, le juge lui en donnera acte : il paraphera la pièce, et renverra la cause devant les juges qui doivent en connaître. — Pr. 193 et s., 214 et s., 427. — T. 7.

15. Dans les cas où un interlocutoire aurait été ordonné, la cause sera jugée définitivement, au plus tard, dans le délai de quatre mois du jour du jugement interlocutoire : après ce délai, l'instance sera périmée de droit ; le jugement qui serait rendu sur le fond sera sujet à l'appel, même dans les matières dont le juge de paix connaît en dernier ressort, et sera annulé, sur la réquisition de la partie intéressée. — Pr. 16, 31, 397 et s., 404, 452, 473.

Si l'instance est périmée par la faute du juge, il sera passible des dommages et intérêts. — Pr. 31, 397, 404, 505, 509. — C. 397, 452, 473, 1382.

16. L'appel des jugements de la justice de paix ne sera pas recevable après les trois mois (3), à dater du jour de la signification faite par l'huissier de la justice de paix, ou tel autre, commis par le juge. — Pr. 31, 404, 443, 450, 454, 456. — I. cr. 174. — T. 24, 27.

17. Les jugements des justices de paix, jusqu'à concurrence de trois cents francs, seront exécutoires par provision, nonobstant l'appel, et sans qu'il soit besoin de fournir caution : les juges de paix pourront, dans les autres cas, ordonner l'exécution provisoire de leurs jugements, mais à la charge de donner caution (4). — Pr. 135, 155, 439, 457. — C. 2011, 2019. — T. 24.

(1) L. 21 mars 1806 sur les audiences foraines et S. C. n. 1009.

(2) V. art. 18, L. 25 mai 1838.

(3) Cet article a été modifié par les articles 13 et 16 de la loi du 25 mai 1838.

Le délai d'appel est actuellement *d'un mois*, et la signification ne doit plus être faite exclusivement par l'huissier de la justice de paix.

(4) Cet article a été modifié par les articles 11 et 12 de la loi du 25 mai 1838.

18. Les minutes de tout jugement seront portées par le greffier sur la feuille d'audience, et signées par le juge qui aura tenu l'audience et par le greffier (5). — Pr. 30, 138 et s.

TITRE TROISIÈME

DES JUGEMENTS PAR DÉFAUT, ET DES OPPOSITIONS A CES JUGEMENTS

19. Si, au jour indiqué par la citation, l'une des parties ne comparaît pas, la cause sera jugée par défaut, sauf la réassignation dans le cas prévu dans le dernier alinéa de l'article 5. — Pr. 20 et s., 149 et s., 434. — T. 21.

20. La partie condamnée par défaut pourra former opposition, dans les trois jours de la signification faite par l'huissier du juge de paix, ou autre qu'il aura commis.

L'opposition contiendra sommairement les moyens de la partie, et assignation au prochain jour d'audience, en observant toutefois les délais prescrits pour les citations : elle indiquera les jour et heure de la comparution, et sera notifiée ainsi qu'il est dit ci-dessus. — Pr. 4 et s., 435 et s., 455. — T. 21.

21. Si le juge de paix sait par lui-même ou par les représentations qui lui seraient faites à l'audience par les proches, voisins ou amis du défendeur, que celui-ci n'a pu être instruit de la procédure, il pourra, en adjugeant le défaut, fixer, pour le délai de l'opposition, le temps qui lui paraîtra convenable ; et, dans le cas où la prorogation n'aurait été ni accordée d'office ni demandée, le défaillant pourra être relevé de la rigueur du délai, et admis à opposition, en justifiant qu'à raison d'absence ou de maladie grave, il n'a pu être instruit de la procédure.

22. La partie opposante qui se laisserait juger une seconde fois par défaut ne sera plus reçue à former une nouvelle opposition. — Pr. 165.

TITRE QUATRIÈME

DES JUGEMENTS SUR LES ACTIONS POSSESSOIRES

23. Les actions possessoires ne seront recevables qu'autant qu'elles auront été formées, dans l'année du trouble, par ceux qui, depuis une année au moins, étaient en possession paisible par eux ou les leurs, à titre non précaire (6). — Pr. 3, 24 et s. — C. 641, 2226, 2230, 2236, 2243.

24. Si la possession ou le trouble sont déniés, l'enquête qui sera ordonnée ne pourra porter sur le fond du droit. — Pr. 24 et s., 34 et s.

25. Le possessoire et le pétitoire ne seront jamais cumulés. — Pr. 23, 24. — C. 644 et s., 691.

26. Le demandeur au pétitoire ne sera plus recevable à agir au possessoire.

27. Le défendeur au possessoire ne pourra se pourvoir au pétitoire qu'après que l'instance sur le possessoire aura été terminée et il ne pourra, s'il a succombé, se pourvoir qu'après qu'il aura pleinement satisfait aux condamnations prononcées contre lui.

Si néanmoins la partie qui les a obtenues était en retard de les faire liquider, le juge du pétitoire pourra fixer, pour cette liquidation, un délai, après lequel l'action au pétitoire sera reçue. — Pr. 186.

(5) V. Ord. 5 nov. 1823, art. 3.

(6) V. L. 25 mai 1838, art. 6.

TITRE CINQUIÈME

DES JUGEMENTS QUI NE SONT PAS DÉFINITIFS ET DE LEUR EXÉCUTION

28. Les jugements qui ne seront pas définitifs ne seront point expédiés, quand ils auront été rendus contradictoirement et prononcés en présence des parties. Dans le cas où le jugement ordonnerait une opération à laquelle les parties devraient assister, il indiquera le lieu, le jour et l'heure, et la prononciation vaudra citation. — Pr. 34 et s., 40 et s., 451, 452.

29. Si le jugement ordonne une opération par des gens de l'art, le juge délivrera, à la partie requérante, cédule de citation pour appeler les experts; elle fera mention du lieu, du jour, de l'heure, et contiendra le fait, les motifs et la disposition du jugement relative à l'opération ordonnée.

Si le jugement ordonne une enquête, la cédule de citation fera mention de la date du jugement, du lieu, du jour et de l'heure. — Pr. 6, 34, 41 et s. — T. 24, 25.

30. Toutes les fois que le juge de paix se transportera sur le lieu contentieux, soit pour en faire la visite, soit pour entendre les témoins, il sera accompagné du greffier, qui apportera la minute du jugement préparatoire (1). — Pr. 18, 28. — T. 12.

31. Il n'y aura lieu à l'appel des jugements préparatoires qu'après le jugement définitif et conjointement avec l'appel de ce jugement; mais l'exécution des jugements préparatoires ne portera aucun préjudice aux droits des parties sur l'appel, sans qu'elles soient obligées de faire à cet égard aucune protestation ni réserve.

L'appel des jugements interlocutoires est permis avant que le jugement définitif ait été rendu.

Dans ce cas, il sera donné expédition du jugement interlocutoire. — Pr. 16, 404, 443, 451 et s. — T. 21.

TITRE SIXIÈME

DE LA MISE EN CAUSE DES GARANTS

32. Si, au jour de la première comparution, le défendeur demande à mettre garant en cause, le juge accordera délai suffisant en raison de la distance du domicile du garant : la citation donnée au garant sera libellée, sans qu'il soit besoin de lui notifier le jugement qui ordonne sa mise en cause. — Pr. 1 et s., 175 et s., 186. — T. 21.

33. Si la mise en cause n'a pas été demandée à la première comparution, ou si la citation n'a pas été faite dans le délai fixé, il sera procédé, sans délai, au jugement de l'action principale, sauf à statuer séparément sur la demande en garantie. — Pr. 32, 178.

TITRE SEPTIÈME

DES ENQUÊTES

34. Si les parties sont contraires en faits de nature à être constatés par témoins, et dont le juge de paix trouve la vérification utile et admissible, il ordonnera la preuve et en fixera précisément l'objet. — Pr. 29, 252. — T. 21, 24.

35. Au jour indiqué, les témoins, après avoir dit

(1) V. L. 21 juin 1845 et Ord. 6 déc. 1845.

leurs noms, profession, âge et demeure, feront le serment de dire vérité, et déclareront s'ils sont parents ou alliés des parties et à quel degré, et s'ils sont leurs serviteurs ou domestiques. — Pr. 262 et s.

36. Ils seront entendus séparément, en présence des parties, si elles comparaissent ; elles seront tenues de fournir leurs reproches avant la déposition, et de les signer; si elles ne le savent ou ne le peuvent, il en sera fait mention : les reproches reçus après la déposition commencée, qu'autant qu'ils seront justifiés par écrit. — Pr. 262, 270, 282 et s. — T. 24.

37. Les parties n'interrompront point les témoins : après la déposition, le juge pourra, sur la réquisition des parties, et même d'office, faire aux témoins les interpellations convenables. — Pr. 273 et s.

38. Dans tous les cas où la vue du lieu peut être utile pour l'intelligence des dépositions, et spécialement dans les actions pour déplacement de bornes, usurpations de terres, arbres, haies, fossés ou autres clôtures, et pour entreprises sur les cours d'eau, le juge de paix se transportera, s'il le croit nécessaire, sur le lieu, et ordonnera que les témoins y seront entendus. — Pr. 28, 30, 41 et s. — T. 8.

39. Dans les causes sujettes à l'appel, le greffier dressera procès-verbal de l'audition des témoins : cet acte contiendra leurs noms, âge, profession et demeure, leur serment de dire vérité, leur déclaration s'ils sont parents, alliés, serviteurs ou domestiques des parties, et les reproches qui auraient été fournis contre eux. Lecture de ce procès-verbal sera faite à chaque témoin pour la partie qui le concerne; il signera sa déposition, ou mention sera faite qu'il ne sait ou ne peut signer. Le procès-verbal sera, en outre, signé par le juge et le greffier. Il sera procédé immédiatement au jugement, ou au plus tard à la première audience. — Pr. 15, 35, 274 et s., 411.

40. Dans les causes de nature à être jugées en dernier ressort, il ne sera point dressé de procès-verbal; mais le jugement énoncera les noms, âge, profession et demeure des témoins, leur serment, leur déclaration, s'ils sont parents, alliés, serviteurs ou domestiques des parties, les reproches et le résultat des dépositions. — Pr. 43, 410, 453.

TITRE HUITIÈME

DES VISITES DES LIEUX, ET DES APPRÉCIATIONS

41. Lorsqu'il s'agira, soit de constater l'état des lieux, soit d'apprécier la valeur des indemnités et dédommagements demandés, le juge de paix ordonnera que le lieu contentieux sera visité par lui, en présence des parties (2). — Pr. 28 et s., 38, 295 et s., l. c. 148. — T. 8.

42. Si l'objet de la visite ou de l'appréciation exige des connaissances qui soient étrangères au juge, il ordonnera que les gens de l'art, qu'il nommera par le même jugement, feront la visite avec lui et donneront leur avis sur le lieu même. Dans les causes sujettes à l'appel, procès-verbal de la visite sera dressé par le greffier, qui constatera le serment prêté par les experts. Le procès-verbal sera signé par le juge, par le greffier et par les experts; et si les experts ne savent ou ne peuvent signer, il en sera fait mention. — Pr. 302 et s. — T. 21, 25.

(2) V. L. 21 juin 1845 et Ord. 6 déc. 1845.

43. Dans les causes non sujettes à l'appel, il ne sera point dressé de procès-verbal ; mais le jugement énoncera les noms des experts, la prestation de leur serment, et le résultat de leur avis. — Pr. 40.

TITRE NEUVIÈME

DE LA RÉCUSATION DES JUGES DE PAIX

44. Les juges de paix pourront être récusés : 1° quand ils auront intérêt personnel à la contestation ; 2° quand ils seront parents ou alliés d'une des parties, jusqu'au degré de cousin germain inclusivement ; 3° si, dans l'année qui a précédé la récusation, il y a eu procès criminel entre eux et l'une des parties ou son conjoint, ou ses parents et alliés en ligne directe ; 4° s'il y a procès civil existant entre eux et l'une des parties ou son conjoint ; 5° s'ils ont donné un avis écrit dans l'affaire. — Pr. 378 et s.

45. La partie qui voudra récuser un juge de paix sera tenue de former la récusation et d'en exposer les motifs par un acte qu'elle fera signifier, par le premier huissier requis, au greffier de la justice de paix, qui visera l'original. L'exploit sera signé, sur l'original et la copie, par la partie ou son fondé de pouvoir spécial. La copie sera déposée au greffe et communiquée immédiatement au juge par le greffier. — Pr. 382 et s. — T. 14, 30.

46. Le juge sera tenu de donner au bas de cet acte, dans le délai de deux jours, sa déclaration par écrit, portant, ou son acquiescement à la récusation, ou son refus de s'abstenir, avec ses réponses aux moyens de récusation (1). — Pr. 386 et s. — I. cr. 542.

47. Dans les trois jours de la réponse du juge qui refuse de s'abstenir ou faute par lui de répondre, expédition de l'acte de récusation et de la déclaration du juge, s'il y en a, sera envoyée par le greffier, sur la réquisition de la partie la plus diligente, au procureur de la République près le tribunal de première instance dans le ressort duquel la justice de paix est située : la récusation y sera jugée en dernier ressort dans la huitaine, sur les conclusions du procureur de la République, sans qu'il soit besoin d'appeler les parties. — Pr. 311, 385. — T. 14.

LIVRE DEUXIÈME

Des tribunaux inférieurs

TITRE PREMIER

DE LA CONCILIATION

48. Aucune demande principale introductive d'instance entre parties capables de transiger, et sur des objets qui peuvent être la matière d'une transaction, ne sera reçue dans les tribunaux de première instance, que le défendeur n'ait été préalablement appelé en conciliation devant le juge de paix, ou que les parties n'y aient volontairement comparu. — Pr. 44 et s., 59, 68, 173, 1003 et s.

49. Sont dispensées du préliminaire de conciliation :

(1) V. L. 16 vent. an XII.

1° Les demandes qui intéressent l'État et le domaine, les communes, les établissements publics, les mineurs, les interdits, les curateurs aux successions vacantes ;

2° Les demandes qui requièrent célérité ;

3° Les demandes en intervention ou en garantie ;

4° Les demandes en matière de commerce ;

5° Les demandes de mise en liberté, celles en mainlevée de saisie ou opposition, en paiement de loyers, fermages ou arrérages de rentes ou pensions ; celles des avoués en paiement de frais ;

6° Les demandes formées contre plus de deux parties, encore qu'elles aient le même intérêt ;

7° Les demandes en vérification d'écritures, en désaveu, en règlement de juges, en renvoi, en prise à partie ; les demandes contre un tiers saisi, et en général sur les saisies, sur les offres réelles, sur la remise des titres, sur leur communication, sur les séparations de biens, sur les tutelles et curatelles ; et enfin toutes les causes exceptées par les lois. — Pr. 60, 69, 72, 175, 193 et s., 320, 345, 352 et s., 363 et s., 368 et s., 400, 404, 415 et s., 505 et s., 557 et s., 570, 583, 608, 636 et s., 666, 718, 795, 815, 839, 856, 865 et s., 871, 878, 883, 890, 998.

50. Le défendeur sera cité en conciliation :

1° En matière personnelle et réelle, devant le juge de paix de son domicile ; s'il y a deux défendeurs, devant le juge de l'un d'eux, au choix du demandeur ;

2° En matière de société autre que celle de commerce, tant qu'elle existe, devant le juge du lieu où elle est établie ;

3° En matière de succession, sur les demandes entre héritiers, jusqu'au partage inclusivement ; sur les demandes qui seraient intentées par les créanciers du défunt, avant le partage ; sur les demandes relatives à l'exécution des dispositions à cause de mort, jusqu'au jugement définitif, devant le juge de paix du lieu où la succession est ouverte. — Pr. 2, 59, 69. — C. 102.

51. Le délai de la citation sera de trois jours au moins. — Pr. 5, 72, 1033.

52. La citation sera donnée par un huissier de la justice de paix du défendeur (2) ; elle énoncera sommairement l'objet de la conciliation. — Pr. 1, 4 et s., 61. — T. 21.

53. Les parties comparaîtront en personne ; en cas d'empêchement, par un fondé de pouvoir. Pr. 9. — T. 69.

54. Lors de la comparution, le demandeur pourra expliquer, même augmenter sa demande, et le défendeur former celles qu'il jugera convenables : le procès-verbal qui en sera dressé contiendra les conditions de l'arrangement, s'il y en a ; dans le cas contraire, il fera sommairement mention que les parties n'ont pu s'accorder.

Les conventions des parties, insérées au procès-verbal, ont force d'obligation privée. — Pr. 58, 65. — C. 1322 et s. — T. 10.

55. Si l'une des parties défère le serment à l'autre, le juge de paix le recevra, ou fera mention du refus de le prêter. — C. 1357 et s.

56. Celle des parties qui ne comparaîtra pas sera condamnée à une amende de dix francs ; et toute audience lui sera refusée jusqu'à ce qu'elle ait justifié de la quittance. — Pr. 58, 173, 186, 1029.

57. La citation en conciliation interrompra la prescription, et fera courir les intérêts ; le tout, pourvu que la demande soit formée dans le mois, à dater du

(2) V. L. 25 mai 1838, art. 16.

jour de la non-comparution ou de la non-conciliation.
— C. 1154 et s., 2245, 2274.

58. En cas de non-comparution de l'une des parties, il en sera fait mention sur le registre du greffe de la justice de paix, et sur l'original ou la copie de la citation, sans qu'il soit besoin de dresser procès-verbal. — Pr. 54, 65. — T. 13.

TITRE DEUXIÈME

DES AJOURNEMENTS

59. En matière personnelle, le défendeur sera assigné devant le tribunal de son domicile ; s'il n'a pas de domicile, devant le tribunal de sa résidence.

S'il y a plusieurs défendeurs, devant le tribunal du domicile de l'un d'eux, au choix du demandeur ;

En matière réelle, devant le tribunal de la situation de l'objet litigieux ;

En matière mixte, devant le juge de la situation, ou devant le juge du domicile du défendeur ;

En matière de société, tant qu'elle existe, devant le juge du lieu où elle est établie ;

En matière de succession : 1° sur les demandes entre héritiers, jusqu'au partage inclusivement ; 2° sur les demandes qui seraient intentées par des créanciers du défunt, avant le partage ; 3° sur les demandes relatives à l'exécution des dispositions à cause de mort, jusqu'au jugement définitif, devant le tribunal du lieu où la succession est ouverte ;

En matière de faillite, devant le juge du domicile du failli ;

En matière de garantie, devant le juge où la demande originaire sera pendante ;

Enfin, en cas d'élection de domicile pour l'exécution d'un acte, devant le tribunal du domicile élu, ou devant le tribunal du domicile réel du défendeur, conformément à l'article 111 du Code civil. — Pr. 2, 32, 48, 49, 50, 60, 64, 68, 69, 153, 171, 175 et s., 181, 356, 363, 527, 567. — C. 14, 15, 102 et s., 110, 111, 813, 815, 822, 843, 1625 et s., 1832. — Co. 18 et s., 48, 50, 437 et s. — T. 27, 68.

60. Les demandes formées pour frais par les officiers ministériels, seront portées au tribunal où les frais ont été faits. — Pr. 49, 543. — C. 2273. — T. 151.

61. L'exploit d'ajournement contiendra : 1° La date des jour, mois et an, les noms, profession et domicile du demandeur, la constitution de l'avoué qui occupera pour lui, et chez lequel l'élection de domicile sera de droit, à moins d'une élection contraire par le même exploit ;

2° Les noms, demeure et immatricule de l'huissier, les noms et demeure du défendeur, et mention de la personne à laquelle copie de l'exploit sera laissée(1) ;

3° L'objet de la demande, l'exposé sommaire des moyens ;

4° L'indication du tribunal qui doit connaître de la demande, et du délai pour comparaître : le tout à peine de nullité. — Pr. 1, 52, 68 et s., 456, 563, 673, 1029 et s. — T. 27, 68.

62. Dans le cas du transport d'un huissier, il ne lui sera payé pour tous frais de déplacement qu'une journée au plus. — Pr. 67 et s. — T. 66.

63. Aucun exploit ne sera donné un jour de fête légale, si ce n'est en vertu de permission du président du tribunal. — Pr. 8, 781, 828, 1037. — Co. 134, 162, 187. — P. 25.

64. En matière réelle ou mixte, les exploits énon-

(1) V. L. 18 mai 1850, art. 22.

ceront la nature de l'héritage, la commune, et autant qu'il est possible, la partie de la commune où il est situé, et deux au moins des tenants et aboutissants ; s'il s'agit d'un domaine, corps de ferme ou métairie, il suffira d'en désigner le nom et la situation : le tout à peine de nullité. — Pr. 59, 627, 1029.

65. Il sera donné, avec l'exploit, copie du procès-verbal de non-conciliation, ou copie de la mention de non-comparution, à peine de nullité ; sera aussi donnée copie des pièces ou de la partie des pièces sur lesquelles la demande est fondée : à défaut de ces copies, celles que le demandeur sera tenu de donner dans le cours de l'instance n'entreront point en taxe. — Pr. 54, 58, 1029. — T. 28.

66. L'huissier ne pourra instrumenter pour ses parents et alliés, et ceux de sa femme, en ligne directe à l'infini, ni pour ses parents et alliés collatéraux, jusqu'au degré de cousin issu de germain inclusivement ; le tout à peine de nullité. — Pr. 4, 61, 71, 1029, 1031.

67. Les huissiers seront tenus de mettre à la fin de l'original et de la copie de l'exploit, le coût d'icelui, à peine de cinq francs d'amende, payables à l'instant de l'enregistrement — Pr. 104, 657, 1029.

68. Tous exploits seront faits à personne ou domicile : mais si l'huissier ne trouve au domicile ni la partie, ni aucun de ses parents ou serviteurs, il remettra de suite la copie à un voisin, qui signera l'original ; si ce voisin ne peut ou ne veut signer, l'huissier remettra la copie au maire, ou adjoint de la commune, lequel visera l'original sans frais. L'huissier fera mention du tout, tant sur l'original que sur la copie. — Pr. 4, 59, 61, 62, 69, 70, 71, 419, 443, 444, 456, 1029, 1031. — C. 102 et s., 111, 218, 1428, 1549. — Co. 173. — T. 66.

69. Seront assignés :

1° L'État, lorsqu'il s'agit de domaines et droits domaniaux, en la personne ou au domicile du préfet du département où siège le tribunal devant lequel doit être portée la demande en première instance ;

2° Le Trésor public, en la personne ou au bureau de l'agent ;

3° Les administrations ou établissements publics, en leurs bureaux dans le lieu où réside le siège de l'administration ; dans les autres lieux, en la personne et au bureau de leur préposé ;

4° *Le Roi, pour ses domaines, en la personne du procureur du Roi de l'arrondissement* (abrogé par décret du 6 sept. 1870) ;

5° Les communes, en la personne ou au domicile du maire, et, à Paris, en la personne ou au domicile du préfet ;

Dans les cas ci-dessus, l'original sera visé de celui à qui copie de l'exploit sera laissée ; en cas d'absence ou de refus, le visa sera donné, soit par le juge de paix, soit par le procureur de la République près le tribunal de première instance, auquel, en ce cas, la copie sera laissée ;

6° Les sociétés de commerce, tant qu'elles existent, en leur maison sociale ; et s'il n'y en a pas, en la personne ou au domicile de l'un des associés ;

7° Les unions et directions de créanciers, en la personne ou au domicile de l'un des syndics ou directeurs ;

8° Ceux qui n'ont aucun domicile connu en France, au lieu de leur résidence actuelle : si le lieu n'est pas connu, l'exploit sera affiché à la principale porte de l'auditoire du tribunal où la demande est portée ; une seconde copie sera donnée au procureur de la République, lequel visera l'original ;

9° (*L. 8 mars 1882.*) Ceux qui habitent le territoire français, hors de l'Europe et de l'Algérie, et ceux
qui sont établis à l'étranger, au parquet du procureur
de la République, près le tribunal où la demande est
portée, lequel visera l'original et enverra directement
la copie au ministre compétent ou à toute autre autorité déterminée par les conventions diplomatiques. —
Pr. 49,50, 59, 61, 70, 73, 456, 470, 560, 583, 1029 et s.,
1039. — C. 111. — Co. 18 et s., 529 et s. — T. 27.

70. Ce qui est prescrit par les deux articles précédents sera observé à peine de nullité (1). — Pr. 1029.
— P. 146.

71. Si un exploit est déclaré nul par le fait de l'huissier, il pourra être condamné aux frais de l'exploit et
de la procédure annulée, sans préjudice des dommages
et intérêts de la partie, suivant les circonstances. —
Pr. 132 et s., 173, 181, 360, 609, 1029, 1031. —
C. 1382. — T. 78.

72. Le délai ordinaire des ajournements, pour ceux
qui sont domiciliés en France, sera de huitaine.

Dans les cas qui requerront célérité, le président
pourra, par ordonnance rendue sur requête, permettre
d'assigner à bref délai (2). — Pr. 49-61, 73, 76, 404,
417 et s., 1033. — T. 77.

73. (*L. 3 mai 1862*). Si celui qui est assigné
demeure hors de la France continentale, le délai sera :

1° Pour ceux qui demeurent en Corse, en Algérie,
dans les Iles Britanniques, en Italie, dans le Royaume
des Pays-Bas et dans les Etats ou Confédérations limitrophes de la France, d'un mois;

2° Pour ceux qui demeurent dans les autres Etats,
soit de l'Europe, soit du littoral de la Méditerranée
et de celui de la mer Noire, de deux mois;

3° Pour ceux qui demeurent hors d'Europe, en deçà
des détroits de Malacca et de la Sonde et en deçà du
cap Horn, de cinq mois;

4° Pour ceux qui demeurent au delà des détroits de
Malacca et de la Sonde et au delà du cap Horn, de
huit mois.

Les délais ci-dessus seront doublés pour les pays
d'outremer, en cas de guerre maritime. — Pr. 69, 74,
445, 486, 560. 639, 1033. — Co. 492.

74. Lorsqu'une assignation à une partie domiciliée
hors de la France sera donnée à sa personne en France,
elle n'emportera que les délais ordinaires, sauf au tribunal à les prolonger s'il y a lieu. — Pr. 73.

TITRE TROISIÈME

CONSTITUTION D'AVOUÉS ET DÉFENSES

75. Le défendeur sera tenu, dans les délais de
l'ajournement, de constituer avoué ; ce qui se fera
par acte signifié d'avoué à avoué. Le défendeur ni le
demandeur ne pourront révoquer leur avoué sans en
constituer un autre. Les procédures faites et jugements obtenus contre l'avoué révoqué et non remplacé
seront valables. — Pr. 61, 76, 147 et s., 342 et s.,
352, 470, 529, 1038. — T. 68, 70.

76. Si la demande a été formée à bref délai, le
défendeur pourra, au jour de l'échéance, faire présenter à l'audience un avoué, auquel il sera donné acte
de sa constitution ; ce jugement ne sera point levé :
l'avoué sera tenu de le réitérer, dans le jour, sa constitution par acte ; faute par lui de le faire, le jugement
sera levé à ses frais. — Pr. 72, 470, 1031. — T. 80, 81.

(1) V. Décret 14 juin 1813, art. 45.
(2) V. Pour l'abréviation des délais, le décret du 30 mars
1808, art. 18, 54, 66.

77. Dans la quinzaine du jour de la constitution,
le défendeur fera signifier ses défenses signées de son
avoué ; elles contiendront offre de communiquer les
pièces à l'appui ou à l'amiable d'avoué à avoué ou par
la voie du greffe (3). — Pr. 75, 51, 97, 188 et s., 405.
— T. 72, 91.

78. Dans la huitaine suivante, le demandeur fera
signifier sa réponse aux défenses. — Pr. 81, 337,
464. — T. 73.

79. Si le défendeur n'a point fourni ses défenses
dans le délai de quinzaine, le demandeur poursuivra
l'audience sur un simple acte d'avoué à avoué. — Pr. 80.
— T. 70.

80. Après l'expiration du délai accordé au demandeur pour faire signifier sa réponse, la partie la plus
diligente pourra poursuivre l'audience sur un simple
acte d'avoué à avoué; pourra même le demandeur
poursuivre l'audience, après la signification des défenses, et sans y répondre (4). — Pr. 154.

81. Aucunes autres écritures ni significations
n'entreront en taxe. — Pr. 1031.

82. Dans tous les cas où l'audience peut être poursuivie sur un acte d'avoué à avoué, il n'en sera admis
en taxe qu'un seul pour chaque partie. — Pr. 79, 80,
154. — T. 70.

TITRE QUATRIÈME

DE LA COMMUNICATION AU MINISTÈRE PUBLIC

83. Seront communiquées au procureur de la République les causes suivantes :

1° Celles qui concernent l'ordre public, l'Etat, le domaine, les communes, les établissements publics, les
dons et legs au profit des pauvres;

2° Celles qui concernent l'état des personnes et les
tutelles,

3° Les déclinatoires sur incompétence;

4° Les règlements de juges, les récusations et renvois pour parenté et alliance;

5° Les prises à partie;

6° Les causes des femmes non autorisées par leurs
maris, ou même autorisées, lorsqu'il s'agit de leur
dot, et qu'elles sont mariées sous le régime dotal;
les causes des mineurs, et généralement toutes
celles où l'une des parties est défendue par un curateur (5) ;

7° Les causes concernant ou intéressant les personnes présumées absentes.

Le procureur de la République pourra néanmoins
prendre communication de toutes les autres causes
dans lesquelles il croira son ministère nécessaire; le
tribunal pourra même l'ordonner d'office (6). Pr. 45
et s., 49, 69, 84, 141, 168, 170, 193 et s., 227, 249,
251, 311, 359, 363 et s., 368 et s., 374, 378 et s., 385,
394, 480, 486, 498, 505 et s., 668, 782, 856, 861, et s.,
876, 879, 886, 891, 896, 900, 987, 1001. — C. 99, 184,
199, 218 et s., 306, 326, 356, 489 et s., 515, 1426,
1449, 1450. — T. 90.

84. En cas d'absence ou empêchement des procureurs de la République et de leurs substituts, ils seront remplacés par l'un des juges ou suppléants (7). —
Pr. 118.

(3) V. Décr. 30 mars 1808, art. 70 et suiv., pour la signification des conclusions.
(4) V. Décr. 30 mars 1808, art. 28, 29, 33, 69.
(5) V. L. 30 juin 1838, art. 40. *Sur les aliénés.*
(6) V. Décr. 30 mars 1808, art. 83, 84, 87; L. 20 avril 1810,
art. 46.
(7) V. L. 22 vent. an XII, art. 30.

TITRE CINQUIÈME

DES AUDIENCES, DE LEUR PUBLICITÉ ET DE LEUR POLICE

85. Pourront les parties, assistées de leurs avoués, se défendre elles-mêmes : le tribunal cependant aura la faculté de leur interdire ce droit, s'il reconnaît que la passion ou l'inexpérience les empêche de discuter leur cause avec la décence convenable ou la clarté nécessaire pour l'instruction des juges (1). — Pr. 470.

86. Les parties ne pourront charger de leur défense, soit verbale, soit par écrit, même à titre de consultation, les juges en activité de service, procureurs généraux, avocats généraux, procureurs de la République, substituts des procureurs généraux et de la République, même dans les tribunaux autres que ceux près desquels ils exercent leurs fonctions ; pourront néanmoins les juges, procureurs généraux, avocats généraux, procureurs de la République, et substituts des procureurs généraux et de la République, plaider, dans tous les tribunaux, leurs causes personnelles, et celles de leurs femmes, parents ou alliés en ligne directe, et de leurs pupilles. — Pr. 378, 470, 1040.

87. Les plaidoiries seront publiques, excepté dans les cas où la loi ordonne qu'elles seront secrètes. Pourra cependant le tribunal ordonner qu'elles se feront à huis clos, si la discussion publique devait entraîner ou scandale ou des inconvénients graves ; mais, dans ce cas, le tribunal sera tenu d'en délibérer, et de rendre compte de sa délibération au procureur général près la Cour d'appel ; et si la cause est pendante dans une Cour d'appel, au Ministre de la justice (2). Pr. 8, 111. — I. cr. 153, 170, 210 et s. — T. 83.

88. Ceux qui assisteront aux audiences se tiendront découverts, dans le respect et le silence : tout ce que le président ordonnera pour le maintien de l'ordre sera exécuté ponctuellement et à l'instant.

La même disposition sera observée dans les lieux où, soit les juges, soit les procureurs de la République, exerceront les fonctions de leur état (3). — Pr. 276, 1036. — I. cr. 34, 181, 267, 504 et s. — P. 222 et s.

89. Si un ou plusieurs individus, quels qu'ils soient, interrompent le silence, donnent des signes d'approbation ou d'improbation, soit à la défense des parties, soit aux discours des juges ou du ministère public, soit aux interpellations, avertissements ou ordres des président, juge-commissaire ou procureur de la République, soit aux jugements ou ordonnances, causent ou excitent du tumulte de quelque manière que ce soit, et si, après l'avertissement des huissiers, ils ne rentrent pas dans l'ordre sur-le-champ, il leur sera enjoint de se retirer, et les résistants seront saisis et déposés à l'instant dans la maison d'arrêt pour vingt-quatre heures ; ils y seront reçus sur l'exhibition de l'ordre du président, qui sera mentionné au procès-verbal de l'audience. — Pr. 10, 781. — I. cr. 267, 504 et s.

90. Si le trouble est causé par un individu remplissant une fonction près le tribunal, il pourra, outre la peine ci-dessus, être suspendu de ses fonctions ; la suspension, pour la première fois, ne pourra excéder le terme de trois mois. Le jugement sera exécutoire

par provision, ainsi que dans le cas de l'article précédent (4). — Pr. 512, 1036. — I. cr. 267, 504.

91. Ceux qui outrageraient ou menaceraient les juges ou les officiers de justice dans l'exercice de leurs fonctions, seront, de l'ordonnance du président, du juge-commissaire ou du procureur de la République, chacun dans le lieu dont la police lui appartient, saisis et déposés à l'instant dans la maison d'arrêt, interrogés dans les vingt-quatre heures, et condamnés par le tribunal, sur le vu du procès-verbal qui constatera le délit, à une détention qui ne pourra excéder le mois, et à une amende qui ne pourra être moindre de vingt-cinq francs, ni excéder trois cents francs.

Si le délinquant ne peut être saisi à l'instant, le tribunal prononcera contre lui, dans les vingt-quatre heures, les peines ci-dessus, sauf l'opposition que le condamné pourra former dans les dix jours du jugement, en se mettant en état de détention. — Pr. 11. — I. cr. 181, 504 et s. — P. 222 et s.

92. Si les délits commis méritaient peine afflictive ou infamante, le prévenu sera envoyé en état de mandat de dépôt devant le tribunal compétent, pour être poursuivi et puni suivant les règles établies par le Code d'instruction criminelle. — I. cr. 506 et s. — P. 222 et s.

TITRE SIXIÈME

DES DÉLIBÉRÉS ET INSTRUCTIONS PAR ÉCRIT

93. Le tribunal pourra ordonner que les pièces seront mises sur le bureau, pour en être délibéré au rapport d'un juge nommé par le jugement, avec indication du jour auquel le rapport sera fait. — Pr. 94 et s., 110, 116, 202, 222, 280, 342, 371, 385 et s., 405, 479. — T. 84.

94. Les parties et leurs défenseurs seront tenus d'exécuter le jugement qui ordonnera le délibéré, sans qu'il soit besoin de le lever ni signifier, et sans sommation : si l'une des parties ne remet point ses pièces, la cause sera jugée sur les pièces de l'autre. — Pr. 93. — T. 90.

95. Si une affaire ne paraît pas susceptible d'être jugée sur plaidoirie ou délibéré, le tribunal ordonnera qu'elle sera instruite par écrit, pour en être fait rapport par l'un des juges nommé par le jugement.

Aucune cause ne peut être mise en rapport qu'à l'audience et à la pluralité des voix. — Pr. 110, 116 et s., 338, 341, 350 et s., 461, 470. — T. 84.

96. Dans la quinzaine de la signification du jugement, le demandeur fera signifier une requête contenant ses moyens ; elle sera terminée par un état des pièces produites au soutien.

Le demandeur sera tenu, dans les vingt-quatre heures qui suivront cette signification, de produire au greffe et de faire signifier l'acte de produit. — Pr. 98 et s., 104. — P. 409. — T. 70, 73, 91.

97. Dans la quinzaine de la production du demandeur au greffe, le défendeur en prendra communication, et fera signifier sa réponse avec état au bas des pièces au soutien ; dans les vingt-quatre heures de cette signification, il rétablira au greffe la production par lui prise en communication, fera la sienne, et en signifiera l'acte.

Dans le cas où il y aurait plusieurs défendeurs, s'ils ont tout à la fois des avoués et des intérêts différents, ils auront chacun les délais ci-dessus fixés pour

---

(1) V. Décr. 2 juill. 1812; Décr. 30 mars 1808, art. 34.
(2) V. Décr. 30 mars 1808, art. 34 ; L. 20 avril 1810, art. 7.
(3) V. Ordonnance 20 nov. 1822, art. 43.

(4) V. Décr. 30 mars 1808, art. 103 et suiv.

prendre communication, répondre et produire : la communication leur sera donnée successivement, à commencer par le plus diligent. — Pr. 77, 106, 189, 409, 524. — T. 70, 73, 90.

98. Si le demandeur n'avait pas produit dans le délai ci-dessus fixé, le défendeur mettra sa production au greffe, ainsi qu'il a été dit ci-dessus : le demandeur n'aura que huitaine pour en prendre communication et contredire; ce délai passé, il sera procédé au jugement, sur la production du défendeur. — Pr. 106, 189, 524. — T. 73, 91.

99. Si c'est le défendeur qui ne produit pas dans le délai qui lui est accordé, il sera procédé au jugement, sur la production du demandeur. — Pr. 100, 113, 342, 524.

100. Si l'un des délais fixés expire sans qu'aucun des défendeurs ait pris communication, il sera procédé au jugement sur ce qui aura été produit. — Pr. 113, 342, 524.

101. Faute par le demandeur de produire, le défendeur le plus diligent mettra sa production au greffe; et l'instruction sera continuée ainsi qu'il est dit ci-dessus. — Pr. 98.

102. Si l'une des parties veut produire de nouvelles pièces, elle le fera au greffe, avec acte de produit contenant état desdites pièces, lequel sera signifié à avoué, sans requête de production nouvelle ni écritures, à peine de rejet de la taxe, lors même que l'état des pièces contiendrait de nouvelles conclusions. — Pr. 105, 1031. — T. 73, 90.

103. L'autre partie aura huitaine pour prendre communication, et fournir sa réponse, qui ne pourra excéder six rôles. — Pr. 106. — T. 73, 90.

104. Les avoués déclareront, au bas des originaux et des copies de toutes leurs requêtes et écritures, le nombre des rôles, qui sera aussi énoncé dans l'acte de produit, à peine de rejet lors de la taxe (1). — Pr. 67, 133, 1031. — T. 70, 74.

105. Il ne sera passé en taxe que les écritures et significations énoncées au présent titre. — Pr. 1031.

106. Les communications seront prises au greffe sur les récépissés des avoués, qui en contiendront la date. — Pr. 189.

107. Si les avoués ne rétablissent, dans les délais ci-dessus fixés, les productions par eux prises en communication, il sera, sur le certificat du greffier, et sur un simple acte pour venir plaider, rendu jugement à l'audience, qui les condamnera personnellement, et sans appel, à ladite remise, aux frais du jugement, sans répétition, et en dix francs au moins de dommages-intérêts par chaque jour de retard.

Si les avoués ne rétablissent les productions dans la huitaine de la signification dudit jugement, le tribunal pourra prononcer, sans appel, de plus forts dommages et intérêts, même condamner l'avoué par corps (1), et l'interdire pour tel temps qu'il estimera convenable.

Lesdites condamnations pourront être prononcées sur la demande des parties, sans qu'elles aient besoin d'avoués, et sur un simple mémoire qu'elles remettront ou au président, ou au rapporteur, ou au procureur de la République. — Pr. 96 et s., 126, 191, 536, 1029. — T. 90.

108. Il sera tenu au greffe un registre sur lequel seront portées toutes les productions, suivant leur ordre de date : ce registre, divisé en colonnes, contiendra la date de la production, les noms des parties,

de leurs avoués et du rapporteur; il sera laissé une colonne en blanc.

109. Lorsque toutes les parties auront produit, ou après l'expiration des délais ci-dessus fixés, le greffier, sur la réquisition de la partie la plus diligente, remettra les pièces au rapporteur, qui s'en chargera, en signant sur la colonne laissée en blanc au registre des productions. — Pr. 114. — T. 90.

110. Si le rapporteur décède, se démet ou ne peut faire le rapport, il en sera commis un autre, sur requête, par ordonnance du président, signifiée à partie ou à son avoué trois jours au moins avant le rapport. — Pr. 93, 95. — T. 70, 76.

111. Tous rapports, même sur délibérés, seront faits à l'audience; le rapporteur résumera le fait et les moyens sans ouvrir son avis : les défenseurs n'auront, sous aucun prétexte, la parole après le rapport; ils pourront seulement remettre sur-le-champ au président de simples notes énonciatives des faits sur lesquels ils prétendraient que le rapport a été incomplet ou inexact (2). — Pr. 87, 95, 112, 338, 341, 461, 668, 762.

112. Si la cause est susceptible de communication, le procureur de la République sera entendu en ses conclusions à l'audience (3). — Pr. 83, 662, 668.

113. Les jugements rendus sur les pièces de l'une des parties, faute par l'autre d'avoir produit, ne seront point susceptibles d'opposition. — Pr. 94, 98 et s., 343, 350, 809, 1016. — T. 85.

114. Après le jugement, le rapporteur remettra les pièces au greffe; et il en sera déchargé par la seule radiation de sa signature sur le registre des productions. — Pr. 108, 115.

115. Les avoués, en retirant leurs pièces, émargeront le registre; cet émargement servira de décharge au greffier. — Pr. 103, 108, 114. — T. 70, 90, 91.

TITRE SEPTIÈME

DES JUGEMENTS

116. Les jugements seront rendus à la pluralité des voix, et prononcés sur-le-champ : néanmoins les juges pourront se retirer dans la chambre du conseil pour y recueillir les avis; ils pourront aussi continuer la cause à une des prochaines audiences pour prononcer le jugement (4). — Pr. 93, 95, 117 et s., 141. — I. c. 369. — T. 86.

117. S'il se forme plus de deux opinions, les juges plus faibles en nombre seront tenus de se réunir à l'une des deux opinions émises par le plus grand nombre; toutefois, ils ne seront tenus de s'y réunir qu'après que les voix auront été recueillies une seconde fois. — Pr. 116 et s., 467.

118. En cas de partage, on appellera, pour le vider, un juge; à défaut du juge, un suppléant; à son défaut, un avocat attaché au barreau, et à son défaut, un avoué; tous appelés selon l'ordre du tableau : l'affaire sera de nouveau plaidée (5). — Pr. 84, 468, 1012, 1017.

119. Si le jugement ordonne la comparution des parties, il indiquera le jour de la comparution. — Pr. 19 et s., 48, 324 et s., 330, 470.

120. Tout jugement qui ordonnera un serment

(1) La contrainte par corps est abolie. L. 22 juillet 1867.

(2) V. Décr. 30 mars 1808.
(3) V. Décr. 30 mars 1808.
(4) V. Décr. 30 mars 1808, art. 35; L. 20 avril 1810, art. 7.
(5) V. Décr. 30 mars 1808, art. 49.

énoncera les faits sur lesquels il sera reçu. — Pr. 55, 121, 470. — C. 1357 et s. — P. 366.

121. Le serment sera fait par la partie en personne, et à l'audience. Dans le cas d'un empêchement légitime et dûment constaté, le serment pourra être prêté devant le juge que le tribunal aura commis, et qui se transportera chez la partie, assisté du greffier.

Si la partie à laquelle le serment est déféré est trop éloignée, le tribunal pourra ordonner qu'elle prêtera le serment devant le tribunal du lieu de sa résidence.

Dans tous les cas, le serment sera fait en présence de l'autre partie, ou elle dûment appelée par acte d'avoué à avoué, et, s'il n'y a pas d'avoué constitué, par exploit contenant l'indication du jour de la prestation. — Pr. 534, 1035. — C. 1357 et s. — P. 366. — T. 29, 70.

122. Dans les cas où les tribunaux peuvent accorder des délais pour l'exécution de leurs jugements, ils le feront par le jugement même qui statuera sur la contestation, et qui énoncera les motifs du délai.— Pr. 123 et s., 136, 442, 472, 530. — C. 1188, 1244, 1613, 1900 et s., 2212. — Co. 157.

123. Le délai courra du jour du jugement, s'il est contradictoire, et de celui de la signification, s'il est par défaut. — Pr. 1033.

124. Le débiteur ne pourra obtenir un délai, ni jouir du délai qui lui aura été accordé, si ses biens sont vendus à la requête d'autres créanciers, s'il est en état de faillite, de contumace, ou s'il est constitué prisonnier, ni enfin lorsque, par son fait, il aura diminué les sûretés qu'il avait données par le contrat à son créancier. — C. 1188, 1244, 1613, 1900. — Co. 437 et s.

125. Les actes conservatoires seront valables, nonobstant le délai accordé. — Pr. 122. — C. 1180, 1454.

126. La contrainte par corps ne sera prononcée que dans les cas prévus par la loi : il est néanmoins laissé à la prudence des juges de la prononcer.

1º Pour dommages et intérêts en matière civile, au-dessus de la somme de trois cents francs ;

2º Pour reliquats de compte de tutelle, curatelle, d'administration de corps et communauté, établissements publics ou de toute administration confiée par justice, et pour toutes restitutions à faire par suite desdits comptes (1).

127. Pourront les juges, dans les cas énoncés en l'article précédent, ordonner qu'il sera sursis à l'exécution de la contrainte par corps pendant le temps qu'ils fixeront ; après lequel elle sera exercée sans nouveau jugement. Ce sursis ne pourra être accordé que par le jugement qui statuera sur la contestation, et qui énoncera les motifs de délai. — Pr. 478. — C. 118½, 1244, 2212.

128. Tous jugements qui condamneront en des dommages et intérêts, en contiendront la liquidation, ou ordonneront qu'ils seront donnés par état. — Pr. 185, 523 et s. — Civ. 1149.

129. Les jugements qui condamneront à une restitution de fruits ordonneront qu'elle sera faite en nature pour la dernière année ; et pour les années précédentes, suivant les mercuriales du marché le plus voisin, eu égard aux saisons et aux prix communs de l'année ; sinon à dire d'experts, à défaut de mercuriales. Si la restitution en nature pour la der-

nière année est impossible, elle se fera comme pour les années précédentes. — Pr. 303 et s., 526 et s.

130. Toute partie qui succombera sera condamnée aux dépens (2). — Pr. 166, 185, 192, 301, 338 et s., 525, 543 et s., 662, 716, 1031. — C. 444, 1260, 1382, 2101, 2105. — I. c. 162, 171, 194, 368.

131. Pourront néanmoins les dépens être compensés en tout ou en partie, entre conjoints, ascendants, descendants, frères et sœurs ou alliés au même degré ; les juges pourront aussi compenser les dépens en tout ou en partie, si les parties succombent respectivement sur quelques chefs.

132. Les avoués et huissiers qui auront excédé les bornes de leur ministère, les tuteurs, curateurs, héritiers bénéficiaires ou autres administrateurs qui auront compromis les intérêts de leur administration, pourront être condamnés aux dépens, en leur nom et sans répétition, même aux dommages et intérêts s'il y a lieu ; sans préjudice de l'interdiction contre les avoués et huissiers, et de la destitution contre les tuteurs et autres, suivant la gravité des circonstances (3). — Pr. 71, 360, 444, 523 et s, 1031. — C. 444, 509, 803 et s., 811, 1146 et s., 1102, 1382, 1428, 1531, 1549.

133. Les avoués pourront demander la distraction des dépens à leur profit, en affirmant, lors de la prononciation du jugement, qu'ils ont fait la plus grande partie des avances. La distraction des dépens ne pourra être prononcée que par le jugement qui en portera la condamnation : dans ce cas, la taxe sera poursuivie et l'exécutoire délivré au nom de l'avoué, sans préjudice de l'action contre sa partie — Pr. 103, 137, 191, 470, 760, 764.

134. S'il a été formé une demande provisoire, et que la cause soit en état sur le provisoire et sur le fond, les juges seront tenus de prononcer sur le tout par un seul jugement. — Pr. 172, 288, 338, 470, 473.

135. L'exécution provisoire sans caution sera ordonnée, s'il y a titre authentique, promesse reconnue ou condamnation précédente par jugement dont il n'y ait point d'appel.

L'exécution provisoire pourra être ordonnée, avec ou sans caution, lorsqu'il s'agira :

1º D'apposition et levée de scellés, ou confection d'inventaire ;

2º De réparations urgentes ;

3º D'expulsion des lieux, lorsqu'il n'y a pas de bail, ou que le bail est expiré ;

4º De séquestres, commissaires et gardiens ;

5º De réceptions de caution et certificateurs ;

6º De nomination de tuteurs, curateurs, et autres administrateurs, et de reddition de compte ;

7º De pensions ou provisions alimentaires (2). — Pr. 17, 155, 439, 443 et s., 457 et s., 517, 522, 809, 821, 840, 882 et s., 924, 930, 941 et s., 998 et s.,1024. — C. 203 et s., 955, 1317 et s., 1322, 1341,1724, 1737, 1743, 1751 et s., 1955.

136. Si les juges ont omis de prononcer l'exécution provisoire, ils ne pourront l'ordonner par un second jugement, sauf aux parties à la demander sur l'appel. — Pr. 122, 155, 439, 458 et s.

137. L'exécution provisoire ne pourra être ordonnée pour les dépens, quand même ils seraient adjugés pour tenir lieu de dommages et intérêts. — Pr. 130 et s., 459.

138. Le président et le greffier signeront la minute de chaque jugement aussitôt qu'il sera rendu :

(1) La contrainte par corps est abrogée en matière commerciale, civile et contre les étrangers (L. 22 juillet 1867).

(2) V. Décr. 2 nov. 1864, art. 2.
(3) V. Décr. 30 mars 1808, art. 102.

il sera fait mention, en marge de la feuille d'audience, des juges et du procureur de la République qui y auront assisté; cette mention sera également signée par le président et le greffier (1). — Pr. 18, 141, 470, 1040.

139. Les greffiers qui délivreront expédition d'un jugement avant qu'il ait été signé seront poursuivis comme faussaires. — Pr. 138, 140, 146, 1029. — I. c. 196, 448 et s. — P 145.

140. Les procureurs de la République et généraux se feront représenter tous les mois les minutes des jugements, et vérifieront s'il a été satisfait aux dispositions ci-dessus : en cas de contravention, ils en dresseront procès-verbal, pour être procédé ainsi qu'il appartiendra. — Pr. 138. — I. c. 196.

141. La rédaction des jugements contiendra les noms des juges, du procureur de la République, s'il a été entendu, ainsi que des avoués; les noms, professions et demeures des parties, leurs conclusions, l'exposition sommaire des points de fait et de droit, les motifs et le dispositif des jugements (2). — Pr. 83 et s., 111, 138, 141 et s., 433, 470.

142. La rédaction sera faite sur les qualités signifiées entre les parties : en conséquence, celle qui voudra lever un jugement contradictoire sera tenue de signifier à l'avoué de son adversaire les qualités contenant les noms, professions et demeures des parties, les conclusions, et les points de fait et de droit. — Pr. 145, 470. — T. 87, 88.

143. L'original de cette signification restera pendant vingt-quatre heures entre les mains des huissiers audienciers. — Pr. 244 et s.

144. L'avoué qui voudra s'opposer soit aux qualités, soit à l'exposé des points de fait et de droit, le déclarera à l'huissier, qui sera tenu d'en faire mention. — T. 90.

145. Sur un simple acte d'avoué à avoué, les parties seront réglées sur cette opposition par le juge qui aura présidé; en cas d'empêchement, par le plus ancien, suivant l'ordre du tableau. — T. 70, 90.

146. Les expéditions des jugements seront intitulées et terminées au nom *du peuple français*, conformément *au décret du 2 septembre 1871.* — Pr. 433, 470, 545, 853, 854. — C. 1335, 1336. — I. c. 521, 522.

147. S'il y a avoué en cause, le jugement ne pourra être exécuté qu'après avoir été signifié à avoué, à peine de nullité; les jugements provisoires et définitifs qui prononceront des condamnations seront en outre signifiés à la partie, à personne ou domicile, et il y sera fait mention de la signification à l'avoué. — Pr. 153 et s., 443, 548, 763, 1029. — T. 29.

148. Si l'avoué est décédé ou a cessé de postuler, la signification à partie suffira; mais il y sera fait mention du décès ou de la cessation des fonctions de l'avoué. — Pr. 75, 162 et s., 342, 1038.

TITRE HUITIÈME

DES JUGEMENTS PAR DÉFAUT ET OPPOSITIONS

149. Si le défendeur ne constitue pas avoué, ou si l'avoué constitué ne se présente pas au jour indiqué pour l'audience, il sera donné défaut (3). — Pr. 19 et

(1) V. Décr. 30 mars 1808, art. 36, 73, 74; Ord. 5 nov. 1823. art. 2.
(2) V. L. 20 avril 1810, art. 7.
(3) V. Décr. 30 mars 1808, art. 21, 28, 66, 68, 69.

s., 75 et s., 123, 150, 154, 157 et s., 160, 179, 194, 342, 349 et s., 434, 470. — T. 82.

150. Le défaut sera prononcé à l'audience, sur l'appel de la cause, et les conclusions de la partie qui le requiert seront adjugées, si elles se trouvent justes et bien vérifiées : pourront néanmoins les juges faire mettre les pièces sur le bureau, pour prononcer le jugement à l'audience suivante (4). — Pr. 19 et s., 116, 149 et s., 434.

151. Lorsque plusieurs parties auront été citées pour le même objet à différents délais, il ne sera pris défaut contre aucune d'elles qu'après l'échéance du plus long délai. — Pr. 72, 73, 179, 184, 470, 1033.

152. Toutes les parties appelées et défaillantes seront comprises dans le même défaut; et s'il en est pris contre chacune d'elles séparément, les frais desdits défauts n'entreront point en taxe, et resteront à la charge de l'avoué, sans qu'il puisse les répéter contre la partie. — Pr. 132, 151, 1031.

153. Si de deux ou de plusieurs parties assignées l'une fait défaut et l'autre comparaît, le profit du défaut sera joint, et le jugement de jonction sera signifié à la partie défaillante par un huissier commis : la signification contiendra assignation au jour auquel la cause sera appelée; il sera statué par un seul jugement, qui ne sera pas susceptible d'opposition.— Pr. 149, 156, 158, 165, 184, 435, 762, 763. — T. 29.

154. Le défendeur qui aura constitué avoué pourra, sans avoir fourni de défenses, suivre l'audience par un seul acte, et prendre défaut contre le demandeur qui ne comparaîtrait pas. — Pr. 75, 76, 80, 82, 149, 434.

155. Les jugements par défaut ne seront pas exécutés avant l'échéance de la huitaine de la signification à avoué, s'il y a eu constitution d'avoué, et de la signification à personne ou domicile, s'il n'y a pas eu constitution d'avoué; à moins qu'en cas d'urgence l'exécution n'en ait été ordonnée avant l'expiration de ce délai, dans les cas prévus par l'article 135.

Pourront aussi les juges, dans le cas seulement où il y aurait péril en la demeure, ordonner l'exécution nonobstant l'opposition, avec ou sans caution; ce qui ne pourra se faire que par le même jugement. — Pr. 17, 135, 147, 149, 157, 164, 435, 439, 449, 458, 517, 806. — C. 2011.

156. Tous les jugements par défaut contre une partie qui n'a pas constitué d'avoué seront signifiés par un huissier commis, soit par le tribunal, soit par le juge du domicile du défaillant que le tribunal aura désigné; ils seront exécutés dans les six mois de leur obtention, sinon seront réputés non avenus. — Pr. 350, 397, 435, 436, 548 et s., 1029. — T. 29, 76, 89. — Co. 643.

157. Si le jugement est rendu contre une partie ayant un avoué, l'opposition ne sera recevable que pendant huitaine, à compter du jour de la signification à avoué. — Pr. 113, 165, 257, 351, 352, 436, 440, 442, 809. — T. 89.

158. S'il est rendu contre une partie qui n'a pas d'avoué, l'opposition sera recevable jusqu'à l'exécution du jugement. — Pr. 162, 165, 436. — Co. 642, 643.

159. Le jugement est réputé exécuté, lorsque les meubles saisis ont été vendus, ou que le condamné a été emprisonné ou recommandé, ou que la saisie d'un ou de plusieurs de ses immeubles lui a été notifiée, ou que les frais ont été payés, ou enfin lorsqu'il y a quelque acte duquel il résulte nécessairement que l'exécution du jugement a été connue de la partie dé-

(4) V. Décr. 30 mars 1808, art. 21.

faillante : l'opposition formée dans les délais ci-dessus et dans les formes ci-après prescrites suspend l'exécution, si elle n'a pas été ordonnée nonobstant opposition. **Pr.** 135, 162, 455, 611.

160. Lorsque le jugement aura été rendu contre une partie ayant un avoué, l'opposition ne sera recevable qu'autant qu'elle aura été formée par requête d'avoué à avoué. — **Pr.** 75, 157, 161, 163, 165, 1030.

161. La requête contiendra les moyens d'opposition, à moins que des moyens de défense n'aient été signifiés avant le jugement, auquel cas il suffira de déclarer qu'on les emploie comme moyens d'opposition : l'opposition qui ne sera pas signifiée dans cette forme n'arrêtera pas l'exécution ; elle sera rejetée sur un simple acte, et sans qu'il soit besoin d'aucune autre instruction (1). — **Pr.** 437, 1029. — **T.** 75.

162. Lorsque le jugement aura été rendu contre une partie n'ayant pas d'avoué, l'opposition pourra être formée, soit par acte extrajudiciaire, soit par déclaration sur les commandements, procès-verbaux de saisie ou d'emprisonnement, ou tout autre acte d'exécution, à la charge par l'opposant de la réitérer avec constitution d'avoué, par requête, dans la huitaine ; passé lequel temps elle ne sera plus recevable, et l'exécution sera continuée, sans qu'il soit besoin de la faire ordonner.

Si l'avoué de la partie qui a obtenu le jugement est décédé, ou ne peut plus postuler, elle fera notifier une nouvelle constitution d'avoué au défaillant, lequel sera tenu, dans les délais ci-dessus, à compter de la signification, de réitérer son opposition par requête, avec constitution d'avoué.

Dans aucun cas, les moyens d'opposition fournis postérieurement à la requête n'entreront en taxe. — **Pr.** 81, 132, 148, 156, 158 et s., 165, 342 et s., 438, 1031, 1033, 1038. — **T.** 29.

163. Il sera tenu au greffe un registre sur lequel l'avoué de l'opposant fera mention sommaire de l'opposition, en énonçant les noms des parties et de leurs avoués, les dates du jugement et de l'opposition : il ne sera dû de droit d'enregistrement que dans le cas où il en serait délivré expédition. — **Pr.** 548 et s. — **T.** 90.

164. Aucun jugement par défaut ne sera exécuté à l'égard d'un tiers que sur un certificat du greffier, constatant qu'il n'y a aucune opposition portée sur le registre. — **Pr.** 548 et s. — **T.** 90.

165. L'opposition ne pourra jamais être reçue contre un jugement qui aurait débouté d'une première opposition. — **Pr.** 22, 113, 351. — **I. c.** 188.

TITRE NEUVIÈME

DES EXCEPTIONS

§ I. — *De la caution à fournir par les étrangers.*

166. Tous étrangers, demandeurs principaux ou intervenants, seront tenus, si le défendeur le requiert, avant toute exception, de fournir caution de payer les frais et dommages-intérêts auxquels ils pourraient être condamnés. — **P.** 130, 173, 186, 339 et s., 423, 517 et s. — **C.** 11, 16, 2040 et s. — **T.** 75.

167. Le jugement qui ordonnera la caution fixera la somme jusqu'à concurrence de laquelle elle sera fournie : le demandeur qui consignera cette somme ou qui justifiera que ses immeubles situés en France

(1) V. Décr. 30 mars 1808, art. 30.

sont suffisants pour en répondre sera dispensé de fournir caution. — **Pr.** 517 et s. — **C.** 16, 2041.

§ II. — *Des renvois.*

168. La partie qui aura été appelée devant un tribunal autre que celui qui doit connaître de la contestation pourra demander son renvoi devant les juges compétents. — **Pr.** 59 et s., 169 et s., 173, 181, 186, 368 et s., 424. — **T.** 75.

169. Elle sera tenue de former cette demande préalablement à toutes autres exceptions et défenses. — **Pr.** 166, 170 et s., 186.

170. Si néanmoins le tribunal était incompétent à raison de la matière, le renvoi pourra être demandé en tout état de cause ; et si le renvoi n'était pas demandé, le tribunal sera tenu de renvoyer d'office devant qui de droit. — **Pr.** 83-3°, 168, 424, 454, 459. — **Co.** 631, 632, 638. — **I. c.** 539.

171. S'il a été formé précédemment, en un autre tribunal, une demande pour le même objet, ou si la contestation est connexe à une cause déjà pendante en un autre tribunal, le renvoi pourra être demandé et ordonné. — **Pr.** 83, 363 et s. — **C.** 1351. — **I. c.** 3. — **For.** 182.

172. Toute demande en renvoi sera jugée sommairement, sans qu'elle puisse être réservée ni jointe au principal — **Pr.** 134, 138, 168, 174, 188, 404 et s., 425, 473.

§ III. — *Des nullités.*

173. Toute nullité d'exploit ou d'acte de procédure est couverte, si elle n'est proposée avant toute défense ou exception autre que les exceptions d'incompétence. — **Pr.** 71, 132, 166, 169 et s., 186, 188, 470, 1030. — **T.** 75.

§ IV. — *Des exceptions dilatoires.*

174. L'héritier, la veuve, la femme divorcée ou séparée de biens, assignée comme commune, auront trois mois, du jour de l'ouverture de la succession ou dissolution de la communauté, pour faire inventaire, et quarante jours pour délibérer : si l'inventaire a été fait avant les trois mois, le délai de quarante jours commencera du jour qu'il aura été parachevé.

S'ils justifient que l'inventaire n'a pu être fait dans les trois mois, il leur sera accordé un délai convenable pour le faire, et quarante jours pour délibérer ; ce qui sera réglé sommairement.

L'héritier conserve néanmoins, après l'expiration des délais ci-dessus accordés, la faculté de faire encore inventaire et de se porter héritier bénéficiaire, s'il n'a pas fait d'ailleurs acte d'héritier, ou s'il n'existe pas contre lui de jugement passé en force de chose jugée qui le condamne en qualité d'héritier pur et simple. — **Pr.** 177, 186, 404 et s., 426, 1033. — **C.** 795, 797 et s., 1456, 1459. — **T.** 75.

175. Celui qui prétendra avoir droit d'appeler en garantie sera tenu de le faire dans la huitaine du jour de la demande originaire, outre un jour pour trois myriamètres (2). S'il y a plusieurs garants intéressés en la même garantie, il n'y aura qu'un seul délai pour tous, qui sera réglé selon la distance du lieu de la demeure du garant le plus éloigné. — **Pr.** 32 et s., 49, 59, 177 et s., 181, 186, 337, 1033. — **C.** 884 et s., 1625 et s., 1640.

176. Si le garant prétend avoir droit d'en appeler un autre en sous-garantie, il sera tenu de le faire

(2) Actuellement, cinq myriamètres (art. 4, L. 3 mai 1862).

dans le délai ci-dessus, à compter du jour de la demande en garantie formée contre lui ; ce qui sera successivement observé à l'égard du sous-garant ultérieur (1). — Pr. 72, 175, 1033.

177. Si néanmoins le défendeur originaire est assigné dans les délais pour faire inventaire et délibérer, le délai pour appeler garant ne commencera que du jour où ceux pour faire inventaire et délibérer seront expirés. — Pr. 174, 187, 943.

178. Il n'y aura pas d'autre délai pour appeler garant, en quelque matière que ce soit, sous prétexte de minorité ou autre cause privilégiée ; sauf à poursuivre les garants, mais sans que le jugement de la demande principale en soit retardé. — Pr. 33, 175, 181, 444, 481, 1020, 1029.

179. Si les délais des assignations en garantie ne sont échus en même temps que celui de la demande originaire, il ne sera pris aucun défaut contre le défendeur originaire, lorsque, avant l'expiration du délai, il aura déclaré, par acte d'avoué à avoué, qu'il a formé sa demande en garantie ; sauf, si le défendeur, après l'échéance du délai pour appeler le garant, ne justifie pas de la demande en garantie, à faire droit sur la demande originaire, même à le condamner à des dommages-intérêts, si la demande en garantie par lui alléguée se trouve n'avoir pas été formée. — Pr. 5, 75, 128, 149, 175 et s., 337 et s. — T. 70.

180. Si le demandeur originaire soutient qu'il n'y a lieu au délai pour appeler garant, l'incident sera jugé sommairement. — Pr. 337 et s., 404 et s. — T. 75.

181. Ceux qui seront assignés en garantie seront tenus de procéder devant le tribunal où la demande originaire sera pendante, encore qu'ils dénient être garants ; mais s'il paraît par écrit, ou par l'évidence du fait, que la demande originaire n'a été formée que pour les traduire hors de leur tribunal, ils y seront renvoyés. — Pr. 59, 168 et s., 337. — C. 424, 1383. — Co. 173, 631.

182. En garantie formelle, pour les matières réelles ou hypothécaires, le garant pourra toujours prendre le fait et cause du garanti, qui sera mis hors de cause, s'il le requiert avant le premier jugement.

Cependant le garanti, quoique mis hors de cause, pourra y assister pour la conservation de ses droits, et le demandeur originaire pourra demander qu'il y reste pour la conservation des siens. — Pr. 185. — C. 1625 et s., 2178.

183. En garantie simple, le garant pourra seulement intervenir, sans prendre le fait et cause du garanti. — Pr. 339. — C. 2011 et s.

184. Si les demandes originaires et en garantie sont en état d'être jugées en même temps, il y sera fait droit conjointement ; sinon le demandeur originaire pourra faire juger sa demande séparément : le même jugement prononcera sur la disjonction, si les deux instances ont été jointes ; sauf, après le jugement du principal, à faire droit sur la garantie, s'il y échet. — Pr. 134, 343, 1034.

185. Les jugements rendus contre les garants formels seront exécutoires contre les garantis.

Il suffira de signifier le jugement aux garantis, soit qu'ils aient été mis hors de cause, ou qu'ils y aient assisté, sans qu'il soit besoin d'autre demande ni procédure. A l'égard des dépens, dommages et intérêts, la liquidation et l'exécution ne pourront en être faites que contre les garants.

Néanmoins, en cas d'insolvabilité du garant, le garanti sera passible des dépens, à moins qu'il n'ait été

mis hors de cause : il le sera aussi des dommages et intérêts, si le tribunal juge qu'il y a lieu. — Pr. 128, 130, 523 et s., 543 et s.

186. Les exceptions dilatoires seront proposées conjointement et avant toutes défenses au fond. — Pr. 166, 169, 173, 338.

187. L'héritier, la veuve et la femme divorcée ou séparée, pourront ne proposer leurs exceptions dilatoires qu'après l'échéance des délais pour faire inventaire et délibérer. — Pr. 174, 186. — C. 1441.

§ V. — *De la communication des pièces.*

188. Les parties pourront respectivement demander, par un simple acte, communication des pièces employées contre elles, dans les trois jours où lesdites pièces auront été signifiées ou employées. — Pr. 77, 97, 189 et s., 519, 1033. — T. 91.

189. La communication sera faite entre avoués, sur récépissé, ou par dépôt au greffe : les pièces ne pourront être déplacées, si ce n'est qu'il y en ait minute, ou que la partie y consente. — Pr. 96 et s., 406, 523, 524. — T. 91.

190. Le délai de la communication sera fixé, ou par le récépissé de l'avoué, ou par le jugement, qui l'aura ordonnée : s'il n'était pas fixé, il sera de trois jours.

191. Si, après l'expiration du délai, l'avoué n'a pas rétabli les pièces, il sera, sur simple requête, et même sur simple mémoire de la partie, rendu ordonnance portant qu'il sera contraint à ladite remise, incontinent et par corps (2) ; même à payer trois francs de dommages-intérêts à l'autre partie par chaque jour de retard, du jour de la signification de ladite ordonnance, outre les frais desdites requête et ordonnance, qu'il ne pourra répéter contre son constituant. — Pr. 107, 126, 132, 1029, 1031. — C. 2060. — T. 70, 76.

192. En cas d'opposition, l'incident sera réglé sommairement : si l'avoué succombe, il sera condamné personnellement aux dépens de l'incident, même en tels autres dommages-intérêts et peines qu'il appartiendra, suivant la nature des circonstances. — Pr. 130, 405 et s., 524. — T. 75.

TITRE DIXIÈME

DE LA VÉRIFICATION DES ÉCRITURES

193. Lorsqu'il s'agira de reconnaissance et vérification d'écritures privées, le demandeur pourra, sans permission du juge, faire assigner à trois jours pour avoir acte de la reconnaissance, ou pour faire tenir l'écrit pour reconnu.

Si le défendeur ne dénie pas la signature, tous les frais relatifs à la reconnaissance ou à la vérification, même ceux de l'enregistrement de l'écrit, seront à la charge du demandeur (3). — Pr. 14, 44, 49, 59, 83, 130, 194 et s., 1033. — C. 970, 1006 et s., 1315, 1322 et s., 2123.

194. Si le défendeur ne comparaît pas, il sera donné défaut, et l'écrit sera tenu pour reconnu : si le défendeur reconnaît l'écrit, le jugement en donnera acte au demandeur. — Pr. 19, 149, 150, 214. — C. 1322 et s.

195. Si le défendeur dénie la signature à lui attribuée, ou déclare ne pas reconnaître celle attribuée à un tiers, la vérification en pourra être ordonnée tant

(1) V. L. 3 mai 1862, art. 4.

(2) La contrainte par corps est supprimée en matière commerciale, civile, et contre les étrangers (L. 22 juill. 1867).

(3) V. L. 3 sept. 1807, art. 1, 2.

par titre que par experts et par témoins. — Pr. 14, 211, 232, 323, 427. — C. 1008, 1323, 1321.

196. Le jugement qui autorisera la vérification ordonnera qu'elle sera faite par trois experts, et les nommera d'office, à moins que les parties ne se soient accordées pour les nommer. Le même jugement commettra le juge devant qui la vérification se fera ; il portera aussi que la pièce à vérifier sera déposée au greffe, après que son état aura été constaté, et qu'elle aura été signée et paraphée par le demandeur ou son avoué, et par le greffier, lequel dressera du tout un procès-verbal. — Pr. 219 et s., 225, 302 et s., 1035. — I. c. 448. — T. 92.

197. En cas de récusation contre le juge-commissaire ou les experts, il sera procédé ainsi qu'il est prescrit aux titres XIV et XXI du présent livre. — Pr. 237, 308, 311, 378 et s.

198. Dans les trois jours du dépôt de la pièce, le défendeur pourra en prendre communication au greffe sans déplacement : lors de ladite communication, la pièce sera paraphée par lui, ou par son avoué, ou par son fondé de pouvoir spécial ; et le greffier en dressera procès-verbal. — Pr. 189, 196. 218, 228, 1033. — T. 92.

199. Au jour indiqué par l'ordonnance du juge-commissaire, sur la sommation faite à la partie la plus diligente, signifiée à avoué s'il en a été constitué, si non à domicile, par un huissier commis par ladite ordonnance, les parties seront tenues de comparaître devant ledit commissaire, pour convenir de pièces de comparaison : si le demandeur en vérification ne comparaît pas, la pièce sera rejetée ; si c'est le défendeur, le juge pourra tenir la pièce pour reconnue. Dans les deux cas, le jugement sera rendu à la prochaine audience, sur le rapport du juge-commissaire, sans acte à venir plaider : il sera susceptible d'opposition. — T. 76, 92.

200. Si les parties ne s'accordent pas sur les pièces de comparaison, le juge ne pourra recevoir comme telles

1º Que les signatures apposées aux actes par-devant notaires, ou celles apposées aux actes judiciaires, en présence du juge et du greffier, ou enfin les pièces écrites et signées par celui dont il s'agit de comparer l'écriture, en qualité de juge, greffier, notaire, avoué, huissier, ou comme faisant, à tout autre titre, fonction de personne publique.

2º Les écritures et signatures privées, reconnues par celui à qui est attribuée la pièce à vérifier, mais non celles déniées ou non reconnues par lui, encore qu'elles eussent été précédemment vérifiées et reconnues être du fait.

Si la dénégation ou méconnaissance ne porte que sur partie de la pièce à vérifier, le juge pourra ordonner que le surplus de ladite pièce servira de pièce de comparaison. — Pr. 236. — C. 1317, 1322. — I. c. 448 et s.

201. Si les pièces de comparaison sont entre les mains de dépositaires publics ou autres, le juge-commissaire ordonnera qu'aux jour et heure par lui indiqués les détenteurs desdites pièces les apporteront au lieu où se fera la vérification ; à peine, contre les dépositaires publics, d'être contraints par corps (1), et les autres par les voies ordinaires, sauf même à prononcer contre ces derniers la contrainte par corps, s'il y échet. — Pr. 205, 206, 221, 245. — I. c. 454. — T. 166.

(1) La contrainte par corps est abolie en matière commerciale, civile, et contre les étrangers (L. 22 juill. 1867).

202. Si les pièces de comparaison ne peuvent être déplacées, ou si les détenteurs sont trop éloignés, il est laissé à la prudence du tribunal d'ordonner, sur le rapport du juge-commissaire, et après avoir entendu le procureur de la République, que la vérification se fera dans le lieu de la demeure des dépositaires, ou dans le lieu le plus proche, ou que, dans un délai déterminé, les pièces seront envoyées au greffe par les voies que le tribunal indiquera par son jugement. — Pr. 201 et s., 222.

203. Dans ce dernier cas, si le dépositaire est personne publique, il fera préalablement expédition ou copie collationnée des pièces, laquelle sera vérifiée sur la minute ou original par le président du tribunal de son arrondissement, qui en dressera procès-verbal : ladite expédition ou copie sera mise par le dépositaire au rang de ses minutes, pour en tenir lieu jusqu'au renvoi des pièces ; et il pourra en délivrer des grosses ou expéditions, en faisant mention du procès-verbal qui aura été dressé.

Le dépositaire sera remboursé de ses frais par le demandeur en vérification, sur la taxe qui en sera faite par le juge qui aura dressé le procès-verbal, d'après lequel sera délivré exécutoire (2). — Pr. 205, 209, 242, 245. — C. 1335. — I. c. 455.

204. La partie la plus diligente fera sommer par exploit les experts et les dépositaires de se trouver aux lieu, jour et heure indiqués par l'ordonnance du juge-commissaire ; les experts, à l'effet de prêter serment et de procéder à la vérification, et les dépositaires, à l'effet de représenter les pièces de comparaison ; il sera fait sommation à la partie d'être présente, par acte d'avoué à avoué, s'il en est dressé du tout procès-verbal : il en sera donné aux dépositaires copie par extrait, en ce qui les concerne, ainsi que du jugement. — Pr. 61, 75, 201, 315, — T. 20, 70, 76, 166.

205. Lorsque les pièces seront représentées par les dépositaires, il est laissé à la prudence du juge-commissaire d'ordonner qu'ils resteront présents à la vérification, pour la garde desdites pièces, et qu'ils les retireront et représenteront à chaque vacation, ou d'ordonner qu'elles resteront déposées ès mains du greffier, qui s'en chargera par procès-verbal : dans ce dernier cas, le dépositaire, s'il est personne publique, pourra en faire expédition, ainsi qu'il est dit par l'article 203 ; et ce, encore que le lieu où se fait la vérification soit hors de l'arrondissement dans lequel le dépositaire a le droit d'instrumenter. — Pr. 202, 245. — I. c. 455 et s. — T. 166.

206. A défaut ou en cas d'insuffisance des pièces de comparaison, le juge-commissaire pourra ordonner qu'il sera fait un corps d'écritures, lequel sera dicté par les experts, le demandeur présent ou appelé. — I. c. 461. — T. 70, 92.

207. Les experts ayant prêté serment, les pièces leur étant communiquées, ou le corps d'écritures fait, les parties se retireront, après avoir fait, sur le procès-verbal du juge-commissaire, telles réquisitions et observations qu'elles aviseront. — Pr. 236, 315, 317. — T. 92, 164.

208. Les experts procéderont conjointement à la vérification, au greffe, devant le greffier ou devant le juge, s'il l'a ainsi ordonné ; et s'ils ne peuvent terminer le même jour, ils remettront à jour et heure certains indiqués par le juge ou par le greffier. — Pr. 236, 317 et s., 1034. — T. 163, 164, 165.

209. Leur rapport sera annexé à la minute du procès-verbal du juge-commissaire, sans qu'il soit be-

(2) V. L. 25 vent. an XI, art. 22.

soin de l'affirmer ; les pièces seront remises aux dépositaires, qui en déchargeront le greffier sur le procès-verbal.

La taxe des journées et vacations des experts sera faite sur le procès-verbal, et il en sera délivré exécutoire contre le demandeur en vérification. — Pr. 242, 318 et s. — l. c. 463.

210. Les trois experts seront tenus de dresser un rapport commun et motivé, et de ne former qu'un seul avis à la pluralité des voix.

S'il y a des avis différents, le rapport en contiendra les motifs, sans qu'il soit permis de faire connaître l'avis particulier des experts. — Pr. 303 et s., 318, 322 et s.

211. Pourront être entendus comme témoins, ceux qui auront vu écrire ou signer l'écrit en question, ou qui auront connaissance de faits pouvant servir à découvrir la vérité. — Pr. 224.

212. En procédant à l'audition des témoins, les pièces déniées ou méconnues leur seront représentées, et seront par eux paraphées ; il en sera fait mention, ainsi que de leur refus : seront, au surplus, observées les règles ci-après prescrites pour les enquêtes. — Pr. 234, 252 et s. — l. c. 457.

213. S'il est prouvé que la pièce est écrite ou signée par celui qui l'a déniée, il sera condamné à cent cinquante francs d'amende envers le domaine, outre les dépens, dommages et intérêts de la partie, et pourra être condamné par corps (1) même pour le principal. — Pr. 126, 246, 552, 780, 1029. — C. 2060.

TITRE ONZIÈME

DU FAUX INCIDENT CIVIL

214. Celui qui prétend qu'une pièce signifiée, communiquée ou produite dans le cours de la procédure est fausse ou falsifiée, peut, s'il y échet, être reçu à s'inscrire en faux, encore que ladite pièce ait été vérifiée, soit avec le demandeur, soit avec le défendeur en faux, à d'autres fins que celles d'une poursuite de faux principal ou incident, et qu'en conséquence il soit intervenu un jugement sur le fondement de ladite pièce comme véritable. — Pr. 14, 193 et s., 215 et s., 240, 250, 427, 480, 1015. — C. 1338, 2055. — I. c. 2, 3, 458 et s., 637. — P. 145 et s.

215. Celui qui voudra s'inscrire en faux sera tenu préalablement de sommer l'autre partie, par acte d'avoué à avoué, de déclarer si elle veut ou non se servir de la pièce, avec déclaration que, dans le cas où elle s'en servirait, il s'inscrira en faux. — l. c. 458 et s. — T. 71.

216. Dans les huit jours, la partie sommée doit faire signifier par acte d'avoué, sa déclaration, signée d'elle ou du porteur de sa procuration spéciale et authentique, dont copie sera donnée, si elle entend ou non se servir de la pièce arguée de faux. — Pr. 250, 1033. — l. c. 458 et s. — T. 71.

217. Si le défendeur à cette sommation ne fait cette déclaration, ou s'il déclare qu'il ne veut pas se servir de la pièce, le demandeur pourra se pourvoir à l'audience sur un simple acte, pour faire ordonner que la pièce maintenue fausse sera rejetée par rapport au défendeur ; sauf au demandeur à en tirer telles inductions ou conséquences qu'il jugera à propos, ou à former telles demandes qu'il avisera, pour ses dommages et intérêts. — Pr. 215 et s., 220, 224, 251. — I. cr. 459.

218. Si le défendeur déclare qu'il veut se servir de la pièce, le demandeur déclarera par acte au greffe, signé de lui ou de son fondé de pouvoir spécial et authentique, qu'il entend s'inscrire en faux ; il poursuivra l'audience sur un simple acte, à l'effet de faire admettre l'inscription, et de faire nommer le commissaire devant lequel elle sera poursuivie. — Pr. 246 et s., 248, 427. — l. c. 459. — T. 92.

219. Le défendeur sera tenu de remettre la pièce arguée de faux, au greffe, dans les trois jours de la signification du jugement qui aura admis l'inscription et nommé le commissaire, et de signifier l'acte de mise au greffe dans les trois jours suivants. — Pr. 196 et s. — T. 70, 91.

220. Faute par le défendeur de satisfaire, dans ledit délai, à ce qui est prescrit par l'article précédent, le demandeur pourra se pourvoir à l'audience, pour faire statuer sur le rejet de ladite pièce, suivant ce qui est porté en l'article 217 ci-dessus : si mieux il n'aime demander qu'il lui soit permis de faire remettre ladite pièce au greffe, à ses frais, dont il sera remboursé par le défendeur comme de frais préjudiciaux ; à l'effet de quoi il lui en sera délivré exécutoire. — Pr. 1033. — C. 2101. — T. 91.

221. En cas qu'il y ait minute de la pièce arguée de faux, il sera ordonné, s'il y a lieu, par le juge-commissaire, sur la requête du demandeur, que le défendeur sera tenu, dans le temps qui lui sera prescrit, de faire apporter ladite minute au greffe, et les dépositaires d'icelle y seront contraints, les fonctionnaires publics par corps et ceux qui ne le sont pas, par voie de saisie, amende, et même par corps, s'il y échet (2). — Pr. 126, 201. — T. 70, 76, 92, 166.

222. Il est laissé à la prudence du tribunal d'ordonner, sur le rapport du juge-commissaire, qu'il sera procédé à la continuation de la poursuite du faux, sans attendre l'apport de la minute ; comme aussi de statuer ce qui appartiendra, en cas que ladite minute ne pût être rapportée, ou qu'il fût suffisamment justifié qu'elle a été soustraite ou qu'elle est perdue. — Pr. 202.

223. Le délai pour l'apport de la minute court du jour de la signification de l'ordonnance ou du jugement au domicile de ceux qui l'ont en leur possession. — Pr. 59, 224, 1033. — T. 29.

224. Le délai qui aura été prescrit au défendeur pour faire apporter la minute courra du jour de la signification de l'ordonnance ou du jugement à son avoué ; et faute par le défendeur d'avoir fait les diligences nécessaires pour l'apport de ladite minute dans ce délai, le demandeur pourra se pourvoir à l'audience ainsi qu'il est dit article 217.

Les diligences ci-dessus prescrites au défendeur seront remplies en signifiant par lui aux dépositaires, dans le délai qui aura été prescrit, copie de la signification qui lui aura été faite de l'ordonnance ou du jugement ordonnant l'apport de ladite minute ; sans qu'il soit besoin, par lui, de lever expédition de ladite ordonnance ou dudit jugement. — Pr. 1033. — T. 70.

225. La remise de ladite pièce prétendue fausse étant faite au greffe, l'acte en sera signifié à l'avoué du demandeur, avec sommation d'être présent au procès-verbal ; et trois jours après cette signification, il sera dressé procès-verbal de l'état de la pièce.

Si c'est le demandeur qui a fait faire la remise, ledit procès-verbal sera fait dans les trois jours de ladite remise, sommation préalablement faite au dé-

---

(1) La contrainte par corps est supprimée (L. 22 juill. 1867).

(2) La contrainte par corps est supprimée (L. 22 juill. 1867).

fendeur d'y être présent. — Pr. 196, 198, 227. — I. cr. 448 et s. — T. 70, 166.

226. S'il a été ordonné que les minutes seraient apportées, le procès-verbal sera dressé conjointement, tant desdites minutes que des expéditions arguées de faux, dans les délais ci-dessus : pourra néanmoins le tribunal ordonner, suivant l'exigence des cas, qu'il sera d'abord dressé procès-verbal de l'état desdites expéditions, sans attendre l'apport desdites minutes, de l'état desquelles il sera, en ce cas, dressé procès-verbal séparément. — Pr. 221. — T. 92.

227. Le procès-verbal contiendra mention et description des ratures, surcharges, interlignes et autres circonstances du même genre ; il sera dressé par le juge-commissaire, en présence du procureur de la République, du demandeur et du défendeur, ou de leurs fondés de procurations authentiques et spéciales : lesdites pièces et minutes seront paraphées par le juge-commissaire et le procureur de la République, par le défendeur et le demandeur, s'ils peuvent ou veulent les parapher ; sinon il en sera fait mention. Dans le cas de non-comparution de l'une ou de l'autre des parties, il sera donné défaut et passé outre au procès-verbal. — Pr. 149, 196 et s. — I. c. 448 et s.

228. Le demandeur en faux, ou son avoué, pourra prendre communication, en tout état de cause, des pièces arguées de faux, par les mains du greffier, sans déplacement et sans retard. — Pr. 189, 198. — T. 92.

229. Dans les huit jours qui suivront ledit procès-verbal, le demandeur sera tenu de signifier au défendeur ses moyens de faux, lesquels contiendront les faits, circonstances et preuves par lesquels il prétend établir le faux ou la falsification ; sinon le défendeur pourra se pourvoir à l'audience pour faire ordonner, s'il y échet, que ledit demandeur demeurera déchu de son inscription en faux. — Pr. 233, 247, 1033. — C. 1319. — T. 75.

230. Sera tenu le défendeur, dans les huit jours de la signification des moyens de faux, d'y répondre par écrit ; sinon le demandeur pourra se pourvoir à l'audience pour faire statuer sur le rejet de la pièce, suivant ce qui est prescrit article 217 ci-dessus. — Pr. 77, 78, 1033. — T. 75.

231. Trois jours après lesdites réponses, la partie la plus diligente pourra poursuivre l'audience ; et les moyens de faux seront admis ou rejetés, en tout ou en partie : il sera ordonné, s'il y échet, que lesdits moyens ou aucuns d'eux demeureront joints, soit à l'incident en faux, si quelques-uns desdits moyens ont été admis, soit à la cause ou au procès principal ; le tout suivant la qualité desdits moyens et l'exigence des cas. — Pr. 218, 230, 246, 251.

232. Le jugement ordonnera que les moyens admis seront prouvés, tant par titres que par témoins, devant le juge commis, sauf au défendeur la preuve contraire, et qu'il sera procédé à la vérification des pièces arguées de faux par trois experts écrivains, qui seront nommés d'office par le même jugement. — Pr. 195 et s., 212, 234, 252 et s., 283, 302 et s. — C. 1317, 1351, 1347. — T. 163 et s.

233. Les moyens de faux qui seront déclarés pertinents et admissibles seront énoncés expressément dans le dispositif du jugement qui permettra d'en faire preuve ; et il ne sera fait preuve d'aucun autre moyen. Pourront néanmoins les experts faire telles observations dépendantes de leur art qu'ils jugeront à propos, sur les pièces prétendues fausses, sauf aux juges à y avoir tel égard que de raison. — Pr. 255.

234. En procédant à l'audition des témoins, seront observées les formalités ci-après prescrites pour les enquêtes : les pièces prétendues fausses leur seront représentées, et paraphées par eux, s'ils peuvent ou veulent les parapher ; sinon il en sera fait mention. A l'égard des pièces de comparaison et autres qui doivent être représentées aux experts, elles pourront l'être aussi aux témoins, en tout ou en partie, si le juge-commissaire l'estime convenable ; auquel cas elles seront par eux paraphées ainsi qu'il est ci-dessus prescrit. — Pr. 212, 252 et s. — I. c. 457.

235. Si les témoins représentent quelques pièces lors de leur déposition, elles y demeureront jointes, après avoir été paraphées, tant par le juge-commissaire que par lesdits témoins, s'ils peuvent ou veulent le faire ; sinon il en sera fait mention : et, si lesdites pièces font preuve du faux ou de la vérité des pièces arguées, elles seront représentées aux autres témoins qui en auraient connaissance ; et elles seront par eux paraphées, suivant ce qui est ci-dessus prescrit. — Pr. 212. — I. c. 457.

236. La preuve par experts se fera en la forme suivante :

1º Les pièces de comparaison seront convenues entre les parties, ou indiquées par le juge, ainsi qu'il est dit à l'article 200, titre *de la Vérification des écritures ;*

2º Seront remis aux experts, le jugement qui aura admis l'inscription de faux; les pièces prétendues fausses; le procès-verbal de l'état d'icelles; le jugement qui aura admis les moyens de faux et ordonné le rapport d'experts; les pièces de comparaison, lorsqu'il en aura été fourni; le procès-verbal de présentation d'icelles, et le jugement par lequel elles auront été reçues : les experts mentionneront dans leur rapport la remise de toutes les pièces susdites, et l'examen auquel ils auront procédé, sans pouvoir en dresser aucun procès-verbal; ils parapheront les pièces prétendues fausses.

Dans le cas où les témoins auraient joint des pièces à leur déposition, la partie pourra requérir et le juge-commissaire ordonner qu'elles seront représentées aux experts;

3º Seront, au surplus, observées audit rapport les règles prescrites au titre de la Vérification des écritures. — Pr. 193 et s., 207 et s., 312 et s.

237. En cas de récusation, soit contre le juge-commissaire, soit contre les experts, il y sera procédé ainsi qu'il est prescrit aux titres XIV et XXI du présent livre. — Pr. 197, 308 et s., 378 et s., 383 et s.

238. Lorsque l'instruction sera achevée, le jugement sera poursuivi sur un simple acte. — Pr. 82.

239. S'il résulte, de la procédure, des indices de faux ou de falsification, et que les auteurs ou complices soient vivants et la poursuite du crime non éteinte par la prescription, d'après les dispositions du Code pénal, le président délivrera mandat d'amener contre les prévenus, et remplira, à cet égard, les fonctions d'officier de police judiciaire. — Pr. 214, 240, 250. — I. c. 3, 460, 462, 637.

240. Dans le cas de l'article précédent, il sera sursis à statuer sur le civil jusqu'après le jugement sur le faux. — Pr. 250, 448. — Civ. 1319. — I. c. 3, 460.

241. Lorsqu'en statuant sur l'inscription de faux, le tribunal aura ordonné la suppression, la lacération ou la radiation en tout ou en partie, même la réformation ou le rétablissement des pièces déclarées fausses, il sera sursis à l'exécution de ce chef du jugement, tant que le condamné sera dans le délai de se pourvoir par appel, requête civile ou cassation, ou qu'il n'aura pas formellement et valablement acquiescé au jugement. — Pr. 244, 443 et s., 480. — I. cr. 463.

242. Par le jugement qui interviendra sur le faux, il sera statué, ainsi qu'il appartiendra, sur la remise des pièces, soit aux parties, soit aux témoins qui les auront fournies ou représentées; ce qui aura lieu même à l'égard des pièces prétendues fausses, lorsqu'elles ne seront pas jugées telles : à l'égard des pièces qui auront été tirées d'un dépôt public, il sera ordonné qu'elles seront remises aux dépositaires, ou renvoyées par les greffiers de la manière prescrite par le tribunal; le tout sans qu'il soit rendu séparément un autre jugement sur la remise des pièces, laquelle néanmoins ne pourra être faite qu'après le délai prescrit par l'article précédent. — Pr. 209, 241 et s. — I. c. 463.

243. Il sera sursis, pendant ledit délai, à la remise des pièces de comparaison ou autres, si ce n'est qu'il en soit autrement ordonné par le tribunal, sur la requête des dépositaires desdites pièces, où des parties qui auraient intérêt de la demander. — Pr. 241 et s., 1038.

244. Il est enjoint aux greffiers de se conformer exactement aux articles précédents, en ce qui les regarde, à peine d'interdiction, d'amende qui ne pourra être moindre de cent francs, et des dommages-intérêts des parties, même d'être procédé extraordinairement s'il y échet. — Pr. 241 et s., 1029. — C. 1149.

245. Pendant que lesdites pièces demeureront au greffe, les greffiers ne pourront délivrer aucune copie ni expédition des pièces prétendues fausses, si ce n'est en vertu d'un jugement; à l'égard des actes dont les originaux ou minutes auront été remis au greffe, et notamment des registres sur lesquels il y aurait des actes non argués de faux, lesdits greffiers pourront en délivrer des expéditions aux parties qui auront droit d'en demander, sans qu'ils puissent prendre de plus grands droits que ceux qui seraient dus aux dépositaires desdits originaux ou minutes : et sera le présent article exécuté sous les peines portées par l'article précédent.

S'il a été fait par les dépositaires des minutes desdites pièces des expéditions pour tenir lieu desdites minutes, en exécution de l'article 203 du titre *de la Vérification des écritures*, lesdits actes ne pourront être expédiés que par lesdits dépositaires. — Pr. 128, 203 et s., 228, 1029.

246. Le demandeur en faux qui succombera sera condamné à une amende qui ne pourra être moindre de trois cents francs, et à tels dommages et intérêts qu'il appartiendra. — Pr. 128 et s., 243, 247, 248, 374, 390, 471, 479, 494, 500, 508, 513, 516, 1029.

247. L'amende sera encourue toutes les fois que l'inscription en faux ayant été faite au greffe, et la demande à fin de s'inscrire admise, le demandeur s'en sera désisté volontairement ou aura succombé, ou que les parties auront été mises hors de procès, soit par le défaut de moyens ou de preuves suffisantes, soit faute d'avoir satisfait, de la part du demandeur, aux diligences et formalités ci-dessus prescrites; ce qui aura lieu, en quelques termes que la prononciation soit conçue, et encore que le jugement ne portât point condamnation d'amende : le tout, quand même le demandeur offrirait de poursuivre le faux par la voie extraordinaire. — Pr. 229, 1029. — I. c. 638.

248. L'amende ne sera pas encourue lorsque la pièce, ou une des pièces arguées de faux, aura été déclarée fausse en tout ou en partie, ou lorsqu'elle

aura été rejetée de la cause ou du procès, comme aussi lorsque la demande à fin de s'inscrire en faux n'aura pas été admise; et ce, de quelques termes que les juges se soient servis pour rejeter ladite demande, ou pour n'y avoir pas d'égard.

249. Aucune transaction sur la poursuite du faux incident ne pourra être exécutée, si elle n'a été homologuée en justice, après avoir été communiquée au ministère public, lequel pourra faire, à ce sujet, telles réquisitions qu'il jugera à propos. — Pr. 83, 251. — C. 2046. — I. c. 4. — T. 71.

250. Le demandeur en faux pourra toujours se pourvoir, par la voie criminelle, en faux principal; et, dans ce cas, il sera sursis au jugement de la cause, à moins que les juges n'estiment que le procès puisse être jugé indépendamment de la pièce arguée de faux. — Pr. 240, 241, 247, 448, 480. — C. 1317, 1319, 2046. — I. c. 3, 448 et s., 460. — P. 132 et s., 165.

251. Tout jugement d'instruction ou définitif, en matière de faux, ne pourra être rendu que sur les conclusions du ministère public. — Pr. 83, 249.

TITRE DOUZIÈME

DES ENQUÊTES

252. Les faits dont une partie demandera à faire preuve seront articulés succinctement par un simple acte de conclusion, sans écritures ni requête.

Ils seront, également par un simple acte, déniés ou reconnus dans les trois jours; sinon ils pourront être tenus pour confessés ou avérés. — Pr. 34, 253 et s., 337, 407, 413, 432, 470. — T. 71.

253. Si les faits sont admissibles, qu'ils soient déniés, et que la loi n'en défende pas la preuve, elle pourra être ordonnée. — Pr. 252. — C. 1341 et s. — I. c. 154, 190.

254. Le tribunal pourra aussi ordonner d'office la preuve des faits qui lui paraîtront concluants, si la loi ne le défend pas. — Pr. 253, 293. — C. 1341 et s.

255. Le jugement qui ordonnera la preuve contiendra :

1° Les faits à prouver;

2° La nomination du juge devant qui l'enquête sera faite.

Si les témoins sont trop éloignés, il pourra être ordonné que l'enquête sera faite devant un juge commis par un tribunal désigné à cet effet. — Pr. 34, 93, 252, 253 et s., 260, 464, 1035.

256. La preuve contraire sera de droit : la preuve du demandeur et la preuve contraire seront commencées et terminées dans les délais fixés par les articles suivants. — Pr. 253, 255.

257. Si l'enquête est faite au même lieu où le jugement a été rendu, ou dans la distance de trois myriamètres, elle sera commencée dans la huitaine du jour de la signification à avoué; si le jugement est rendu contre une partie qui n'avait point d'avoué, le délai courra du jour de la signification à personne ou domicile; ces délais courent également contre celui qui a signifié le jugement : le tout à peine de nullité.

Si le jugement est susceptible d'opposition, le délai courra du jour de l'expiration des délais de l'opposition. — Pr. 75, 147, 156 et s., 258 et s., 278 et s., 292 et s., 1029, 1033. — C. 1217, 1219.

258. Si l'enquête doit être faite à une plus grande distance, le jugement fixera le délai dans lequel elle sera commencée. — Pr. 255, 257, 258, 259, 1033.

259. L'enquête est censée commencée, pour chacune des parties respectivement, par l'ordonnance qu'elle obtient, du juge-commissaire, à l'effet d'assigner les témoins aux jour et heure par lui indiqués.

En conséquence, le juge-commissaire ouvrira les procès-verbaux respectifs par la mention de la réquisition et de la délivrance de son ordonnance. — Pr. 278, 279. — T. 76, 91.

260. Les témoins seront assignés à personne ou domicile : ceux domiciliés dans l'étendue de trois myriamètres du lieu où se fait l'enquête, le seront au moins un jour avant l'audition ; il sera ajouté un jour par trois myriamètres pour ceux domiciliés à une plus grande distance (1). Il sera donné copie à chaque témoin du dispositif du jugement, seulement en ce qui concerne les faits admis, et de l'ordonnance du juge-commissaire ; le tout à peine de nullité des dépositions des témoins envers lesquels les formalités ci-dessus n'auraient pas été observées. — Pr. 61, 68, 267, 294, 408, 413, 1029, 1038. — T. 29.

261. La partie sera assignée pour être présente à l'enquête, au domicile de son avoué, si elle en a constitué, sinon à son domicile : le tout trois jours au moins avant l'audition. Les noms, professions et demeures des témoins à produire contre elle lui seront notifiés : le tout à peine de nullité comme ci-dessus. — Pr. 60, 173, 260, 267 et s., 275, 283, 284, 408, 413, 1029, 1031, 1033. — C. 1217. — T. 29.

262. Les témoins seront entendus séparément, tant en présence qu'en l'absence des parties.

Chaque témoin, avant d'être entendu, déclarera ses noms, profession, âge et demeure, s'il est parent ou allié de l'une des parties, à quel degré, s'il est serviteur ou domestique de l'une d'elles ; il fera serment de dire vérité : le tout à peine de nullité. — Pr. 35, 268, 271, 275, 411, 1029. — I. c. 73, 75, 317. — P. 363.

263. Les témoins défaillants seront condamnés, par ordonnance du juge-commissaire qui seront exécutoires nonobstant opposition ou appel, à une somme qui ne pourra être moindre de dix francs, au profit de la partie, à titre de dommages et intérêts ; ils pourront de plus être condamnés, par la même ordonnance, à une amende qui ne pourra excéder la somme de cent francs.

Les témoins défaillants seront réassignés à leurs frais. — Pr. 413, 1029. — I. c. 80, 86, 157, 304, 355.

264. Si les témoins réassignés sont encore défaillants, ils seront condamnés, et par corps (2), à une amende de cent francs ; le juge-commissaire pourra même décerner contre eux un mandat d'amener. — Pr. 263, 1029. — I. c. 80, 92, 100, 157, 158, 355.

265. Si le témoin justifie qu'il n'a pu se présenter au jour indiqué, le juge-commissaire le déchargera, après sa déposition, de l'amende et des frais de réassignation. — Pr. 263, 266, 1029. — I. c. 80, 81, 92, 157, 158, 355, 356.

266. Si le témoin justifie qu'il est dans l'impossibilité de se présenter au jour indiqué, le juge-commissaire lui accordera un délai suffisant, qui néanmoins ne pourra excéder celui fixé pour l'enquête, ou se transportera pour recevoir la déposition. Si le témoin est éloigné, le juge-commissaire renverra devant le président du tribunal du lieu, qui entendra

(1) Actuellement l'augmentation de délai à raison des distances est d'un jour par *cinq* myriamètres. — L. 3 mai 1862; V. art. 1033, C. Pr. civ.

(2) La contrainte par corps est abolie (L. 22 juill. 1867).

le témoin ou commettra un juge : le greffier de ce tribunal fera parvenir de suite la minute du procès-verbal au greffe du tribunal où le procès est pendant, sauf à lui à prendre exécutoire pour les frais contre la partie à la requête de qui le témoin aura été entendu. — Pr. 263 et s., 412, 772, 1035.

267. Si les témoins ne peuvent être entendus le même jour, le juge-commissaire remettra à jour et heure certains ; et il ne sera donné nouvelle assignation ni aux témoins, ni à la partie, encore qu'elle n'ait pas comparu. — Pr. 260, 269. — P. 167.

268. Nul ne pourra être assigné comme témoin, s'il est parent ou allié en ligne directe de l'une des parties, ou son conjoint même divorcé. — Pr. 270, 275, 282 et s., 413. — I. c. 156, 322.]

269. Les procès-verbaux d'enquête contiendront la date des jour et heure, les comparutions ou défauts des parties et témoins, la représentation des assignations, les remises à autres jour et heure, si elles sont ordonnées ; à peine de nullité. — Pr. 275, 294, 1029.

270. Les reproches seront proposés par la partie ou par son avoué avant la déposition du témoin, qui sera tenu de s'expliquer sur iceux : ils seront circonstanciés et pertinents, et non en termes vagues et généraux. Les reproches et les explications du témoin seront consignés dans le procès-verbal. — Pr. 36, 268, 275, 283 et s., 413. — T. 92.

271. Le témoin déposera sans qu'il lui soit permis de lire aucun projet écrit. Sa déposition sera consignée sur le procès-verbal ; elle lui sera lue, et il lui sera demandé s'il y persiste : le tout à peine de nullité. Il lui sera demandé aussi s'il requiert taxe. — Pr. 262, 273, 275, 277, 292 et s., 333, 1029. — T. 167.

272. Lors de la lecture de sa déposition, le témoin pourra faire tels changements et additions que bon lui semblera : ils seront écrits à la suite ou à la marge de sa déposition ; il lui en sera donné lecture, ainsi que de la déposition, et mention en sera faite : le tout à peine de nullité. — Pr. 271, 275, 292 et s., 334, 1029.

273. Le juge-commissaire pourra, soit d'office, soit sur la réquisition des parties ou de l'une d'elles, faire au témoin les interpellations qu'il croira convenables pour éclaircir sa déposition : les réponses du témoin seront signées de lui, après lui avoir été lues, ou mention sera faite s'il ne veut ou ne peut signer ; elles seront également signées du juge et du greffier : le tout à peine de nullité. — Pr. 37, 275, 413, 1029. — I. c. 76.

274. La déposition du témoin, ainsi que les changements et additions qu'il pourra y faire, seront signés par lui, le juge et le greffier ; et si le témoin ne veut ou ne peut signer, il en sera fait mention : le tout à peine de nullité. Il sera fait mention de la taxe, s'il la requiert, ou de son refus. — Pr. 275, 277, 292, 1029. — I. c. 76.

275. Les procès-verbaux feront mention de l'observation des formalités prescrites par les articles 261, 262, 269, 270, 271, 272, 273 et 274 ci-dessus : ils seront signés, à la fin, par le juge et le greffier, et par les parties si elles le veulent ou le peuvent ; en cas de refus, il en sera fait mention : le tout à peine de nullité. — Pr. 262, 277, 280, 292 et s., 1029.

276. La partie ne pourra, ni interrompre le témoin dans sa déposition, ni lui faire aucune interpellation directe, mais sera tenue de s'adresser au juge-commissaire, à peine de dix francs d'amende, et de plus forte amende, même d'exclusion, en cas de récidive ; ce qui sera prononcé par le juge-commissaire.

Ses ordonnances seront exécutoires nonobstant appel ou opposition. — Pr. 37, 88 et s., 1029.

277. Si le témoin requiert taxe, elle sera faite par le juge-commissaire sur la copie de l'assignation, et elle vaudra exécutoire : le juge fera mention de la taxe sur son procès-verbal. — Pr. 271, 274, 413, 545. — T. 167.

278. L'enquête sera respectivement parachevée dans la huitaine de l'audition des premiers témoins, à peine de nullité, si le jugement qui l'a ordonnée n'a fixé un plus long délai. — Pr. 257, 279, 280, 1029, 1031.

279. Si néanmoins l'une des parties demande prorogation dans le délai fixé pour la confection de l'enquête, le tribunal pourra l'accorder. — Pr. 256, 257, 258, 278, 280, 409, 413.

280. La prorogation sera demandée sur le procès-verbal du juge-commissaire, et ordonnée sur le référé qu'il en fera à l'audience, au jour indiqué par son procès-verbal, sans sommation ni avenir, si les parties ou leurs avoués ont été présents : il ne sera accordé qu'une seule prorogation, à peine de nullité. — Pr. 257, 275, 279, 1029.

281. La partie qui aura fait entendre plus de cinq témoins sur un même fait ne pourra répéter les frais des autres dépositions. — Pr. 130, 413, 1021, 1031.

282. Aucun reproche ne sera proposé après la disposition, s'il n'est pas justifié par écrit. — Pr. 36, 37, 270, 283 et s., 289 et s., 413. — T. 71.

283. Pourront être reprochés, les parents ou alliés de l'une ou de l'autre des parties jusqu'au degré de cousin issu de germain inclusivement; les parents et alliés des parties au degré ci-dessus, si le conjoint est vivant, ou si la partie ou le témoin en a des enfants vivants : en cas que le conjoint soit décédé, et qu'il n'ait pas laissé de descendants, pourront être reprochés les parents et alliés en ligne directe, les frères, beaux-frères, sœurs et belles-sœurs.

Pourront aussi être reprochés, les témoins héritier présomptif ou donataire; celui qui aura bu ou mangé avec la partie, et à ses frais, depuis la prononciation du jugement qui a ordonné l'enquête; celui qui aura donné des certificats sur les faits relatifs au procès; les serviteurs et domestiques; le témoin en état d'accusation; celui qui aura été condamné à une peine affective ou infamante, ou même à une peine correctionnelle pour cause de vol. — Pr. 268, 270, 282, 284 et s., 287, 289 et s., 291, 310, 378. — C. 25, 251. — I. c. 156, 322. — P. 7, 8, 28, 42-8°; 379, 401.

284. Le témoin reproché sera entendu dans sa déposition. — Pr. 270, 287, 291.

285. Pourront les individus âgés de moins de quinze ans révolus être entendus, sauf à avoir à leurs dépositions tel égard que de raison. — Pr. 413. — I. c. 79.

286 Le délai pour faire enquête étant expiré, la partie la plus diligente fera signifier à avoué copie des procès-verbaux, et poursuivra l'audience sur un simple acte. — Pr. 82, 270, 278 et s. — T. 70.

287. Il sera statué sommairement sur les reproches. — Pr. 270, 283, 404 et s.

288. Si néanmoins le fond de la cause était en état, il pourra être prononcé sur le tout par un seul jugement. — Pr. 134, 172, 338, 473.

289. Si les reproches proposés avant la déposition ne sont justifiés par écrit, la partie sera tenue d'en offrir la preuve, et de désigner les témoins; autrement elle n'y sera plus reçue : le tout sans préjudice des réparations, dommages et intérêts qui pourraient être dus au témoin reproché. — Pr. 270, 282 et s., 287, 314, 1029. — T. 71.

290. La preuve, s'il y échet, sera ordonnée par le tribunal, sauf la preuve contraire, et sera faite dans la forme ci-après réglée pour les enquêtes sommaires. Aucun reproche ne pourra y être proposé, s'il n'est justifié par écrit. — Pr. 256, 282, 407 et s.

291. Si les reproches sont admis, la déposition du témoin reproché ne sera point lue. — Pr. 284, 294, 407.

292. L'enquête ou la déposition déclarée nulle par la faute du juge-commissaire sera recommencée à ses frais; les délais de la nouvelle enquête ou de la nouvelle audition de témoins courront du jour de la signification du jugement qui l'aura ordonnée : la partie pourra faire entendre les mêmes témoins; et si quelques-uns ne peuvent être entendus, les juges auront tel égard que de raison aux dépositions par eux faites dans la première enquête. — Pr. 257 et s., 278, 293, 294, 1029.

293. L'enquête déclarée nulle par la faute de l'avoué, ou par celle de l'huissier, ne sera pss recommencée; mais la partie pourra en répéter les frais contre eux, même des dommages et intérêts, en cas de manifeste négligence; ce qui est laissé à l'arbitrage du juge. — Pr. 71, 132, 257 et s., 260, 271, 278, 292, 360, 457, 1030, 1031.

294. La nullité d'une ou plusieurs dépositions n'entraîne pas celle de l'enquête. — Pr. 260 et s., 291, 1029, 1030.

TITRE TREIZIÈME

DES DESCENTES SUR LES LIEUX

295. Le tribunal pourra, dans les cas où il le croira nécessaire, ordonner que l'un des juges se transportera sur les lieux; mais il ne pourra l'ordonner dans les matières où il n'échoit qu'un simple rapport d'experts, s'il n'en est requis par l'une ou par l'autre des parties. — Pr. 30, 41 et s., 209, 276, 296, 297, 302 et s., 470.

296. Le jugement commettra l'un des juges qui auront assisté. — Pr. 295, 297 et s., 1035 et s.

297. Sur la requête de la partie la plus diligente, le juge-commissaire rendra une ordonnance qui fixera les lieu, jour et heure de la descente; la signification en sera faite d'avoué à avoué, et vaudra sommation. — Pr. 296. — T. 70, 76, 92.

298. Le juge-commissaire fera mention, sur la minute de son procès-verbal, des jours employés en transport, séjour et retour. — Pr. 301.

299. L'expédition du procès-verbal sera signifiée par la partie la plus diligente aux avoués des autres parties; et, trois jours après, elle pourra poursuivre l'audience sur un simple acte. — Pr. 82, 286. — T. 70.

300. La présence du ministère public ne sera nécessaire que dans le cas où il sera lui-même partie. — Pr. 83, 112.

301. Les frais de transport seront avancés par la partie requérante et par elle consignés au greffe. — Pr. 130, 298, 319, 852.

TITRE QUATORZIÈME

DES RAPPORTS D'EXPERTS

302. Lorsqu'il y aura lieu à un rapport d'experts, il sera ordonné par un jugement, lequel énoncera clairement les objets de l'expertise. — Pr. 42, 196, 236, 295, 935, 955, 971. — C. 126, 453, 466, 824, 1559, 1678, 1716. — Co. 414, 416.

303. L'expertise ne pourra se faire que par trois experts, à moins que les parties ne consentent qu'il soit procédé par un seul. — Pr. 196 et s., 232 et s., 304, 305, 323, 429, 935, 955 et s. — C. 126, 453, 466, 824, 834, 1678, 1716.

304. Si, lors du jugement qui ordonne l'expertise, les parties se sont accordées pour nommer les experts, le même jugement leur donnera acte de la nomination — Pr. 303, 305.

305. Si les experts ne sont pas convenus par les parties, le jugement ordonnera qu'elles seront tenues d'en nommer dans les trois jours de la signification ; sinon, qu'il sera procédé à l'opération par les experts qui seront nommés d'office par le même jugement.

Ce même jugement nommera le juge-commissaire, qui recevra le serment des experts convenus ou nommés d'office : pourra néanmoins le tribunal ordonner que les experts prêteront leur serment devant le juge de paix du canton où il procéderont (1). — Pr. 306 et s., 322, 470, 1033, 1035.

306. Dans le délai ci-dessus, les parties qui se seront accordées pour la nomination des experts en feront leur déclaration au greffe. — Pr. 305, 1035. — T. 91.

307. Après l'expiration du délai ci-dessus, la partie la plus diligente prendra l'ordonnance du juge, et fera sommation aux experts nommés par les parties ou d'office, pour faire leur serment, sans qu'il soit nécessaire que les parties y soient présentes. — Pr. 59, 304, 305, 308, 315. — T. 29, 76, 91.

308. Les récusations ne pourront être proposées que contre les experts nommés d'office, à moins que les causes n'en soient survenues depuis la nomination et avant le serment. — Pr. 197, 237, 309, 310, 380, 430.

309. La partie qui aura des moyens de récusation à proposer sera tenue de le faire dans les trois jours de la nomination, par un simple acte signé d'elle ou de son mandataire spécial, contenant les causes de récusation, et les preuves, si elle en a, ou l'offre de les vérifier par témoins ; le délai ci-dessus expiré, la récusation ne pourra être proposée, et l'expert prêtera serment au jour indiqué par la sommation. — Pr. 252 et s., 308, 310, 1029, 1033, 1035. — C. 1987. — T. 71.

310. Les experts pourront être récusés par les motifs pour lesquels les témoins peuvent être reprochés. — Pr. 283. — P. 28, 34, 42, 43.

311. La récusation contestée sera jugée sommairement à l'audience, sur un simple acte, et sur les conclusions du ministère public ; les juges pourront ordonner la preuve par témoins, laquelle sera faite dans la forme ci-après prescrite pour les enquêtes sommaires. — Pr. 83, 312 et s., 405 et s. — T.

312. Le jugement sur la récusation sera exécutoire, nonobstant l'appel. — Pr. 135, 391, 443 et s., 457.

313. Si la récusation est admise, il sera d'office, par le même jugement, nommé un nouvel expert ou de nouveaux experts à la place de celui ou de ceux récusés.

314. Si la récusation est rejetée, la partie qui l'aura faite sera condamnée en tels dommages et intérêts qu'il appartiendra, même envers l'expert, s'il le requiert ; mais, dans ce dernier cas, il ne pourra demeurer expert. — Pr. 126, 128, 390. — C. 1146 et s.

315. Le procès-verbal de prestation de serment contiendra indication, par les experts, du lieu et des jour et heure de leur opération.

(1) V. Décr. 30 mars 1808, art. 65

En cas de présence des parties ou de leurs avoués, cette indication vaudra sommation.

En cas d'absence, il sera fait sommation aux parties, par acte d'avoué, de se trouver aux jour et heure que les experts auront indiqués. — Pr. 204, 267, 280, 317, 956, 1034. — T. 70, 91.

316. Si quelque expert n'accepte point la nomination, ou ne se présente point, soit pour le serment, soit pour l'expertise, aux jour et heure indiqués, les parties s'accorderont sur-le-champ pour en nommer un autre à sa place ; sinon la nomination pourra être faite d'office par le tribunal.

L'expert qui, après avoir prêté serment, ne remplira pas sa mission, pourra être condamné, par le tribunal qui l'avait commis, à tous les frais frustratoires, et même aux dommages-intérêts, s'il y échet. — Pr. 303, 318, 320, 1012, 1031. — C. 1146 et s.

317. Le jugement qui aura ordonné le rapport, et les pièces nécessaires, seront remis aux experts ; les parties pourront faire tels dires et réquisitions qu'elles jugeront convenables : il en sera fait mention dans le rapport ; il sera rédigé sur le lieu contentieux, ou dans le lieu et aux jour et heure qui seront indiqués par les experts.

La rédaction sera écrite par un des experts et signée par tous : s'ils ne savent pas tous écrire, elle sera écrite et signée par le greffier de la justice de paix du lieu où ils auront procédé. — Pr. 207, 236, 956. — T. 15, 92.

318. Les experts dresseront un seul rapport ; ils ne formeront qu'un seul avis à la pluralité des voix.

Ils indiqueront néanmoins, en cas d'avis différents, les motifs des divers avis, sans faire connaître quel a été l'avis personnel de chacun d'eux. — Pr. 210, 322, 323, 956. — C. 284, 1678, 1679.

319. La minute du rapport sera déposée au greffe du tribunal qui aura ordonné l'expertise, sans nouveau serment de la part des experts : leurs vacations seront taxées par le président au bas de la minute ; et il en sera délivré exécutoire contre la partie qui aura requis l'expertise, ou qui l'aura poursuivie si elle a été ordonnée d'office. — Pr. 130, 157, 209, 301, 431, 957.

320. En cas de retard ou de refus de la part des experts de déposer leur rapport, ils pourront être assignés à trois jours, sans préliminaire de conciliation, par-devant le tribunal qui les aura commis, pour se voir condamner, même par corps (2) s'il y échet, à faire ledit dépôt ; il y sera statué sommairement et sans instruction. — Pr. 49, 61, 72, 316, 404 et s. — T. 159.

321. Le rapport sera levé et signifié à avoué par la partie la plus diligente ; l'audience sera poursuivie sur un simple acte. — Pr. 82, 286, 299. — T. 70.

322. Si les juges ne trouvent point dans le rapport les éclaircissements suffisants, ils pourront ordonner d'office une nouvelle expertise, par un ou plusieurs experts qu'ils nommeront également d'office, et qui pourront demander aux précédents experts les renseignements qu'ils trouveront convenables. — Pr. 323.

323. Les juges ne sont point astreints à suivre des experts, si leur conviction s'y oppose. — Pr. 322. — C. 1678, 1679.

TITRE QUINZIÈME

DE L'INTERROGATOIRE SUR FAITS ET ARTICLES

324. Les parties peuvent, en toutes matières et en

(2) La contrainte par corps est abolie (L. 22 juill. 1867).

tout état de cause, demander de se faire interroger respectivement sur faits et articles pertinents concernant seulement la matière dont est question, sans retard de l'instruction ni du jugement. — Pr. 9, 10, 119, 325 et s., 428, 1035. — C. 1356. — Co. 423.

325. L'interrogatoire ne pourra être ordonné que sur requête contenant les faits et par jugement rendu à l'audience : il y sera procédé, soit devant le président, soit devant un juge par lui commis. — Pr. 147, 326. — C. 1341, 1366, 2044. — T. 70, 79.

326. En cas d'éloignement, le président pourra commettre le président du tribunal dans le ressort duquel la partie réside, ou le juge de paix du canton de cette résidence. — Pr. 1035.

327. Le juge commis indiquera, au bas de l'ordonnance qui l'aura nommé, les jour et heure de l'interrogatoire ; le tout sans qu'il soit besoin de procès-verbal contenant réquisition ou délivrance de son ordonnance.

328. En cas d'empêchement légitime de la partie, le juge se transportera au lieu où elle est retenue. — Pr. 333.

329. Vingt-quatre heures au moins avant l'interrogatoire, seront signifiées par le même exploit, à personne ou domicile, la requête et les ordonnances du tribunal, du président ou du juge qui devra procéder à l'interrogatoire, avec assignation donnée par un huissier qu'il aura commis à cet effet. — Pr. 61. — T. 29.

330. Si l'assigné ne comparaît pas ou refuse de répondre après avoir comparu, il en sera dressé procès-verbal sommaire, et les faits pourront être tenus pour avérés. — Pr. 209, 428.

331. Si, ayant fait défaut sur l'assignation, il se présente avant le jugement, il sera interrogé, en payant les frais du premier procès-verbal et de la signification, sans répétition. — Pr. 330.

332. Si, au jour de l'interrogatoire, la partie assignée justifie d'empêchement légitime, le juge indiquera un autre jour pour l'interrogatoire, sans nouvelle assignation.

333. La partie répondra en personne, sans pouvoir lire aucun projet de réponse par écrit et sans assistance de conseil, aux faits contenus en la requête, même à ceux sur lesquels le juge l'interrogera d'office ; les réponses seront précises et pertinentes sur chaque fait, et sans aucun terme calomnieux ni injurieux ; celui qui aura requis l'interrogatoire ne pourra y assister. — Pr. 234, 271.

334. L'interrogatoire achevé sera lu à la partie, avec interpellation de déclarer si elle a dit vérité et persiste : si elle ajoute, l'addition sera rédigée en marge ou à la suite de l'interrogatoire ; elle lui sera lue, et il lui sera fait la même interpellation : elle signera l'interrogatoire et les additions ; et si elle ne sait ou ne veut signer, il en sera fait mention. — Pr. 271 et s. — C. 1363. — T. 70.

335. La partie qui voudra faire usage de l'interrogatoire le fera signifier, sans qu'il puisse être un sujet d'écritures de part ni d'autre. — Pr. 1031. — T. 70.

336. Seront tenues les administrations d'établissements publics de nommer un administrateur ou agent pour répondre sur les faits et articles qui leur auront été communiqués ; elles donneront, à cet effet, un pouvoir spécial dans lequel les réponses seront expliquées et affirmées véritables, sinon les faits pourront être tenus pour avérés ; sans préjudice de faire interroger les administrateurs et agents sur les faits qui leur seront personnels, pour y avoir, par le tribunal, tel égard que de raison. — Pr. 333, 1032.

TITRE SEIZIÈME

DES INCIDENTS

§ I. — Des demandes incidentes.

337. Les demandes incidentes seront formées par un simple acte contenant les moyens et les conclusions, avec offre de communiquer les pièces justificatives sur récépissé, ou par dépôt au greffe.

Le défendeur à l'incident donnera sa réponse par un simple acte. — Pr. 77, 82, 181, 188 et s., 406, 443, 475, 479, 718, 1031. — T. 74.

338. Toutes demandes incidentes seront formées en même temps ; les frais de celles qui seraient proposées postérieurement, et dont les causes auraient existé à l'époque des premières, ne pourront être répétés.

Les demandes incidentes seront jugées par préalable, s'il y a lieu ; et, dans les affaires sur lesquelles il aura été ordonné une instruction par écrit, l'incident sera porté à l'audience, pour être statué ce qu'il appartiendra. — Pr. 134, 186, 288, 341, 473, 1031.

§ II. — De l'intervention.

339. L'intervention sera formée par requête qui contiendra les moyens et conclusions, dont il sera donné copie ainsi que des pièces justificatives. — Pr. 49-3°, 65, 183, 340, 406, 466, 536, 871. — C. 1417. — T. 75.

340. L'intervention ne pourra retarder le jugement de la cause principale, quand elle sera en état. — Pr. 343.

341. Dans les affaires sur lesquelles il aura été ordonné une instruction par écrit, si l'intervention est contestée par l'une des parties, l'incident sera porté à l'audience. — Pr. 95 et s., 338.

TITRE DIX-SEPTIÈME

DES REPRISES D'INSTANCES, ET CONSTITUTION DE NOUVEL AVOUÉ

342. Le jugement de l'affaire qui sera en état ne sera différé, ni par le changement d'état des parties, ni par la cessation des fonctions dans lesquelles elles procédaient, ni par leur mort, ni par les décès, démissions, interdictions ou destitutions de leurs avoués. — Pr. 75, 93, 99, 148, 162, 343, 353, 354, 397, 426, 1038.

343. L'affaire sera en état, lorsque la plaidoirie sera commencée ; la plaidoirie sera réputée commencée, quand les conclusions auront été contradictoirement prises à l'audience.

Dans les affaires qui s'instruisent par écrit, la cause sera en état quand l'instruction sera complète, ou quand les délais pour les productions et réponses seront expirés. — Pr. 93, 95 et s., 342, 369, 382, 457, 461.

344. Dans les affaires qui ne seront pas en état, toutes procédures faites postérieurement à la notification de la mort de l'une des parties seront nulles : il ne sera pas besoin de signifier les décès, démissions, interdictions ni destitutions des avoués ; les poursuites faites et les jugements obtenus depuis seront nuls, s'il n'y a constitution de nouvel avoué. — Pr. 75, 148, 162, 346 et s., 447, 1029, 1038. — T. 70.

345. Ni le changement d'état des parties, ni la

cessation des fonctions dans lesquelles elles procédaient, n'empêcheront la continuation des procédures.

Néanmoins le défendeur qui n'aurait pas constitué avoué avant le changement d'état ou le décès du demandeur, sera assigné de nouveau à un délai de huitaine, pour voir adjuger les conclusions, et sans qu'il soit besoin de conciliation préalable. — Pr. 48, 49-7°, 72 et s., 75, 474, 1033, 1038. — C. 215.

346. L'assignation en reprise ou en constitution sera donnée aux délais fixés au titre *des Ajournements*, avec indication des noms des avoués qui occupaient et du rapporteur, s'il y en a. — Pr. 72 et s., 93, 95.

347. L'instance sera reprise par acte d'avoué à avoué. — Pr. 75. — T. 71.

348. Si la partie assignée en reprise conteste, l'incident sera jugé sommairement. — Pr. 404 et s. — T. 75.

349. Si, à l'expiration du délai, la partie assignée en reprise ou en constitution ne comparaît pas, il sera rendu jugement qui tiendra la cause pour reprise, et ordonnera qu'il sera procédé suivant les derniers errements, et sans qu'il puisse y avoir d'autres délais que ceux qui restaient à courir. — Pr.149 et s., 346, 350, 375.

350. Le jugement rendu par défaut contre une partie, sur la demande en reprise d'instance ou en constitution de nouvel avoué, sera signifié par un huissier commis : si l'affaire est en rapport, la signification énoncera le nom du rapporteur.— Pr. 95,156, 351. — T. 29.

351. L'opposition à ce jugement sera portée à l'audience, même dans les affaires en rapport. — Pr. 95, 157 et s., 165, 350.

TITRE DIX-HUITIÈME
DU DÉSAVEU

352. Aucunes offres, aucun aveu ou consentement, ne pourront être faits, donnés ou acceptés sans un pouvoir spécial, à peine de désaveu.— Pr. 49-7°, 132, 353, 402, 812 et s., 1038. — C. 1109, 1257 et s., 1338, 1356, 1987.

353. Le désaveu sera fait au greffe du tribunal qui devra en connaître, par un acte signé de la partie, ou du porteur de sa procuration spéciale et authentique ; l'acte contiendra les moyens, conclusions, et constitution d'avoué. — Pr. 49-7°, 75, 354 et s., 370. — T. 92.

354. Si le désaveu est formé dans le cours d'une instance encore pendante, il sera signifié, sans autre demande, par acte d'avoué, tant à l'avoué contre lequel le désaveu est dirigé, qu'aux autres avoués de la cause ; et ladite signification vaudra sommation de défendre au désaveu. — Pr. 75, 355 et s. — T. 70, 75, 76.

355. Si l'avoué n'exerce plus ses fonctions, le désaveu sera signifié par exploit à son domicile : s'il est mort, le désaveu sera signifié à ses héritiers, avec assignation au tribunal où l'instance est pendante, et notifié aux parties de l'instance, par acte d'avoué à avoué. — Pr. 59 et s., 354. — T. 29, 70.

356. Le désaveu sera toujours porté au tribunal devant lequel la procédure désavouée aura été instruite, encore que l'instance dans le cours de laquelle il est formé soit pendante en un autre tribunal ; le désaveu sera dénoncé aux parties de l'instance principale, qui seront appelées dans celle de désaveu. — Pr. 39, 49-7°, 358, 1038.

357. Il sera sursis à toute procédure et au jugement de l'instance principale, jusqu'à celui du désaveu, à peine de nullité ; sauf cependant à ordonner que le désavouant fera juger le désaveu dans un délai fixe, sinon qu'il sera fait droit. — Pr. 362, 1029.

358. Lorsque le désaveu concernera un acte sur lequel il n'y a point instance, la demande sera portée au tribunal du défendeur. — Pr. 59, 352, 356.

359. Toute demande en désaveu sera communiquée au ministère public. — Pr. 83 et s., 480-8°.

360. Si le désaveu est déclaré valable, le jugement, ou les dispositions du jugement relatives aux chefs qui ont donné lieu au désaveu, seront annulées et comme non avenues : le désavoué sera condamné, envers le demandeur et les autres parties, en tous dommages-intérêts, même puni d'interdiction, ou poursuivi extraordinairement, suivant la gravité du cas et la nature des circonstances. — Pr. 128, 132, 353, 1029, 1031. — C. 1146, 1149, 1382, 1997.

361. Si le désaveu est rejeté, il sera fait mention du jugement de rejet en marge de l'acte de désaveu, et le demandeur pourra être condamné, envers le désavoué et les autres parties, en tels dommages et réparations qu'il appartiendra. — Pr. 128. — C. 1146, 1149, 1382. — T. 91.

362. Si le désaveu est formé à l'occasion d'un jugement qui aura acquis force de chose jugée, il ne pourra être reçu après la huitaine, à dater du jour où le jugement devra être réputé exécuté, aux termes de l'article 159 ci-dessus. — Pr. 356.

TITRE DIX-NEUVIÈME
DES RÈGLEMENTS DE JUGES

363. Si un différend est porté à deux ou à plusieurs tribunaux de paix ressortissant au même tribunal, le règlement de juges sera porté à ce tribunal.

Si les tribunaux de paix relèvent de tribunaux différents, le règlement de juges sera porté à la cour d'appel.

Si ces tribunaux ne ressortissent pas à la même cour d'appel, le règlement sera porté à la cour de cassation.

Si un différend est porté à deux ou à plusieurs tribunaux de première instance ressortissant à la même cour d'appel, le règlement de juges sera porté à cette cour ; il sera porté à la Cour de cassation, si les tribunaux ne ressortissent pas tous à la même cour d'appel, ou si le conflit existe entre une ou plusieurs cours (1). — Pr. 49-7°, 83-4°, 171, 480, 504. — I. c. 525. — Co. 438.

364. Sur le vu des demandes formées dans différents tribunaux, il sera rendu, sur requête, jugement portant permission d'assigner en règlement, et les juges pourront ordonner qu'il sera sursis à toutes procédures dans lesdits tribunaux. — Pr. 83, 363, 365 et s. — I. c. 528 et s. — T. 78.

365. Le demandeur signifiera le jugement et assignera les parties au domicile de leurs avoués.

Le délai pour signifier le jugement et pour assigner sera de quinzaine, à compter du jour du jugement.

Le délai pour comparaître sera celui des ajournements, en comptant les distances d'après le domicile respectif des avoués. — Pr. 72 et s., 75, 366, 1033.— T. 29.

366. Si le demandeur n'a pas assigné dans les délais ci-dessus, il demeurera déchu du règlement de

(1) V. Ord. 1er juin 1828.

juges, sans qu'il soit besoin de le faire ordonner; et les poursuites pourront être continuées dans le tribunal saisi par le défendeur en règlement. — Pr. 365, 1029.

367. Le demandeur qui succombera pourra être condamné aux dommages-intérêts envers les autres parties. — Pr. 128. — C. 1146, 1149 et s., 1382. — I. c. 541.

TITRE VINGTIÈME

DU RENVOI A UN AUTRE TRIBUNAL POUR PARENTÉ OU ALLIANCE

368. Lorsqu'une partie aura deux parents ou alliés, jusqu'au degré de cousin issu de germain inclusivement, parmi les juges d'un tribunal de première instance, ou trois parents ou alliés au même degré dans une cour d'appel, ou lorsqu'elle aura un parent audit degré parmi les juges du tribunal de première instance, ou deux parents dans la cour d'appel, et qu'elle-même sera membre du tribunal ou de cette cour, l'autre partie pourra demander le renvoi (1). — Pr. 49-7°, 83-4°, 168 et s., 363, 368, 378, 379, 392, 472. — I. c. 542, 543 et s.

369. Le renvoi sera demandé avant le commencement de la plaidoirie; et, si l'affaire est en rapport, avant que l'instruction soit achevée, ou que les délais soient expirés; sinon il ne sera plus reçu. — Pr. 96 et s., 103, 343, 382, 1029. — I. c. 543.

370. Le renvoi sera proposé par acte au greffe, lequel contiendra les moyens, et sera signé de la partie ou de son fondé de procuration spéciale et authentique. — Pr. 45, 353, 384, 392. — T. 92.

371. Sur l'expédition dudit acte, présentée avec les pièces justificatives, il sera rendu jugement qui ordonnera : 1° la communication aux juges à raison desquels le renvoi est demandé, pour faire, dans un délai fixe, leur déclaration au bas de l'expédition du jugement; — 2° la communication au ministère public; 3° le rapport, à jour indiqué, par l'un des juges nommés par ledit jugement (2). — Pr. 83, 385 et s.— I. c. 546 et s.

372. L'expédition de l'acte à fin de renvoi, les pièces y annexées, et le jugement mentionné en l'article précédent, seront signifiés aux autres parties. — T. 70.

373. Si les causes de la demande en renvoi sont avouées ou justifiées dans un tribunal de première instance, le renvoi sera fait à l'un des autres tribunaux ressortissant dans la même cour d'appel; et, si c'est dans une cour d'appel, le renvoi sera fait à l'une des trois cours les plus voisines. — T. 75.

374. Celui qui succombera sur sa demande en renvoi sera condamné à une amende qui ne pourra être moindre de cinquante francs, sans préjudice des dommages-intérêts de la partie, s'il y a lieu. — Pr. 128, 390, 1029.

375. Si le renvoi est prononcé, qu'il n'y ait pas d'appel, ou que l'appelant ait succombé, la contestation sera portée devant le tribunal qui devra en connaître, sur simple assignation; et la procédure y sera continuée suivant ses derniers errements. — Pr. 69 et s., 349.

376. Dans tous les cas, l'appel du jugement de renvoi sera suspensif. — Pr. 392 et s., 457.

377. Sont applicables audit appel les dispositions

(1) V. L. 20 avril 1810, art. 63.
(2) V. Décr. 30 mars 1808, art. 49.

des articles 392, 393, 394, 395, titre *de la Récusation,* ci-après.

TITRE VINGT-UNIÈME

DE LA RÉCUSATION

378. Tout juge peut être récusé pour les causes ci-après :

1° S'il est parent ou allié des parties, ou de l'une d'elles, jusqu'au degré de cousin issu de germain inclusivement;

2° Si la femme du juge est parente ou alliée de l'une des parties, ou si le juge est parent ou allié de la femme de l'une des parties, au degré ci-dessus, lorsque la femme est vivante, ou qu'étant décédée, il existe des enfants; si elle est décédée et qu'il n'y ait point d'enfants, le beau-père, le gendre ni les beaux-frères ne pourront être juges :

La disposition relative à la femme décédée s'appliquera à la femme divorcée, s'il existe des enfants du mariage dissous;

3° Si le juge, sa femme, leurs ascendants et descendants, ou allié dans la même ligne, ont un différend sur pareille question que celle dont il s'agit entre les parties;

4° S'ils ont un procès en leur nom dans un tribunal où l'une des parties sera juge; s'ils sont créanciers ou débiteurs d'une des parties;

5° Si, dans les cinq ans qui ont précédé la récusation, il y a eu procès criminel entre eux et l'une des parties ou son conjoint, ou ses parents ou alliés en ligne directe;

6° S'il y a un procès civil entre le juge, sa femme, leurs ascendants et descendants, ou alliés dans la même ligne, et l'une des parties, et que ce procès, s'il a été intenté par la partie, l'ait été avant l'instance dans laquelle la récusation est proposée; si, ce procès étant terminé, il ne l'a été que dans les six mois précédant la récusation;

7° Si le juge est tuteur, subrogé tuteur ou curateur, héritier présomptif, ou donataire, maître ou commensal de l'une des parties; s'il est administrateur de quelque établissement, société ou direction, partie dans la cause; si l'une des parties est sa présomptive héritière;

8° Si le juge a donné conseil, plaidé ou écrit sur le différend; s'il a précédemment connu comme juge ou comme arbitre; s'il a sollicité, recommandé ou fourni aux frais du procès; s'il a déposé comme témoin; si, depuis le commencement du procès, il a bu ou mangé avec l'une ou l'autre des parties dans leur maison, ou reçu d'elle des présents;

9° S'il y a inimitié capitale entre lui et l'une des parties; s'il y a eu, de sa part, agressions, injures ou menaces, verbalement ou par écrit, depuis l'instance, ou dans les six mois précédant la récusation proposée. — Pr. 14, 44, 197, 237, 308, 310, 363 et s., 368 et s., 373, 379, 476, 514, 1014. — I. c. 332, 399 et s.

379. Il n'y aura pas lieu à récusation, dans les cas où le juge serait parent du tuteur ou du curateur de l'une des deux parties, ou des membres ou administrateurs d'un établissement, société, direction ou union, partie dans la cause, à moins que lesdits tuteurs, administrateurs ou intéressés, n'aient un intérêt distinct ou personnel. — Pr. 368, 388.

380. Tout juge qui saura cause de récusation en sa personne sera tenu de la déclarer à la chambre, qui décidera s'il doit s'abstenir. — Pr. 83, 84, 112, 378.

381. Les causes de récusation relatives aux juges sont applicables au ministère public lorsqu'il est partie jointe; mais il n'est pas récusable lorsqu'il est partie principale. — Pr. 83. — I. c. 22.

382. Celui qui voudra récuser devra le faire avant le commencement de la plaidoirie; et, si l'affaire est en rapport, avant que l'instruction soit achevée, ou que les délais soient expirés, à moins que les causes de la récusation ne soient survenues postérieurement. — Pr. 96 et s., 343, 369.

383. La récusation contre les juges commis aux descentes, enquêtes et autres opérations, ne pourra être proposée que dans les trois jours, qui courront : 1° si le jugement est contradictoire, du jour du jugement; 2° si le jugement est par défaut et qu'il n'y ait pas d'opposition, du jour de l'expiration de la huitaine de l'opposition; 3° si le jugement a été rendu par défaut et qu'il y ait eu opposition, du jour du débouté d'opposition, même par défaut. — Pr. 1033. — Co. 583.

384. La récusation sera proposée par un acte au greffe, qui en contiendra les moyens, et sera signé de la partie, ou du fondé de procuration authentique et spéciale, laquelle sera annexée à l'acte. — Pr. 353, 370. — T. 92.

385. Sur l'expédition de l'acte de récusation, remise dans les vingt-quatre heures par le greffier au président du tribunal il sera, sur le rapport du président et les conclusions du ministère public, rendu jugement qui, si la récusation est inadmissible, la rejettera; et, si elle est admissible, ordonnera : 1° la communication au juge récusé, pour s'expliquer en termes précis sur les faits, dans le délai qui sera fixé par le jugement; 2° la communication au ministère public, et indiquera le jour où le rapport sera fait par l'un des juges nommé par ledit jugement. — Pr. 47, 371, 373.

386. Le juge récusé fera sa déclaration au greffe, à la suite de la minute de l'acte de récusation. — Pr. 46.

387. A compter du jour du jugement qui ordonnera la communication, tous jugements et opérations seront suspendus : si cependant l'une des parties prétend que l'opération est urgente et qu'il y a péril dans le retard, l'incident sera porté à l'audience sur un simple acte, et le tribunal pourra ordonner qu'il sera procédé par un autre juge. — Pr. 391.

388. Si le juge récusé convient des faits qui ont motivé sa récusation, ou si ces faits sont prouvés, il sera ordonné qu'il s'abstiendra. — Pr. 45 et s., 130, 380, 1012, 1014.

389. Si le récusant n'apporte preuve par écrit ou commencement de preuve des causes de la récusation, il est laissé à la prudence du tribunal de rejeter la récusation sur la simple déclaration du juge, ou d'ordonner la preuve testimoniale. — Pr. 252, 388. — C. 1347 et s.

390. Celui dont la récusation aura été déclarée non admissible, ou non recevable, sera condamné à telle amende qu'il plaira au tribunal, laquelle ne pourra être moindre de cent francs, et sans préjudice, s'il y a lieu, de l'action du juge en réparation et dommages et intérêts, auquel cas il ne pourra demeurer juge. — Pr. 128, 314, 1029. — C. 1146 et s.

391. Tout jugement sur récusation, même dans les matières où le tribunal de première instance juge en dernier ressort, sera susceptible d'appel ; si néanmoins la partie soutient qu'attendu l'urgence il est nécessaire de procéder à une opération sans attendre que l'appel soit jugé, l'incident sera porté à l'audience sur un simple acte ; et le tribunal qui aura rejeté la récusation pourra ordonner qu'il sera procédé à l'opération par un autre juge. — Pr. 337, 338, 376, 387, 443.

392. Celui qui voudra appeler sera tenu de le faire dans les cinq jours du jugement, par un acte au greffe, lequel sera motivé et contiendra énonciation du dépôt au greffe des pièces au soutien. — Pr. 337, 1033.

393. L'expédition de l'acte de récusation, de la déclaration du juge, du jugement, de l'appel, et les pièces jointes, seront envoyées sous trois jours par le greffier, à la requête et aux frais de l'appelant, au greffier du tribunal d'appel. — Pr. 377.

394. Dans les trois jours de la remise au greffier du tribunal d'appel, il présentera lesdites pièces au tribunal, lequel indiquera le jour du jugement, et commettra l'un des juges ; sur son rapport et sur les conclusions du ministère public, il sera rendu à l'audience jugement, sans qu'il soit nécessaire d'appeler les parties, — Pr. 377.

395. Dans les vingt-quatre heures de l'expédition du jugement, le greffier du tribunal d'appel renverra les pièces à lui adressées au greffier du tribunal de première instance. — Pr. 377, 1033.

396. L'appelant sera tenu, dans le mois du jour du jugement de première instance qui aura rejeté sa récusation, de signifier aux parties le jugement sur l'appel, ou certificat du greffier du tribunal d'appel, contenant que l'appel n'est pas jugé, et indication du jour déterminé par le tribunal : sinon le jugement qui aura rejeté la récusation sera exécuté par provision ; et ce qui sera fait en conséquence sera valable, encore que la récusation fût admise sur l'appel. — Pr. 61, 376, 734. — T. 70.

TITRE VINGT-DEUXIÈME

DE LA PÉREMPTION

397. Toute instance, encore qu'il n'y ait pas eu constitution d'avoué, sera éteinte par discontinuation de poursuites pendant trois ans.

Ce délai sera augmenté de six mois, dans tous les cas où il y aura lieu à demande en reprise d'instance, ou constitution de nouvel avoué (1). — Pr. 13, 15, 156, 342 et s., 401, 469, 563, 565, 1029, 1033. — C. 330, 2176, 2247, 2249, 2262.

398. La péremption courra contre l'État, les établissements publics, et toutes personnes, même mineures, sauf leur recours contre les administrateurs et tuteurs, — C. 2227, 2252 et s., 2278.

399. La péremption n'aura pas lieu de droit; elle se couvrira par les actes valables faits par l'une ou l'autre des parties avant la demande en péremption. — Pr. 15, 156, 173, 397, 400. — C. 1353, 2246.

400. Elle sera demandée par requête d'avoué à avoué, à moins que l'avoué ne soit décédé, ou interdit, ou suspendu, depuis le moment où elle a été acquise. — Pr. 75, 342 et s. — T. 75.

401. La péremption n'éteint pas l'action; elle emporte seulement extinction de la procédure, sans qu'on puisse, dans aucun cas, opposer aucun des actes de la procédure éteinte, ni s'en prévaloir.

En cas de péremption, le demandeur principal est condamné à tous les frais de la procédure périmée. — Pr. 130, 397, 469, 543 et s. — C. 2247.

(1) V. L. 22 frim. an VII art. 64.

TITRE VINGT-TROISIÈME

DU DÉSISTEMENT

402. Le désistement peut être fait et accepté par de simples actes signés des parties ou de leurs mandataires, et signifiés d'avoué à avoué (1). — Pr. 352 et s., 403. — C. 464, 1350, 1351, 1987 et s., 2247. — T. 71.

403. Le désistement, lorsqu'il aura été accepté, emportera de plein droit consentement que les choses soient remises de part et d'autre au même état qu'elles étaient avant la demande.

Il emportera également soumission de payer les frais, au paiement desquels la partie qui se sera désistée sera contrainte, sur simple ordonnance du président mise au bas de la taxe, parties présentes, ou appelées par acte d'avoué à avoué.

Cette ordonnance, si elle émane d'un tribunal de première instance, sera exécutée nonobstant opposition ou appel; elle sera exécutée nonobstant opposition, si elle émane d'une cour d'appel. — Pr. 130, 402, 543 et s. — T. 70, 76.

TITRE VINGT-QUATRIÈME

DES MATIÈRES SOMMAIRES

404. Seront réputés matières sommaires, et instruits comme tels :

Les appels des juges de paix ;

Les demandes pures personnelles, à quelque somme qu'elles puissent monter, quand il y a titre, pourvu qu'il ne soit pas contesté ;

Les demandes formées sans titre, lorsqu'elles n'excèdent pas mille francs (2) ;

Les demandes provisoires, ou qui requièrent célérité ;

Les demandes en paiement de loyers et fermages et arrérages de rentes (3). — Pr. 16, 31, 49-2°-5°, 72, 172, 180, 192, 253, 254, 287, 311, 320, 348, 407, 463, 521, 543, 608, 669, 775, 795, 809, 973. — C. 584, 1317 et s. — T. 67.

405. Les matières sommaires seront jugées à l'audience, après les délais de la citation échus, sur un simple acte, sans autres procédures ni formalités. — Pr. 82, 87, 93, 94, 404, 463, 543, 1029, 1033. — T. 67.

406. Les demandes incidentes et les interventions seront formées par requête d'avoué, qui ne pourra contenir que des conclusions motivées. — Pr. 49-3°, 337 et s., 1031.

407. S'il y a lieu à enquête, le jugement qui l'ordonnera contiendra les faits, sans qu'il soit besoin de les articuler préalablement, et fixera les jour et heure où les témoins seront entendus à l'audience. — Pr. 34 et s., 252, 432.

408. Les témoins seront assignés au moins un jour avant celui de l'audition. — Pr. 260, 410 et s., 432, 1033.

409. Si l'une des parties demande prorogation, l'incident sera jugé sur-le-champ. — Pr. 279 et s., 337.

410. Lorsque le jugement ne sera pas susceptible d'appel, il ne sera point dressé procès-verbal de l'enquête ; il sera seulement fait mention, dans le juge-

(1) V. L. 28 avril 1816, art. 43, n. 12.
(2) Quinze cents francs, selon la loi du 11 avril 1838, art. 1ᵉʳ.
(3) V. aussi C. pr., art. 311, 320, 521, 608, 669, 761, 805, 809, 832, 847, 963. — C. c., art. 449, 823. — C. pr., art. 172 (T. 75); 287 (T. 71); 192, 348 (T. 95); 718 (T. 117, 119, 122, 125); 765; 779; 794 et suiv.; 840, 684.

ment, des noms des témoins et du résultat de leurs dépositions. — Pr. 40, 262, 269 et s., 432.

411. Si le jugement est susceptible d'appel, il sera dressé procès-verbal, qui contiendra les serments des témoins, leur déclaration s'ils sont parents, alliés, serviteurs ou domestiques des parties, les reproches qui auraient été formés contre eux, et le résultat de leurs dépositions. — Pr. 39, 262, 269 et s., 273, 275, 432.

412. Si les témoins sont éloignés ou empêchés, le tribunal pourra commettre le tribunal ou le juge de paix de leur résidence : dans ce cas, l'enquête sera rédigée par écrit ; il en sera dressé procès-verbal. — Pr. 266, 1035.

413. Seront observées, en la confection des enquêtes sommaires, les dispositions du titre XII *des Enquêtes*, relatives aux formalités ci-après :

La copie aux témoins, du dispositif du jugement par lequel ils sont appelés ;

Copie à la partie, des noms des témoins ;

L'amende et les peines contre les témoins défaillants ;

La prohibition d'entendre les conjoints des parties, les parents et alliés en ligne directe ;

Les reproches par la partie présente, la manière de les juger, les interpellations aux témoins, la taxe ;

Le nombre des témoins dont les voyages passent en taxe ;

La faculté d'entendre les individus âgés de moins de quinze ans révolus. — Pr. 260, 261, 263, 264, 265, 268, 270, 273, 276 et s., 281, 283 et s., 287 et s., 432.

TITRE VINGT-CINQUIÈME

PROCÉDURE DEVANT LES TRIBUNAUX DE COMMERCE

414. La procédure devant les tribunaux de commerce se fait sans le ministère d'avoués. — Pr. 49-4°, 415 et s. — Co. 615 et s., 627, 642 et s.

415. Toute demande doit y être formée par exploit d'ajournement, suivant les formalités ci-dessus prescrites au titre *des Ajournements*. — Pr. 59, 61 et s., 414, 416 et s. — T. 29.

416. Le délai sera au moins d'un jour. — Pr. 72, 73, 1033.

417. Dans les cas qui requerront célérité, le président du tribunal pourra permettre d'assigner, même de jour à jour et d'heure à heure, et de saisir les effets mobiliers ; il pourra, suivant l'exigence des cas, assujettir le demandeur à donner caution, ou à justifier de solvabilité suffisante. Ses ordonnances seront exécutoires nonobstant opposition ou appel. Pr. 49-2°, 72, 404, 418, 440, 443, 457, 558, 585 et s., 806, 808. — C. 2040 et s. — Co. 172, 190. — T. 29.

418. Dans les affaires maritimes où il existe des parties non domiciliées, et dans celles où il s'agit d'agrès, victuailles, équipages et radoubs de vaisseaux prêts à mettre à la voile, et autres matières urgentes et provisoires, l'assignation de jour à jour, ou d'heure à heure, pourra être donnée sans ordonnance, et le défaut pourra être jugé sur-le-champ. — Pr. 149, 417, 419, 808. — T. 29.

419. Toutes assignations données à bord à la personne assignée seront valables. — Pr. 68.

420. Le demandeur pourra assigner, à son choix :

Devant le tribunal du domicile du défendeur ;

Devant celui dans l'arrondissement duquel la promesse a été faite et la marchandise livrée ;

Devant celui dans l'arrondissement duquel le paiement devait être effectué. — Pr. 59, 763. — C. 102 et s., 1247, 1606, 1651. — Co. 187, 636.

421. Les parties seront tenues de comparaître en personne, ou par le ministère d'un fondé de procuration spéciale. — Pr. 9, 422, 428.— C. 1987. — Co. 627.

422. Si les parties comparaissent, et qu'à la première audience il n'intervienne pas jugement définitif, les parties non domiciliées dans le lieu où siège le tribunal seront tenues d'y faire élection d'un domicile.

L'élection de domicile doit être mentionnée sur le plumitif de l'audience; à défaut de cette élection, toute signification, même celle du jugement définitif, sera faite valablement au greffe du tribunal. — Pr. 421, 436, 440. — C. 111.

423. (*Abrogé par Loi du 5 mars* 1895.)

424. Si le tribunal est incompétent à raison de la matière, il renverra les parties, encore que le déclinatoire n'ait pas été proposé.

Le déclinatoire pour toute autre cause ne pourra être proposé que préalablement à toute autre défense. — Pr. 168, 169, 170, 426, 442.

425. Le même jugement pourra, en rejetant le déclinatoire, statuer sur le fond, mais par deux dispositions distinctes, l'une sur la compétence, l'autre sur le fond: les dispositions sur la compétence pourront toujours être attaquées par la voie de l'appel. — Pr. 172, 338, 424, 443, 454.

426. Les veuves et héritiers des justiciables du tribunal de commerce y seront assignés en reprise, ou par action nouvelle; sauf, si les qualités sont contestées, à les renvoyer aux tribunaux ordinaires pour y être réglés, et ensuite être jugés sur le fond au tribunal de commerce. — Pr. 174, 187, 342 et s.

427. Si une pièce produite est méconnue, déniée ou arguée de faux, et que la partie persiste à s'en servir, le tribunal renverra devant les juges qui doivent en connaître, et il sera sursis au jugement de la demande principale.

Néanmoins, si la pièce n'est relative qu'à un des chefs de la demande, il pourra être passé outre au jugement des autres chefs. — Pr. 14, 193, 214 et s., 218, 219, 250, 442.

428. Le tribunal pourra, dans tous les cas, ordonner, même d'office, que les parties seront entendues en personne, à l'audience ou dans la chambre, et, s'il y a empêchement légitime, commettre un des juges, ou même un juge de paix pour les entendre, lequel dressera procès-verbal de leurs déclarations.— Pr. 119, 324 et s, 421, 1035.

429. S'il y a lieu à renvoyer les parties devant des arbitres, pour examen de comptes, pièces et registres, il sera nommé un ou trois arbitres pour entendre les parties, et les concilier, si faire se peut, sinon donner leur avis.

S'il y a lieu à visite ou estimation d'ouvrages ou marchandises, il sera nommé un ou trois experts.

Les arbitres et les experts seront nommés d'office par le tribunal, à moins que les parties n'en conviennent à l'audience. — Pr. 302 et s., 305. — Co. 52 et s. — T. 29.

430. La récusation ne pourra être proposée que dans les trois jours de la nomination.— Pr. 308 et s., 378 et s., 1029, 1033.

431. Le rapport des arbitres et experts sera déposé au greffe du tribunal. — Pr. 319. — Co. 61.

432. Si le tribunal ordonne la preuve par témoins, il y sera procédé dans les formes ci-dessus prescrites pour les enquêtes sommaires. Néanmoins, dans les causes sujettes à appel, les dépositions seront rédi-

gées par écrit par le greffier, et signées par le témoin; en cas de refus, mention en sera faite. — Pr. 407, 410, 413, 782. — C. 1341. — Co. 109, 498, 509, 639.

433. Seront observées, dans la rédaction et l'expédition des jugements, les formes prescrites dans les articles 141 et 146 pour les tribunaux de première instance (1). — Pr. 141, 146, 545 et s.

434. Si le demandeur ne se présente pas, le tribunal donnera défaut, et renverra le défendeur de la demande.

Si le défendeur ne comparaît pas, il sera donné défaut, et les conclusions du demandeur seront adjugées si elles se trouvent justes et bien vérifiées. — Pr. 19, 149, 150, 153, 154. — Co. 642, 643.

435. Aucun jugement par défaut ne pourra être signifié que par un huissier commis à cet effet par le tribunal; la signification contiendra, à peine de nullité, élection de domicile dans la commune où elle se fait, si le demandeur n'y est domicilié.

Le jugement sera exécutoire un jour après la signification et jusqu'à l'opposition. — Pr. 20, 153, 155, 156, 1029. — C. 102, 111. — T. 29.

436. L'opposition ne sera plus recevable après la huitaine du jour de la signification. — Pr. 157 et s., 1029. — Co. 643. — T. 29.

437. L'opposition contiendra les moyens de l'opposant, et assignation dans le délai de la loi; elle sera signifiée au domicile élu. — Pr. 20, 61, 68 et s., 161, 416, 1033. — T. 29.

438. L'opposition faite à l'instant de l'exécution, par déclaration sur le procès-verbal de l'huissier, arrêtera l'exécution; à la charge, par l'opposant, de la réitérer dans les trois jours, par exploit contenant assignation; passé lequel délai, elle sera censée non avenue. — Pr. 156 et s., 162, 1029, 1033.

439. Les tribunaux de commerce pourront ordonner l'exécution provisoire de leurs jugements, nonobstant l'appel, et sans caution, lorsqu'il y aura titre non attaqué, ou condamnation précédente dont il n'y aura pas d'appel: dans les autres cas, l'exécution provisoire n'aura lieu qu'à la charge de donner caution, ou de justifier de solvabilité suffisante. — Pr. 135 et s., 417, 449, 459. — C. 2040 et s. — T. 29.

440. La caution sera présentée par acte signifié au domicile de l'appelant, s'il demeure dans le lieu où siège le tribunal, sinon au domicile par lui élu en exécution de l'article 422, avec sommation à jour et heure fixes de se présenter au greffe pour prendre communication, sans déplacement, des titres de la caution, s'il est ordonné qu'elle en fournira, et à l'audience, pour voir prononcer sur l'admission, en cas de contestation. — Pr. 517 et s. — C. 102, 111, 2013, 2018, 2040 et s. — T. 29.

441. Si l'appelant ne comparaît pas, ou ne conteste point la caution, elle fera sa soumission au greffe; s'il conteste, il sera statué au jour indiqué par la sommation: dans tous les cas, le jugement sera exécutoire nonobstant opposition ou appel. — Pr. 519 et s. — T. 29.

442. Les tribunaux de commerce ne connaîtront point de l'exécution de leurs jugements. — Pr. 156, 472, 553. — Co. 200, 631, 632.

(1) V. Décr. 12 juill. 1808; Ord. 9 oct. 1825. — Tous les jugements tels qu'ils sont rendus doivent être portés sur la feuille d'audience par les greffiers des tribunaux de commerce, comme ceux des tribunaux civils. — *Décis. G.-J.* 31 oct. 1809.

LIVRE TROISIÈME

Des tribunaux d'appel

TITRE UNIQUE

DE L'APPEL, ET DE L'INSTRUCTION SUR L'APPEL

443. Le délai pour interjeter appel sera de deux mois (1). Il courra, pour les jugements contradictoires, du jour de la signification à personne ou domicile;

Pour les jugements par défaut, du jour où l'opposition ne sera plus recevable.

L'intimé pourra, néanmoins, interjeter appel incidemment de tout état de cause, quand même il aurait signifié le jugement sans protestation. — Pr. 16, 59, 68 et s., 147, 157, 158, 173, 182, 183, 337 et s., 340, 343, 377, 392, 406, 445, 446, 447, 474 et s., 480, 493, 669, 730, 762, 763, 809, 894, 1033, 1035. — C. 815, 887, 1197, 1206, 1350, 1351, 1352, 1357, 1689, 1690, 2262. — Co. 443, 582, 583, 645, 648. — I. c. 174, 203.

444. Ces délais emporteront déchéance : ils courront contre toutes parties, sauf le recours contre qui de droit; mais ils ne courront contre le mineur non émancipé que du jour où le jugement aura été signifié tant au tuteur qu'au subrogé tuteur, encore que ce dernier n'ait pas été en cause. — Pr. 132, 178, 398, 484, 1029. — C. 420, 430, 450.

445. Ceux qui demeurent hors de la France continentale auront, pour interjeter appel, outre le délai de deux mois (2) depuis la signification du jugement, le délai des ajournements réglé par l'article 73 ci-dessus. — Pr. 73, 74, 486, 639, 1033. — Co. 544.

446. Ceux qui sont absents du territoire européen de la République ou du territoire de l'Algérie pour cause de service public auront, pour interjeter appel, outre le délai de deux mois depuis la signification du jugement, le délai de huit mois. Il en sera de même en faveur des gens de mer absents pour cause de navigation (3). — Pr. 73, 485.

447. Les délais de l'appel seront suspendus par la mort de la partie condamnée.

Ils ne reprendront leur cours qu'après la signification du jugement, faite au domicile du défunt, avec les formalités prescrites en l'article 61, et à compter de l'expiration des délais pour faire inventaire et délibérer, si le jugement a été signifié avant que ces derniers délais fussent expirés.

Cette signification pourra être faite aux héritiers collectivement, et sans désignation des noms et qualités. — Pr. 61, 68, 174, 344, 487. — C. 795 et s., 1457, 1458 et s. — T. 29.

448. Dans le cas où le jugement aurait été rendu sur une pièce fausse, ou si la partie avait été condamnée faute de représenter une pièce décisive qui était retenue par son adversaire, les délais de l'appel ne courront que du jour où le faux aura été reconnu ou juridiquement constaté, ou que la pièce aura été recouvrée, pourvu que, dans ce dernier cas, il y ait preuve par écrit du jour où la pièce a été recouvrée, et non autrement. — Pr. 240, 250, 480-9°-10°, 488.

449. Aucun appel d'un jugement non exécutoire par provision ne pourra être interjeté dans la huitaine, à dater du jour du jugement; les appels interjetés dans ce délai seront déclarés non recevables, sauf à l'appelant à les réitérer, s'il est encore dans le délai. — Pr. 135 et s., 455, 809, 1029. — Co. 645.

450. L'exécution des jugements non exécutoires par provision sera suspendue pendant ladite huitaine. — Pr. 150, 449. — I. c. 203.

451. L'appel d'un jugement préparatoire ne pourra être interjeté qu'après le jugement définitif et conjointement avec l'appel de ce jugement, et le délai de l'appel ne courra que du jour de la signification du jugement définitif : cet appel sera recevable, encore que le jugement préparatoire ait été exécuté sans réserves.

L'appel d'un jugement interlocutoire pourra être interjeté avant le jugement définitif : il en sera de même des jugements qui auraient accordé une provision. — Pr. 31, 452, 457, 473.

452. Sont réputés préparatoires les jugements rendus pour l'instruction de la cause, et qui tendent à mettre le procès en état de recevoir jugement définitif.

Sont réputés interlocutoires les jugements rendus lorsque le tribunal ordonne, avant dire droit, une preuve, une vérification, ou une instruction qui préjuge le fond. — Pr. 253, 295, 302, 325, 397, 451, 457.

453. Seront sujets à l'appel les jugements qualifiés en dernier ressort, lorsqu'ils auront été rendus par des juges qui ne pouvaient prononcer qu'en première instance.

Ne seront recevables les appels des jugements rendus sur des matières dont la connaissance appartient aux premiers juges, mais qu'ils auraient omis de qualifier, ou qu'ils auraient qualifiés en premier ressort (4). — Pr. 391. — Co. 639.

454. Lorsqu'il s'agira d'incompétence, l'appel sera recevable, encore que le jugement ait été qualifié en dernier ressort (5). — Pr. 168 et s., 376, 425.

455. Les appels des jugements susceptibles d'opposition ne seront point recevables pendant la durée du délai pour l'opposition. — Pr. 20 et s., 155 et s., 165, 443, 449, 809.

456. L'acte d'appel contiendra assignation dans les délais de la loi, et sera signifié à personne ou domicile, à peine de nullité. — Pr. 59, 60, 61, 68, 69, 72 et s., 173, 443, 456, 463, 470, 584, 726, 734, 1029, 1033. — C. 102 et s. — T. 29.

457. L'appel des jugements définitifs ou interlocutoires sera suspensif, si le jugement ne prononce pas l'exécution provisoire dans les cas où elle est autorisée.

L'exécution des jugements mal à propos qualifiés en dernier ressort ne pourra être suspendue qu'en vertu de défenses obtenues par l'appelant, à l'audience du tribunal d'appel, sur assignation à bref délai.

À l'égard des jugements non qualifiés, ou qualifiés en premier ressort, et dans lesquels les juges étaient autorisés à prononcer en dernier ressort, l'exécution provisoire pourra en être ordonnée par le tribunal d'appel, à l'audience et sur simple acte. — Pr. 72, 76, 135 et s., 376, 455, 473. — T. 148.

---

(1) Cette disposition a été ainsi modifiée par la loi du 3 mai 1862. Pour le délai d'appel des sentences des juges de paix, V. L. 25 mai 1838, art. 13.

(2) Ainsi modifié par la loi du 3 mai 1862.

(3) Ainsi remplacé par la loi du 3 mai 1862.

(4) V. L. 11 avril 1838, *Sur les tribunaux civils de première instance*, art. 1 et 2. — I. 25 mai 1838, art. 1 à 9, *Sur les justices de paix*. — L. 3 mars 1840, art. 1 et 2, *Sur les tribunaux de commerce*.

(5) V. L. 25 mai 1838, art. 14.

458. Si l'exécution provisoire n'a pas été prononcée dans les cas où elle est autorisée, l'intimé pourra, sur un simple acte, la faire ordonner à l'audience, avant le jugement de l'appel. — Pr. 135 et s., 449. — T. 148.

459. Si l'exécution provisoire a été ordonnée hors des cas prévus par la loi, l'appelant pourra obtenir des défenses à l'audience, sur assignation à bref délai, sans qu'il puisse en être accordé sur requête non communiquée. — Pr. 17, 72, 135 et s., 439.— Co.647. T. 148.

460. En aucun autre cas, il ne pourra être accordé des défenses, ni être rendu aucun jugement tendant à arrêter directement ou indirectement l'exécution du jugement, à peine de nullité. — Pr. 478, 497, 1029. — C. 1319. — Co. 647.

461. Tout appel, même de jugement rendu sur instruction par écrit, sera porté à l'audience au tribunal à ordonner l'instruction par écrit, s'il y a lieu. — Pr. 95 et s., 809.

462. Dans la huitaine de la constitution d'avoué par l'intimé, l'appelant signifiera ses griefs contre le jugement L'intimé répondra dans la huitaine suivante. L'audience sera poursuivie sans autre procédure. — Pr. 75 et s., 85 et s., 1031.

463. Les appels de jugements rendus en matière sommaire seront portés à l'audience sur simple acte, et sans autre procédure. Il en sera de même de l'appel des autres jugements, lorsque l'intimé n'aura pas comparu. — Pr. 82, 149 et s., 401 et s. — Co. 648.

464. Il ne sera formé, en cause d'appel, aucune nouvelle demande, à moins qu'il ne s'agisse de compensation, ou que la demande nouvelle ne soit la défense à l'action principale.

Pourront aussi les parties demander des intérêts, arrérages, loyers et autres accessoires échus depuis le jugement de première instance, et les dommages et intérêts pour le préjudice souffert depuis ledit jugement. — Pr. 128, 473, 727, 736, 754. — C. 457, 547 et s., 826, 832, 1146 et s., 1154,1289 et s., 1690,1728, 1905 et s., 2277.

465. Dans les cas prévus par l'article précédent, les nouvelles demandes et les exceptions du défendeur ne pourront être formées que par de simples actes de conclusions motivées.

Il en sera de même dans les cas où les parties voudraient changer ou modifier leurs conclusions.

Toute pièce d'écriture qui ne sera que la répétition des moyens ou exceptions déjà employés par écrit, soit en première instance, soit sur l'appel, ne passera point en taxe.

Si la même pièce contient à la fois et de nouveaux moyens ou exceptions, et la répétition des anciens, on n'allouera en taxe que la partie relative aux nouveaux moyens ou exceptions. — Pr. 1030, 1031.

466. Aucune intervention ne sera reçue, si ce n'est de la part de ceux qui auraient droit de former tierce opposition. — Pr. 339 et s., 464, 474 et s. — C. 450, 882, 1166, 1167, 1447.

467. S'il se forme plus de deux opinions, les juges plus faibles en nombre seront tenus de se réunir à l'une des deux opinions qui auront été émises par le plus'grand nombre(1). — Pr. 117, 118.

468. En cas de partage dans une Cour d'appel, on appellera, pour le vider, un au moins ou plusieurs des juges qui n'auront pas connu de l'affaire, et toujours en nombre impair, en suivant l'ordre du tableau : l'affaire sera de nouveau plaidée, ou de nouveau rapportée s'il s'agit d'une instruction par écrit.

(1) V. Décr. 30 mars 1808, art. 35.

Dans les cas où tous les juges auraient connu de l'affaire, il sera appelé, pour le jugement, trois anciens jurisconsultes (2). — Pr. 118.

469. La péremption en cause d'appel aura l'effet de donner au jugement dont est appel la force de chose jugée. — Pr. 397 et s., 401. — C. 1351, 2247.

470. Les autres règles établies pour les tribunaux inférieurs seront observées dans les cours d'appel. — Pr. 85. — Co. 648.

471. L'appelant qui succombera sera condamné à une amende de cinq francs, s'il s'agit du jugement d'un juge de paix, et de dix francs sur l'appel d'un jugement de tribunal de première instance ou de commerce (3). — Pr. 130, 246, 374, 390, 479, 500, 513, 516, 1025, 1029. — Co. 644. — T. 90.

472. Si le jugement est confirmé, l'exécution appartiendra au tribunal dont est appel : si le jugement est infirmé, l'exécution, entre les mêmes parties, appartiendra à la cour d'appel qui aura prononcé, ou à un autre tribunal qu'elle aura indiqué par le même arrêt ; sauf les cas de la demande en nullité d'emprisonnement, en expropriation forcée, et autres dans lesquels la loi attribue juridiction. — Pr. 59, 442,473, 528, 545 et s., 553, 794, 1020 et s. — C. 822, 1351.

473. Lorsqu'il y aura appel d'un jugement interlocutoire, si la matière est infirmé, et que la matière soit disposée à recevoir une décision définitive, les cours d'appel et autres tribunaux d'appel pourront statuer en même temps sur le fond définitivement, par un seul et même jugement.

Il en sera de même dans les cas où les cours d'appel ou autres tribunaux d'appel infirmeraient, soit pour vice de forme, soit pour toute autre cause, des jugements définitifs. — Pr. 23, 134, 288, 338, 451, 452, 464, 528. — Co. 514.— I. c. 174, 215.

LIVRE QUATRIÈME

Des voies extraordinaires pour attaquer les jugements

TITRE PREMIER

DE LA TIERCE OPPOSITION

474. Une partie peut former tierce opposition à un jugement qui préjudicie à ses droits, et lors duquel, ni elle ni ceux qu'elle représente n'ont été appelés. — Pr. 466, 575, 733 et s., 767, 873, 1022. — C. 54, 100, 801, 803, 860, 1122, 1165, 1166, 1167, 1341, 1351, 2036. — Co. 66, 443, 523, 580.

475. La tierce opposition formée par action principale sera portée au tribunal qui aura rendu le jugement attaqué.

La tierce opposition incidente à une contestation dont un tribunal est saisi, sera formée par requête à ce tribunal, s'il est égal ou supérieur à celui qui a

(2) V. Ord. 20 nov. 1822, art. 7.
(3) V. Arr. 27 niv. an X. — L'amende doit être consignée avant le jugement ou l'arrêt à intervenir. — Art. 90 du Tarif de 1807 et Décis. min. Fin. 12 sept. 1809. Aucune consignation d'amende n'est à faire pour les appels incidents : le but de la loi est rempli, quand consignation a été faite à raison de l'appel principal. — Sol. de la Rég. 22 avril 1861 ; Décis. min. 21 mars et 2 juin 1862.

rendu le jugement. — Pr. 49-3°, 337 et s., 406, 476, 490, 493. — T. 75.

476. S'il n'est égal ou supérieur, la tierce opposition incidente sera portée, par action principale, au tribunal qui aura rendu le jugement. — Pr. 475.

477. Le tribunal devant lequel le jugement attaqué aura été produit pourra, suivant les circonstances, passer outre ou surseoir. — Pr. 491, 900.

478. Les jugements passés en force de chose jugée, portant condamnation à délaisser la possession d'un héritage, seront exécutés contre les parties condamnées, nonobstant la tierce opposition et sans y préjudicier.

Dans les autres cas, les juges pourront, suivant les circonstances, suspendre l'exécution du jugement. — Pr. 457, 497. — C. 1351.

479. La partie dont la tierce opposition sera rejetée sera condamnée à une amende qui ne pourra être moindre de cinquante francs, sans préjudice des dommages et intérêts de la partie, s'il y a lieu. — Pr. 128, 213, 246, 374, 390, 471, 500, 513, 516, 1029. — C. 1351.

TITRE DEUXIÈME

DE LA REQUÊTE CIVILE

480. Les jugements contradictoires rendus en dernier ressort par les tribunaux de première instance et d'appel, et les jugements par défaut rendus aussi en dernier ressort, et qui ne sont plus susceptibles d'opposition, pourront être rétractés, sur la requête de ceux qui y auront été parties ou dûment appelés, pour les causes ci-après :

1° S'il y a eu dol personnel;

2° Si les formes prescrites à peine de nullité ont été violées, soit avant, soit lors des jugements, pourvu que la nullité n'ait pas été couverte par les parties ;

3° S'il a été prononcé sur choses non demandées ;

4° S'il a été adjugé plus qu'il n'a été demandé ;

5° S'il a été omis de prononcer sur l'un des chefs de demande ;

6° S'il y a contrariété de jugements en dernier ressort, entre les mêmes parties et sur les mêmes moyens, dans les mêmes cours ou tribunaux;

7° Si, dans un même jugement, il y a des dispositions contraires;

8° Si, dans les cas où la loi exige la communication au ministère public, cette communication n'a pas eu lieu, et que le jugement ait été rendu contre celui pour qui elle était ordonnée;

9° Si l'on a jugé sur pièces reconnues ou déclarées fausses depuis le jugement;

10° Si, depuis le jugement, il a été recouvré des pièces décisives, et qui avaient été retenues par le fait de la partie. — Pr. 83, 112, 141, 149 et s., 173, 448, 481, 488, 489, 490, 501, 504, 1010, 1026, 1028-5°, 1029. — C. 1116, 1351, 2057.

481. L'État, les communes, les établissements publics et les mineurs, seront encore reçus à se pourvoir, s'ils n'ont été défendus, ou s'ils ne l'ont été valablement. — Pr. 49, 83, 112, 398, 494. — C. 388, 489, 509, 2227.

482. S'il n'y a ouverture que contre un chef de jugement, il sera seul rétracté, à moins que les autres n'en soient dépendants.

483. (*Ainsi remplacé, L. 3 mai* 1862). La requête civile sera signifiée avec assignation dans le délai de deux mois à l'égard des majeurs, à compter du jour de la signification du jugement attaqué à personne ou domicile. — Pr. 443, 1033. — T. 78.

484. (*L. 3 mai* 1862.) Le délai de deux mois ne courra contre les mineurs que du jour de la signification du jugement faite depuis leur majorité, à personne ou domicile (1). — Pr. 444, 488.

485. (*L. 3 mai* 1862.) Lorsque le demandeur sera absent du territoire européen de la République ou du territoire de l'Algérie pour cause de service public, il aura, outre le délai ordinaire de deux mois depuis la signification du jugement, le délai de huit mois.

Il en sera de même en faveur des gens de mer absents pour cause de navigation.

486. (*L. 3 mai* 1862.) Ceux qui demeurent hors de la France continentale auront, outre le délai de deux mois depuis la signification du jugement, le délai des ajournements réglé par l'article 73 ci-dessus. — Pr. 445, 1033.

487. Si la partie condamnée est décédée dans les délais ci-dessus fixés pour se pourvoir, ce qui en restera à courir ne commencera, contre la succession, que dans les délais et de la manière prescrits en l'article 447 ci-dessus. — Pr. 344, 447.

488. Lorsque les ouvertures de requête civile seront le faux, le dol ou la découverte de pièces nouvelles, les délais ne courront que du jour où, soit le faux, soit le dol, auront été reconnus ou les pièces découvertes; pourvu que, dans ces deux derniers cas, il y ait preuve par écrit du jour, et non autrement. — Pr. 448, 480, 483 et s. — C. 1317 et s., 1322, 1328, 2057.

489. S'il y a contrariété de jugements, le délai courra du jour de la signification du dernier jugement. — Pr. 472, 475, 501, 504.

490. La requête civile sera portée au même tribunal où le jugement attaqué aura été rendu; il pourra y être statué par les mêmes juges. — Pr. 472, 475, 493, 502, 1026.

491. Si une partie veut attaquer par la requête civile un jugement produit dans une cause pendante en un tribunal autre que celui qui l'a rendu, elle se pourvoira devant le tribunal qui a rendu le jugement attaqué; et le tribunal saisi de la cause dans laquelle il est produit pourra, suivant les circonstances, passer outre ou surseoir. — Pr. 364, 477 et s., 900.

492. La requête civile sera formée par assignation au domicile de l'avoué de la partie qui a obtenu le jugement attaqué, si elle est formée dans les six mois de la date du jugement; après ce délai, l'assignation sera donnée au domicile de la partie. — Pr. 483, 494, 1038. — T. 78.

493. Si la requête civile est formée incidemment devant un tribunal compétent pour en connaître, elle le sera par requête d'avoué à avoué; mais si elle est incidente à une contestation portée dans un autre tribunal que celui qui a rendu le jugement, elle sera formée par assignation devant les juges qui ont rendu le jugement. — Pr. 337 et s., 406, 443, 472, 475, 496, 592, 1838. — T. 75.

494. La requête civile d'aucune partie autre que celle qui stipule les intérêts de l'État ne sera reçue, si, avant que cette requête ait été présentée, il n'a été consigné une somme de trois cents francs pour amende, et cent cinquante francs pour les dommages-intérêts de la partie, sans préjudice de plus amples dommages-intérêts, s'il y a lieu : la consignation sera de moitié, si le jugement est par défaut ou par forclusion, et du quart s'il s'agit de jugements rendus

(1) V. L. 30 juin 1838, art. 35, 39, *Sur les aliénés.*

par les tribunaux de première instance (1). — Pr. 128, 481, 495, 500. — C. 1146, 1149. — T. 90.

495. La quittance du receveur sera signifiée en tête de la demande, ainsi qu'une consultation de trois avocats exerçant depuis dix ans au moins près un des tribunaux du ressort de la cour d'appel dans lequel le jugement a été rendu.

La consultation contiendra déclaration qu'ils sont d'avis de la requête civile, et elle en énoncera aussi les ouvertures; sinon la requête ne sera pas reçue. — Pr. 468. — T. 150.

496. Si la requête civile est signifiée dans les six mois de la date du jugement, l'avoué de la partie qui a obtenu le jugement sera constitué de droit sans nouveau pouvoir. — Pr. 1038.

497. La requête civile n'empêchera pas l'exécution du jugement attaqué ; nulles défenses ne pourront être accordées : celui qui aura été condamné à délaisser un héritage ne sera reçu à plaider sur la requête civile qu'en rapportant la preuve de l'exécution du jugement au principal. — Pr. 27, 457, 460, 478.

498. Toute requête civile sera communiquée au ministère public. — Pr. 83.

499. Aucun moyen autre que les ouvertures de requête civile énoncées en la consultation ne sera discuté à l'audience ni par écrit. — Pr. 495.

500. Le jugement qui rejettera la requête civile condamnera le demandeur à l'amende et aux dommages-intérêts ci-dessus fixés, sans préjudice de plus amples dommages-intérêts, s'il y a lieu. — Pr. 128, 246, 374, 471, 479, 494, 513, 1025, 1029. — C. 1149.

501. Si la requête civile est admise, le jugement sera rétracté, et les parties seront remises au même état où elles étaient avant ce jugement; les sommes consignées seront rendues, et les objets des condamnations qui auront été perçus en vertu du jugement rétracté seront restitués.

Lorsque la requête civile aura été entérinée pour raison de contrariété de jugements, le jugement qui entérinera la requête civile, ordonnera que le premier jugement sera exécuté selon sa forme et teneur. — T. 90, 92, 175.

502. Le fond de la contestation sur laquelle le jugement rétracté aura été rendu, sera porté au même tribunal qui aura statué sur la requête civile. — Pr. 472, 475, 490, 493.

503. Aucune partie ne pourra se pourvoir en requête civile, soit contre le jugement déjà attaqué par cette voie, soit contre le jugement qui l'aura rejeté, soit contre celui rendu sur le rescisoire, à peine de nullité et de dommages-intérêts, même contre l'avoué qui, ayant occupé sur la première demande, occuperait sur la seconde. — Pr. 1029. — C. 1149.

504. La contrariété de jugements rendus en dernier ressort entre les mêmes parties et sur les mêmes moyens en différents tribunaux donne ouverture à cassation; et l'instance est formée et jugée conformément aux lois qui sont particulières à la Cour de cassation (2). — Pr. 480-6°. — C. 1351.

TITRE TROISIÈME

DE LA PRISE A PARTIE

505. Les juges peuvent être pris à partie dans les cas suivants :

(1) La loi du 1er therm. an VI, dispensant les indigents de la consignation de l'amende, a été abrogée par cet article (Av. C. d'Ét. 20 mars 1810).
(2) V. Règl. du Conseil de 1738; LL. 1er déc. 1790, 27 vent. an VIII.

1° S'il y a dol, fraude ou concussion, qu'on prétendrait avoir été commis, soit dans le cours de l'instruction, soit lors des jugements;

2° Si la prise à partie est expressément prononcée par la loi ;

3° Si la loi déclare les juges responsables, à peine de dommages et intérêts;

4° S'il y a déni de justice. — Pr. 15-7°, 49, 83-5°, 509. — C. 4, 1116. — I. c. 77, 112, 164, 271, 370, 483 et s. — P. 114, 117, 149, 174, 177, 185.

506. Il y a déni de justice, lorsque les juges refusent de répondre les requêtes, ou négligent de juger les affaires en état et en tour d'être jugées. — C. 4. — P. 185.

507. Le déni de justice sera constaté par deux réquisitions faites aux juges en la personne des greffiers, et signifiées de trois en trois jours au moins pour les juges de paix et de commerce, et de huitaine en huitaine au moins pour les autres juges : tout huissier requis sera tenu de faire ces réquisitions, à peine d'interdiction. — Pr. 1029. — T. 29.

508. Après les deux réquisitions, le juge pourra être pris à partie.

509. La prise à partie contre les juges de paix, contre les tribunaux de commerce ou de première instance, ou contre quelqu'un de leurs membres, et la prise à partie contre un conseiller à une cour d'appel ou à une cour d'assises, seront portées à la cour d'appel du ressort.

La prise à partie contre les cours d'assises, contre les cours d'appel ou l'une de leurs sections, sera portée à la Haute Cour, conformément à l'article 101 de l'acte du 18 mai 1804 (3). — I. c. 469 et s., 483 et s., 510.

510. Néanmoins aucun juge ne pourra être pris à partie, sans permission préalable du tribunal devant lequel la prise à partie sera portée — Pr. 508, 511 et s., 515.

511. Il sera présenté, à cet effet, une requête signée de la partie, ou de son fondé de procuration authentique et spéciale, laquelle procuration sera annexée à la requête, ainsi que les pièces justificatives s'il y en a, à peine de nullité. — Pr. 1029. — T. 150.

512. Il ne pourra être employé aucun terme injurieux contre les juges, à peine, contre la partie, de telle amende, et contre son avoué, de telle injonction ou suspension qu'il appartiendra. — Pr. 1036.

513. Si la requête est admise, la partie sera condamnée à une amende qui ne pourra être moindre de trois cents francs, sans préjudice des dommages et intérêts envers les parties, s'il y a lieu. — Pr. 246, 314, 390, 471, 479, 500, 516, 1029. — C. 1149.

514. Si la requête est admise, elle sera signifiée dans trois jours au juge pris à partie, qui sera tenu de fournir ses défenses dans la huitaine.

Il s'abstiendra de la connaissance du différend ; il s'abstiendra même, jusqu'au jugement définitif de la prise à partie, de toutes les causes que la partie, ou ses parents en ligne directe, ou son conjoint, pourront avoir dans son tribunal, à peine de nullité des jugements. — Pr. 278 et s., 378 et s., 380, 1029. — T. 29, 75.

515. La prise à partie sera portée à l'audience sur un simple acte, et sera jugée par une autre section que celle qui l'aura admise : si la cour d'appel n'est composée que d'une section, le jugement de la prise

(3) La Haute Cour instituée par l'acte du 18 mai 1804 n'existant plus, c'est à la Cour de cassation que la prise à partie doit être portée (V. L. 27 nov.-1er déc. 1790, art. 2).

à partie sera renvoyé à la cour d'appel la plus voisine par la Cour de cassation. — Pr. 82, 83-5°.

516. Si le demandeur est débouté, il sera condamné à une amende qui ne pourra être moindre de trois cents francs, sans préjudice des dommages-intérêts envers les parties, s'il y a lieu. — Pr. 128, 1029. — C. 1149, 1382.

LIVRE CINQUIÈME

De l'exécution des jugements

TITRE PREMIER

DES RÉCEPTIONS DE CAUTIONS

517. Le jugement qui ordonnera de fournir caution fixera le délai dans lequel elle sera présentée, et celui dans lequel elle sera acceptée ou contestée (1). — Pr. 17, 135, 155, 417, 439, 542, 832 et s., 992, 1035. — C. 16, 120, 626, 771, 807, 1518, 1613, 2011, 2040 et s. — I. c. 114, 117 et s.

518. La caution sera présentée par exploit signifié à la partie, si elle n'a point d'avoué, et par acte d'avoué, si elle en a constitué, avec copie de l'acte de dépôt, qui sera fait au greffe, des titres qui constatent la solvabilité de la caution, sauf le cas où la loi n'exige pas que la solvabilité soit établie par titres. — Pr. 189, 440, 832, 993. — T. 71, 91.

519. La partie pourra prendre au greffe communication des titres; si elle accepte la caution, elle le déclarera par un simple acte : dans ce cas, ou si la partie ne conteste pas dans le délai, la caution fera au greffe sa soumission, qui sera exécutoire sans jugement, même pour la contrainte par corps, s'il y a lieu à contrainte. — Pr. 82, 126, 189, 518, 522, 552. — C. 2017, 2040. — T. 71, 91.

520. Si la partie conteste la caution dans le délai fixé par le jugement, l'audience sera poursuivie sur un simple acte. — Pr. 82, 521, 993 et s. — T. 71.

521. Les réceptions de caution seront jugées sommairement, sans requête ni écritures; le jugement sera exécuté nonobstant appel. — Pr. 135 et s., 404 et s., 457, 463, 1035.

522. Si la caution est admise, elle fera sa soumission, conformément à l'article 519 ci-dessus. — Pr. 17, 833, 882, 992. — C. 16, 120, 601, 771, 807, 1518, 1613, 2017, 2020, 2040. — T. 91.

TITRE DEUXIÈME

DE LA LIQUIDATION DES DOMMAGES-INTÉRÊTS

523. Lorsque l'arrêt ou le jugement n'aura pas fixé les dommages-intérêts, la déclaration en sera signifiée à l'avoué du défendeur, s'il en a été constitué; et les pièces seront communiquées sur récépissé de l'avoué, ou par la voie du greffe. — Pr. 97, 126, 128, 188, 551. — C. 1149 et s. — T. 91, 141.

524. Le défendeur sera tenu, dans le délai fixé par les articles 97 et 98, et sous les peines y portées, de remettre lesdites pièces, et, huitaine après l'expiration desdits délais, de faire ses offres au demandeur

(1) L. 25 mai 1838, art. 11 et 12.

de la somme qu'il avisera pour les dommages-intérêts; sinon, la cause sera portée sur un simple acte à l'audience, et il sera condamné à payer le montant de la déclaration, si elle est trouvée juste et bien vérifiée. — Pr. 97, 107, 126, 191, 812 et s. — C. 1257 et s. — T. 71, 142.

525. Si les offres contestées sont jugées suffisantes, le demandeur sera condamné aux dépens, du jour des offres. — Pr. 130. — C. 1260.

TITRE TROISIÈME

DE LA LIQUIDATION DES FRUITS

526. Celui qui sera condamné à restituer des fruits en rendra compte dans la forme ci-après; et il sera procédé comme sur les autres comptes rendus en justice. — Pr, 129, 527 et s., 540, 551, 626, 681 et s., 819. — C. 547 et s., 583 et s.

TITRE QUATRIÈME

DES REDDITIONS DE COMPTES

527. Les comptables commis par justice seront poursuivis devant les juges qui les auront commis; les tuteurs, devant les juges du lieu où la tutelle aura été déférée; tous autres comptables, devant les juges de leur domicile. — Pr. 59, 472, 905, 995. — C. 102, 108, 110, 406, 471 et s., 509, 803, 1031, 1993. — Co. 575, 612.

528. En cas d'appel d'un jugement qui aurait rejeté une demande en reddition de compte, l'arrêt infirmatif renverra, pour la reddition et le jugement du compte, au tribunal où la demande avait été formée, ou à tout autre tribunal de première instance que l'arrêt indiquera.

Si le compte a été rendu et jugé en première instance, l'exécution de l'arrêt infirmatif appartiendra à la Cour qui l'aura rendu, ou à un autre tribunal qu'elle aura indiqué par le même arrêt. — Pr. 472 et s.

529. Les oyants qui auront le même intérêt nommeront un seul avoué : faute de s'accorder sur le choix, le plus ancien occupera, et néanmoins chacun des oyants pourra en constituer un; mais les frais occasionnés par cette constitution particulière, et faits tant activement que passivement, seront supportés par l'oyant. — Pr. 75, 130, 536, 760, 932, 1031. — C. 472.

530. Tout jugement portant condamnation de rendre compte fixera le délai dans lequel le compte sera rendu, et commettra un juge. — Pr. 528, 1035.

531. Si le préambule du compte, en y comprenant la mention de l'acte ou du jugement qui aura commis le rendant et du jugement qui aura ordonné le compte, excède six rôles, l'excédent ne passera point en taxe. — Pr. 1031. — T. 75.

532. Le rendant n'emploiera pour dépenses communes que les frais de voyage, s'il y a lieu, les vacations de l'avoué qui aura mis en ordre les pièces du compte, les grosses et copies, les frais de présentation et affirmation. — Pr. 130. — T. 92.

533. Le compte contiendra les recette et dépense effectives; il sera terminé par la récapitulation de la balance desdites recette et dépense, sauf à faire un chapitre particulier des objets à recouvrer. — C. 472.

534. Le rendant présentera et affirmera son compte en personne ou par procureur spécial, dans le délai fixé et au jour indiqué par le juge-commissaire, les oyants présents, ou appelés à personne ou domicile, s'ils n'ont avoué, et par acte d'avoué, s'ils en ont constitué.

Le délai passé, le rendant y sera contraint par saisie et vente de ses biens jusqu'à concurrence d'une somme que le tribunal arbitrera ; il pourra même y être contraint par corps, si le tribunal l'estime convenable (1). — Pr. 68, 75, 126, 551, 572, 583. — C. 2063, 2204. — T. 29, 70, 76, 92.

535. Le compte présenté et affirmé, si la recette excède la dépense, l'oyant pourra requérir du juge-commissaire exécutoire de cet excédent, sans approbation du compte. — T. 92.

536. Après la présentation et affirmation, le compte sera signifié à l'avoué de l'oyant : les pièces justificatives seront cotées et paraphées par l'avoué du rendant ; si elles sont communiquées sur récépissé, elle seront rétablies dans le délai qui sera fixé par le juge-commissaire, sous les peines portées par l'article 107.

Si les oyants ont constitué avoués différents, la copie et la communication ci-dessus seront données à l'avoué plus ancien seulement, s'ils ont le même intérêt, et à chaque avoué, s'ils ont des intérêts différents.

S'il y a des créanciers intervenants, ils n'auront tous ensemble qu'une seule communication, tant du compte que des pièces justificatives, par les mains du plus ancien des avoués qu'ils auront constitués. — Pr. 105, 189 et s. 339, 406, 466, 932. — T. 92.

537. Les quittances de fournisseurs, ouvriers, maîtres de pension, et autres de même nature, produites comme pièces justificatives du compte, sont dispensées de l'enregistrement (2).

538. Aux jour et heure indiqués par le commissaire, les parties se présenteront devant lui pour fournir débats, soutènements et réponses sur son procès-verbal : si les parties ne se présentent pas, l'affaire sera portée à l'audience sur un simple acte. — Pr. 75, 82, 209, 539. — T. 92.

539. Si les parties ne s'accordent pas, le commissaire ordonnera qu'il en sera par lui fait rapport à l'audience, au jour qu'il indiquera ; elles seront tenues de s'y trouver, sans aucune sommation. — Pr. 93, 94, 209, 280, 542, 1031.

540. Le jugement qui interviendra sur l'instance de compte contiendra le calcul de la recette et des dépenses, et fixera le reliquat précis, s'il y en a aucun. — Pr. 141.

541. Il ne sera procédé à la revision d'aucun compte, sauf aux parties, s'il y a erreurs, omissions, faux ou doubles emplois, à en former leurs demandes devant les mêmes juges. — Pr. 534, 538, 539. — C. 887, 1351, 1907, 2058.

542. Si l'oyant est défaillant, le commissaire fera son rapport au jour par lui indiqué : les articles seront alloués, s'ils sont justifiés ; le rendant, s'il est reliquataire, gardera les fonds, sans intérêts ; et s'il ne s'agit point d'un compte de tutelle, le comptable donnera caution, si mieux il n'aime consigner. — Pr. 126, 149 et s., 517 et s., 539, 816. — C. 474, 1257 et s., 2040 et s.

TITRE CINQUIÈME
DE LA LIQUIDATION DES DÉPENS ET FRAIS

543. La liquidation des dépens et frais sera faite,

(1) La contrainte par corps est abolie (L. 22 juill. 1867).
(2) L. 22 frim. an VII, art. 23, 47. — Les comptes rendus à l'amiable ou devant notaires sont exempts de l'enregistrement, comme les comptes rendus en justice. — *Décis. min. Fin. et min. Just.* 22 sept. 1807.

en matière sommaire, par le jugement qui les adjugera (3). — Pr. 130 et s., 404 et s., 766. — T. 1.

544. La manière de procéder à la liquidation des dépens et frais dans les autres matières sera déterminée par un ou plusieurs règlements d'administration publique, qui seront exécutoires le même jour que le présent Code, et qui, après trois ans au plus tard, seront présentés en forme de loi au Corps législatif, avec les changements dont ils auront paru susceptibles (4).

TITRE SIXIÈME
RÈGLES GÉNÉRALES SUR L'EXÉCUTION FORCÉE DES JUGEMENTS ET ACTES

545. Nul jugement ni acte ne pourront être mis à exécution, s'ils ne portent le même intitulé que les lois et ne sont terminés par un mandement aux officiers de justice, ainsi qu'il est dit article 146. — Pr. 146, 433, 1020, 1021. — C. 1317 et s., 2213.

546. Les jugements rendus par les tribunaux étrangers et les actes reçus par les officiers étrangers, ne seront susceptibles d'exécution en France que de la manière et dans les cas prévus par les articles 2123 et 2128 du Code civil (5). — C. 1128, 2123.

547. Les jugements rendus et les actes passés en France seront exécutoires dans toute la République, sans *visa* ni *pareatis*, encore que l'exécution ait lieu hors du ressort du tribunal par lequel les jugements ont été rendus ou dans le territoire duquel les actes ont été passés (6). — Pr. 146, 433.

548. Les jugements qui prononceront une main-levée, une radiation d'inscription hypothécaire, un paiement, ou quelque autre chose à faire par un tiers ou à sa charge, ne seront exécutoires par les tiers ou contre eux, même après les délais de l'opposition ou de l'appel, que sur le certificat de l'avoué de la partie poursuivante, contenant la date de la signification du jugement faite au domicile de la partie condamnée, et sur l'attestation du greffier constatant qu'il n'existe contre le jugement ni opposition ni appel (7). — Pr. 147, 156, 157, 163, 164, 769, 770. — C. 1962, 2157. — T. 90.

549. A cet effet, l'avoué de l'appelant fera mention de l'appel, dans la forme et sur le registre prescrits par l'article 163. — T. 90.

550. Sur le certificat qu'il n'existe aucune opposition ni appel sur ce registre, les séquestres, conservateurs, et tous autres, seront tenus de satisfaire au jugement. — Pr. 857. — C. 1956 et s., 2157.

551. Il ne sera procédé à aucune saisie mobilière ou immobilière qu'en vertu d'un titre exécutoire, et pour choses liquides et certaines : si la dette exigible n'est pas d'une somme en argent, il sera sursis, après la saisie, à toutes poursuites ultérieures, jusqu'à ce que l'appréciation en ait été faite. — Pr. 523,

(3) V. Décr. suppl. 16 févr. 1807, art. 1er.
(4) V. Décr. 16 févr. 1807, art. 2 et suiv.
(5) V. le traité entre la France et les États de la Confédération helvétique, publié par l'Ord. du 31 déc. 1828 ; — Convention entre la France et le grand-duché de Bade, publiée par l'Ord. du 3 juin 1846.
(6) L. 25 vent. an XI, art. 19 et 28.
(7) Le remboursement des sommes consignées judiciairement ne peut avoir lieu que sur le vu d'un jugement contradictoire avec les parties qui y ont intérêt, dûment notifié, et sur l'attestation du greffier qu'il n'existe ni opposition ni appel. Les jugements sur requête ne remplissent pas le but de la loi. — *Circ. g. des Sc.* 1er sept. 1812.

526, 527 et s., 543 et s., 559, 583 et s., 621, 626, 673 et s. — C. 1317, 2213.

552. La contrainte par corps, pour objet susceptible de liquidation, ne pourra être exécutée qu'après que la liquidation aura été faite en argent (1). — Pr. 127, 519, 780 et s. — C. 2059.

553. Les contestations élevées sur l'exécution des jugements des tribunaux de commerce seront portées au tribunal de première instance du lieu où l'exécution se poursuivra. — Pr. 442, 472, 803.

554. Si les difficultés élevées sur l'exécution des jugements ou actes requièrent célérité, le tribunal du lieu y statuera provisoirement, et renverra la connaissance du fond au tribunal d'exécution. — Pr. 49-2º, 72, 404, 417, 442, 472, 794, 805.

555. L'officier insulté dans l'exercice de ses fonctions dressera procès-verbal de rébellion; et il sera procédé suivant les règles établies par le Code d'instruction criminelle. — Pr. 785. — I. c. 22, 59. — P. 209 et s.

556. La remise de l'acte ou du jugement à l'huissier vaudra pouvoir pour toutes exécutions autres que la saisie immobilière et l'emprisonnement, pour lesquels il sera besoin d'un pouvoir spécial. — Pr. 352 et s., 562, 673 et s., 780 et s., 1030.

TITRE SEPTIÈME

DES SAISIES-ARRÊTS OU OPPOSITIONS

557. Tout créancier peut, en vertu de titres authentiques ou privés, saisir-arrêter entre les mains d'un tiers les sommes et effets appartenant à son débiteur, ou s'opposer à leur remise. — Pr. 49-7º, 417, 545, 558, 559, 817. — C. 803, 808, 1166, 1242, 1298, 1317, 1322, 1382, 1690. — Co. 149, 197 et s. — T. 29.

558. S'il n'y a pas de titre, le juge du domicile du débiteur, et même celui du domicile du tiers saisi, pourront, sur requête, permettre la saisie-arrêt ou opposition. — Pr. 1040. — T. 29, 77.

559. Tout exploit de saisie-arrêt ou opposition, fait en vertu d'un titre, contiendra l'énonciation du titre et de la somme pour laquelle elle est faite : si l'exploit est fait en vertu de la permission du juge, l'ordonnance énoncera la somme pour laquelle la saisie-arrêt ou opposition est faite, et il sera donné copie de l'ordonnance en tête de l'exploit.

Si la créance pour laquelle on demande la permission de saisir-arrêter n'est pas liquide, l'évaluation provisoire en sera faite par le juge.

L'exploit contiendra aussi élection de domicile dans le lieu où demeure le tiers saisi, si le saisissant n'y demeure pas : le tout à peine de nullité. — Pr. 61, 68 et s., 554, 584, 1029. — C. 102, 111. — T. 29.

560. La saisie-arrêt ou opposition entre les mains de personnes non demeurant en France sur le continent ne pourra point être faite au domicile des procureurs de la République; elle devra être signifiée à personne ou à domicile. — Pr. 69-9º, 73, 639.

561. Tout saisie-arrêt ou opposition formée entre les mains des receveurs, dépositaires ou administrateurs de caisses ou deniers publics, en cette qualité, ne sera point valable, si l'exploit n'est fait à la personne préposée pour le recevoir, et s'il n'est visé par elle sur l'original, ou, en cas de refus, par le procureur de la République (2). — Pr. 69, 1039.

562. L'huissier qui aura signé la saisie-arrêt ou opposition sera tenu, s'il en est requis, de justifier de l'existence du saisissant à l'époque où le pouvoir de saisir a été donné, à peine d'interdiction, et des dommages et intérêts des parties. — Pr. 71, 1029, 1031.

563. Dans la huitaine de la saisie-arrêt ou opposition, outre un jour pour trois myriamètres de distance entre le domicile du tiers saisi et celui du saisissant, et un jour pour trois myriamètres de distance (3) entre le domicile de ce dernier et celui du débiteur saisi, le saisissant sera tenu de dénoncer la saisie-arrêt ou opposition au débiteur saisi et de l'assigner en validité. — Pr. 59, 61, 559, 565, 641, 831, 1033. — T. 29.

564. Dans un pareil délai, outre celui en raison des distances, à compter du jour de la demande en validité, cette demande sera dénoncée, à la requête du saisissant, au tiers saisi, qui ne sera tenu de faire aucune déclaration avant que cette dénonciation lui ait été faite. — Pr. 1033. — T. 29.

565. Faute de demande en validité, la saisie ou opposition sera nulle : faute de dénonciation de cette demande au tiers saisi, les paiements par lui faits jusqu'à la dénonciation seront valables. — Pr. 1029. — C. 1242, 1690 et s.

566. En aucun cas il ne sera nécessaire de faire précéder la demande en validité par une citation en conciliation. — Pr. 48, 49-5º et 7.

567. La demande en validité, et la demande en main-levée formée par la partie saisie, seront portées devant le tribunal du domicile de la partie saisie. — Pr. 59, 570.

568. Le tiers saisi ne pourra être assigné en déclaration, s'il n'y a titre authentique, ou jugement qui ait déclaré la saisie-arrêt ou l'opposition valable. — Pr. 557, 565. — C. 1317.

569. Les fonctionnaires publics dont il est parlé, article 561, ne seront point assignés en déclaration; mais ils délivreront un certificat constatant s'il est dû à la partie saisie, et énonçant la somme si elle est liquide (4). — T. 94.

570. Le tiers saisi sera assigné, sans citation préalable en conciliation, devant le tribunal qui doit connaître de la saisie; sauf à lui, si sa déclaration est contestée, à demander son renvoi devant son juge. — Pr. 49-7º, 59, 168, 567, 638. — T. 29, 75.

571. Le tiers saisi assigné fera sa déclaration, et l'affirmera au greffe, s'il est sur les lieux; sinon, devant le juge de paix de son domicile, sans qu'il soit besoin, dans ce cas, de réitérer l'affirmation au greffe. — Pr. 534, 564, 577, 638.

572. La déclaration et l'affirmation pourront être faites par procuration spéciale. — Pr. 534, 638. — C. 1987.

573. La déclaration énoncera les causes et le montant de la dette; les paiements à compte, si aucuns ont été faits; l'acte ou les causes de libération, si le

---

(1) L. 22 juill. 1867, *Relative à la contrainte par corps.*

(2) Pour les saisies-arrêts et oppositions sur les sommes dues par l'État, voir les dispositions suivantes : Déc. 14-19 fév. 1792; — Décr. 30 mai 1793; — L. 25 niv. an XIII; — Décr. 13 pluv. an XIII; — Décr. 28 flor. an XIII; — Décr. 18 août 1807;. — Ord. 16 nov. 1831; — L. de finances du 9 juill. 1836, art. 13, 14, 15; — L. de finances du 8 juill. 1837, art. 11; — Ord. 16 sept. 1837; — Av. C. d'Ét. 11 mai 1813, *Sur la forme à suivre pour obtenir le paiement des sommes dues par les communes.*

(3) Aujourd'hui, 5 myriamètres (L. 3 mai 1862; art. 1033, C. pr. civ.).

(4) V. Décr. 18 août 1807, art. 6 et 7. — L. 12 nov. 1808, art. 2.

tiers saisi n'est plus débiteur; et, dans tous les cas, les saisies-arrêts ou oppositions formées entre ses mains. — Pr. 569, 577 et s., 638. — T. 92.

574. Les pièces justificatives de la déclaration seront annexées à cette déclaration; le tout sera déposé au greffe, et l'acte de dépôt sera signifié par un seul acte contenant constitution d'avoué. — Pr. 638. — T. 70, 92.

575. S'il survient de nouvelles saisies-arrêts ou oppositions, le tiers saisi les dénoncera à l'avoué du premier saisissant, par extrait contenant les noms et élection de domicile des saisissants, et les causes des saisies-arrêts ou oppositions. — Pr. 569, 638, 817, 847. — T. 70.

576. Si la déclaration n'est pas contestée, il ne sera fait aucune autre procédure, ni de la part du tiers saisi ni contre lui. — Pr. 638, 1031.

577. Le tiers saisi qui ne fera pas sa déclaration ou qui ne fera pas les justifications ordonnées par les articles ci-dessus sera déclaré débiteur pur et simple des causes de la saisie. — Pr. 564, 565. — C. 1149.

578. Si la saisie-arrêt ou opposition est formée sur effets mobiliers, le tiers saisi sera tenu de joindre à sa déclaration un état détaillé desdits effets. — Pr. 588. — T. 70.

579. Si la saisie-arrêt ou opposition est déclarée valable, il sera procédé à la vente et distribution du prix, ainsi qu'il sera dit au titre *de la Distribution par contribution.* — Pr. 575, 656 et s. — C. 1690, 1692, 2093.

580. Les traitements et pensions dus par l'État ne pourront être saisis que pour la portion déterminée par les lois ou par ordonnances royales (1).

581. Seront insaisissables, 1° les choses déclarées insaisissables par la loi (2); 2° les provisions alimentaires adjugées par justice; 3° les sommes et objets disponibles déclarés insaisissables par le testateur ou donateur; 4° les sommes et pensions pour aliments, encore que le testament ou l'acte de donation ne les déclare pas insaisissables. — Pr. 582, 592 et s., 1004. — C. 6, 205 et s., 259, 268, 301, 526, 528, 557, 580, 592, 636, 893 et s., 1045, 1981.

582. Les provisions alimentaires ne pourront être saisies que pour cause d'aliments; les objets mentionnés aux n°s 3 et 4 du précédent article pourront être saisis par des créanciers postérieurs à l'acte de donation ou à l'ouverture du legs; et ce, en vertu de la permission du juge, et pour la portion qu'il déterminera. — Pr. 592, 593. — C. 2092, 2093. — T. 77.

(1) Dans l'édition de 1807, l'article 580 était ainsi terminé : par les lois ou par *arrêté du Gouvernement.* — Pour *les appointements des militaires,* V. L. 19 pluv. an III; — Pour *les traitements des fonctionnaires publics et employés civils,* L. 21 vent. an IX. — Pour *les pensions,* V. Déclaration du 7 janv. 1779; Arr. 7 therm. an X; L. 11 avril 1831, art. 28; L. 18 avril 1831, art. 30; L. 19 mai 1834, art. 20; L. 9 juin 1853, art. 26. — L. 18 juin 1850, art. 5, *Sur les caisses de retraites.*
(2) L. 24 juill. 1793, art. 76, *Relative à l'organisation des postes et messageries;* — L. 26 pluv. an II, *Qui interdit provisoirement la faculté de faire des saisies-arrêts ou oppositions sur les fonds destinés aux entrepreneurs de travaux nationaux;* — L. 8 niv. an VI, art. 4; 22 flor. an VII, art. 7, 8, à l'égard des rentes sur l'État; — Décr. 13 therm. an XIII, art. 1er; — Décr. 1er germ. an XIII, art. 48, *Sur les saisies entre les mains des préposés de la Régie ou de ses redevables;* — Arr. 18 niv. an XI, *Qui déclare les traitements ecclésiastiques insaisissables dans leur totalité;* — L. 24 germ. an XI, art. 33, *Relative à la Banque de France;* — Arr. 2 prair. an XI, *Relatif aux salaires des marins.*

TITRE HUITIÈME

DES SAISIES-EXÉCUTIONS

583. Toute saisie-exécution sera précédée d'un commandement à la personne ou au domicile du débiteur, fait au moins un jour avant la saisie, et contenant notification du titre, s'il n'a déjà été notifié. — Pr. 545, 551, 626, 634, 636, 673, 819 et s. — C. 2217, 2244. — Co. 198. — T. 29.

584. Il contiendra élection de domicile jusqu'à la fin de la poursuite, dans la commune où doit se faire l'exécution, si le créancier n'y demeure; et le débiteur pourra faire à ce domicile élu toutes significations, même d'offres réelles et d'appel. — Pr. 59, 456, 812 et s. — C. 111, 1258-6°, 1264. — T. 29.

585. L'huissier sera assisté de deux témoins, Français, majeurs, non parents ni alliés des parties ou de l'huissier, jusqu'au degré de cousin issu de germain inclusivement, ni leurs domestiques; il énoncera sur le procès-verbal leurs noms, professions et demeures : les témoins signeront l'original et les copies. La partie poursuivante ne pourra être présente à la saisie. — Pr. 586, 598. — C. 37, 980. — T. 31.

586. Les formalités des exploits seront observées dans les procès-verbaux de saisie-exécution; ils contiendront itératif commandement, si la saisie est faite en la demeure du saisi. — Pr. 61, 601, 602. — C. 1317. — T. 31.

587. Si les portes sont fermées, ou si l'ouverture en est refusée, l'huissier pourra établir gardien aux portes pour empêcher le divertissement : il se retirera sur-le-champ, sans assignation, devant le juge de paix, ou, à son défaut, devant le commissaire de police, et, dans les communes où il n'y en a pas, devant le maire, et, à son défaut, devant l'adjoint, en présence desquels l'ouverture des portes, même celle des meubles fermants, sera faite, au fur et à mesure de la saisie. L'officier qui se transportera ne dressera point de procès-verbal; mais il signera celui de l'huissier, lequel ne pourra dresser du tout qu'un seul et même procès-verbal. — Pr. 591, 829, 921. — T. 31, 32.

588. Le procès-verbal contiendra la désignation détaillée des objets saisis : s'il y a des marchandises, elles seront pesées, mesurées ou jaugées, suivant leur nature. — Pr. 578, 589, 595, 613, 627, 675. — T. 31.

589. L'argenterie sera spécifiée par pièces et poinçons, et elle sera pesée. — Pr. 588, 624. — T. 31.

590. S'il y a des deniers comptants, il sera fait mention du nombre et de la qualité des espèces : l'huissier les déposera au lieu établi pour les consignations; à moins que le saisissant et la partie saisie, ensemble les opposants, s'il y en a, ne conviennent d'un autre dépositaire (3). — T. 31, 33.

591. Si le saisi est absent, et qu'il y ait refus d'ouvrir aucune pièce ou meuble, l'huissier en requerra l'ouverture; et s'il se trouve des papiers, il requerra l'apposition des scellés par l'officier appelé pour l'ouverture. — Pr. 587, 907 et s.

592. Ne pourront être saisis :
1° Les objets que la loi déclare immeubles par destination;
2° Le coucher nécessaire des saisis, ceux de leurs enfants vivant avec eux; les habits dont les saisis sont vêtus et couverts;
3° Les livres relatifs à la profession du saisi, jusqu'à la somme de trois cents francs, à son choix;

(3) Ord. 3 juill. 1816, art. 2, n° 6.

4° Les machines et instruments servant à l'enseignement, pratique ou exercice des sciences et arts, jusqu'à concurrence de la même somme, et au choix du saisi ;

5° Les équipements des militaires, suivant l'ordonnance et le grade ;

6° Les outils des artisans, nécessaires à leurs occupations personnelles ;

7° Les farines et menues denrées nécessaires à la consommation du saisi et de sa famille pendant un mois ;

8° Enfin une vache, ou trois brebis, ou deux chèvres, au choix du saisi, avec les pailles, fourrages et grains nécessaires pour la litière et la nourriture desdits animaux pendant un mois. — **Pr.** 581, 593, 594, 673 et s. — **C.** 517, 522, 523 et s.

593. Lesdits objets ne pourront être saisis pour aucune créance, même celle de l'Etat, si ce n'est pour aliments fournis à la partie saisie, ou sommes dues aux fabricants ou vendeurs desdits objets, ou à celui qui aura prêté pour les acheter, fabriquer ou réparer ; pour fermages et moissons des terres à la culture desquelles ils sont employés, loyers des manufactures, moulins, pressoirs, usines dont ils dépendent, et les loyers des lieux servant à l'habitation personnelle du débiteur.

Les objets spécifiés sous le n° 2 du précédent article ne pourront être saisis pour aucune créance. — **C.** 2102.

594. En cas de saisie d'animaux et d'ustensiles servant à l'exploitation des terres, le juge de paix pourra, sur la demande du saisissant, le propriétaire et le saisi entendus ou appelés, établir un gérant à l'exploitation. — **Pr.** 592. — **C.** 1961.

595. Le procès-verbal contiendra indication du jour de la vente. — **Pr.** 601 et s., 613 et s., 1034.

596. Si la partie saisie offre un gardien solvable, et qui se charge volontairement et sur-le-champ, il sera établi par l'huissier. — **Pr.** 603 et s., 628, 821. — **T.** 34.

597. Si le saisi ne présente gardien solvable et de la qualité requise, il en sera établi un par l'huissier. — **Pr.** 596, 603 et s. — **C.** 1384, 1992.

598. Ne pourront être établis gardiens, le saisissant, son conjoint, ses parents et alliés jusqu'au degré de cousin issu de germain inclusivement, et ses domestiques ; mais le saisi, son conjoint, ses parents, alliés et domestiques, pourront être établis gardiens, de leur consentement et de celui du saisissant. — **Pr.** 628, 821, 823, 830.

599. Le procès-verbal sera fait sans déplacer ; il sera signé par le gardien en l'original et la copie : s'il ne sait signer, il en sera fait mention ; et il lui sera laissé copie du procès-verbal. — **Pr.** 601 et s., 611, 623.

600. Ceux qui, par voie de fait, empêcheraient l'établissement du gardien, ou qui enlèveraient ou détourneraient des effets saisis, seront poursuivis conformément au Code d'instruction criminelle. — **Pr.** 555. — **P.** 209 et s., 379, 400. — **I.** c. 22, 59, 61 et s.

601. Si la saisie est faite au domicile de la partie, copie lui sera laissée, sur-le-champ, du procès-verbal, signée des personnes qui auront signé l'original ; si la partie est absente, copie sera remise au maire ou adjoint, ou au magistrat qui, en cas de refus de portes, aura fait faire ouverture, et qui visera l'original. — **Pr.** 586, 587, 599, 1039. — **T.** 31.

602. Si la saisie est faite hors du domicile et en absence du saisi, copie lui sera notifiée dans le jour,

outre un jour pour trois myriamètres (1) ; sinon les frais de garde et le délai pour la vente ne courront que du jour de la notification. — **Pr.** 586, 1033. — **T.** 29.

603. Le gardien ne peut se servir des choses saisies, les louer ou prêter, à peine de privation des frais de garde, et de dommages-intérêts, au paiement desquels il sera contraignable par corps (2). — **Pr.** 126. — **C.** 128, 1961 et s., 2063.

604. Si les objets saisis ont produit quelques profits ou revenus, il est tenu d'en compter, *même par corps* (2). — **Pr.** 603. — **C.** 1936, 1961, 1962, 2063.

605. Il peut demander sa décharge, si la vente n'a pas été faite au jour indiqué par le procès-verbal, sans qu'elle ait été empêchée par quelque obstacle ; et, en cas d'empêchement, la décharge peut être demandée deux mois après la saisie, sauf au saisissant à faire nommer un autre gardien. — **Pr.** 613 et s.

606. La décharge sera demandée contre le saisissant et le saisi, par une assignation en référé devant le juge du lieu de la saisie : si elle est accordée, il sera préalablement procédé au récolement des effets saisis, parties appelées. — **Pr.** 806 et s. — **T.** 29, 35.

607. Il sera passé outre, nonobstant toutes réclamations de la part de la partie saisie sur lesquelles il sera statué en référé. — **Pr.** 806 et s.

608. Celui qui se prétendra propriétaire des objets saisis, ou de partie d'iceux, pourra s'opposer à la vente par exploit signifié au gardien, et dénoncé au saisissant et au saisi, contenant assignation libellée et l'énonciation des preuves de propriété, à peine de nullité ; il y sera statué par le tribunal du lieu de la saisie, comme en matière sommaire.

Le réclamant qui succombera sera condamné, s'il y échet, aux dommages et intérêts du saisissant. — **Pr.** 404 et s., 826, 1029. — **C.** 549 et s., 1149, 2102-4°. — **T.** 29.

609. Les créanciers du saisi, pour quelque cause que ce soit, même pour loyers, ne pourront former opposition que sur le prix de la vente : leurs oppositions en contiendront les causes ; elles seront signifiées au saisissant et à l'huissier ou autre officier chargé de la vente, avec élection de domicile dans le lieu où la saisie est faite, si l'opposant n'y est pas domicilié : le tout à peine de nullité des oppositions, et des dommages-intérêts contre l'huissier, s'il y a lieu. — **Pr.** 71, 1029, 1031. — **C.** 102, 111, 2102-1°. — **T.** 29.

610. Le créancier opposant ne pourra faire aucune poursuite, si ce n'est contre la partie saisie, et pour obtenir condamnation : il n'en sera fait aucune contre lui, sauf à discuter les causes de son opposition lors de la distribution des deniers. — **Pr.** 557, 656, 1031.

611. L'huissier qui, se présentant pour saisir, trouverait une saisie déjà faite et un gardien établi, ne pourra pas saisir de nouveau ; mais il pourra procéder au récolement des meubles et effets sur le procès-verbal, que le gardien sera tenu de lui représenter : il saisira les effets omis, et fera sommation au premier saisissant de vendre le tout dans la huitaine ; le procès-verbal de récolement vaudra opposition sur les deniers de la vente. — **Pr.** 653, 679, 680, 719, 819, 821. — **T.** 36.

612. Faute par le saisissant de faire vendre dans le délai ci-après fixé, tout opposant ayant titre exécutoire pourra, sommation préalablement faite au saisis-

(1) Aujourd'hui, *cinq* myriamètres (L. 5 mai 1862; art. 1033, C. pr. civ.).

(2) La contrainte par corps est abolie (L. 22 juill. 1867).

sant, et sans former aucune demande en subrogation, faire procéder au récolement des effets saisis, sur la copie du procès-verbal de saisie, que le gardien sera tenu de représenter, et de suite à la vente. — Pr. 721 et s. — C. 1317 et s. — T. 29.

613. Il y aura au moins huit jours entre la signification de la saisie au débiteur et la vente. — Pr. 595, 602, 614, 617, 1033.

614. Si la vente se fait à un jour autre que celui indiqué par la signification, la partie saisie sera appelée, avec un jour d'intervalle, outre un jour pour trois myriamètres (1) en raison de la distance du domicile du saisi, et du lieu où les effets seront vendus. — Pr. 595, 613, 1033. — T. 29.

615. Les opposants ne seront point appelés. — Pr. 609.

616. Le procès-verbal de récolement qui précédera la vente ne contiendra aucune énonciation des effets saisis, mais seulement de ceux en déficit, s'il y en a. — Pr. 606, 612. — T. 37.

617. La vente sera faite au plus prochain marché public, aux jour et heures ordinaires des marchés, ou un jour de dimanche : pourra néanmoins le tribunal permettre de vendre les effets en un autre lieu plus avantageux. Dans tous les cas, elle sera annoncée un jour auparavant par quatre placards au moins, affichés, l'un au lieu où sont les effets, l'autre à la porte de la maison commune, le troisième au marché du lieu, et, s'il n'y en a pas, au marché voisin, le quatrième à la porte de l'auditoire de la justice de paix; et si la vente se fait dans un lieu autre que le marché ou le lieu où sont les effets, un cinquième placard sera apposé au lieu où se fera la vente. La vente sera en outre annoncée par la voie des journaux, dans les villes où il y en a (2). — Pr. 629, 632 et s., 657, 945, 949. — T. 38, 76.

618. Les placards indiqueront les lieu, jour et heure de la vente, et la nature des objets sans détail particulier. — Pr. 619, 629, 630.

619. L'apposition sera constatée par exploit, auquel sera annexé un exemplaire du placard. — Pr. 68, 631. — T. 39.

620. S'il s'agit de barques, chaloupes et autres bâtiments de mer du port de dix tonneaux et au-dessous, bacs, galiotes, bateaux et autres bâtiments de rivière, moulins et autres édifices mobiles, assis sur bateaux ou autrement, il sera procédé à leur adjudication sur les ports, gares ou quais où ils se trouvent : il sera affiché quatre placards au moins, conformément à l'article précédent; et il sera fait, à trois divers jours consécutifs, trois publications au lieu où sont lesdits objets : la première publication ne sera faite que huit jours au moins après la signification de la saisie. Dans les villes où il s'imprime des journaux, il sera suppléé à ces trois publications par l'insertion, qui sera faite au journal, de l'annonce de ladite vente, laquelle annonce sera répétée trois fois dans le cours du mois précédant la vente. — Pr. 602, 613, 618, 1033. — C. 531. — Co. 202 et s., 207 et s. — T. 41.

621. La vaisselle d'argent, les bagues et joyaux de la valeur de trois cents francs au moins, ne pourront être vendus qu'après placards apposés en la forme ci-dessus, et trois expositions, soit au marché, soit dans l'endroit où sont lesdits effets; sans que néanmoins, dans aucun cas, lesdits objets puissent être vendus

au-dessous de leur valeur réelle, s'il s'agit de vaisselle d'argent, ni au-dessous de l'estimation qui en aura été faite par des gens de l'art, s'il s'agit de bagues et joyaux.

Dans les villes où il s'imprime des journaux, les trois publications seront suppléées, comme il est dit en l'article précédent. — Pr. 589, 620. — Co. 560. — T. 41.

622. Lorsque la valeur des effets saisis excédera le montant des causes de la saisie et des oppositions, il ne sera procédé qu'à la vente des objets suffisant à fournir somme nécessaire pour le paiement des créances et frais. — Pr. 1031. — C. 2101-1°.

623. Le procès-verbal constatera la présence ou le défaut de comparution de la partie saisie. — T. 40.

624. L'adjudication sera faite au plus offrant, en payant comptant : faute de paiement, l'effet sera revendu sur-le-champ à la folle enchère de l'adjudicataire. — Pr. 710, 733, 740, 1031. — P. 412.

625. Les commissaires-priseurs et huissiers seront personnellement responsables du prix des adjudications, et feront mention, dans leurs procès-verbaux, des noms et domiciles des adjudicataires : ils ne pourront recevoir d'eux aucune somme au-dessus de l'enchère, à peine de concussion (3). — Pr. 132, 657, 1030. — P. 169 et s.

TITRE NEUVIÈME

DE LA SAISIE DES FRUITS PENDANTS PAR RACINES, OU DE LA SAISIE-BRANDON

626. La saisie-brandon ne pourra être faite que dans les six semaines qui précéderont l'époque ordinaire de la maturité des fruits; elle sera précédée d'un commandement, avec un jour d'intervalle. — Pr. 61, 551, 583, 673, 688 et s., 780, 819, 821. — C. 520. — T. 29.

627. Le procès-verbal de saisie contiendra l'indication de chaque pièce, sa contenance et sa situation, et deux au moins de ses tenants et aboutissants, et la nature des fruits. — Pr. 64, 588, 675. — T. 40, 43.

628. Le garde champêtre sera établi gardien, à moins qu'il n'est soit compris dans l'exclusion portée par l'article 598; s'il n'est présent, la saisie lui sera signifiée : il sera aussi laissé copie au maire de la commune de la situation, et l'original sera visé par lui.

Si les communes sur lesquelles les biens sont situés sont contiguës ou voisines, il sera établi un seul gardien, autre néanmoins qu'un garde champêtre : le visa sera donné par le maire de la commune du chef-lieu de l'exploitation; et s'il n'y en a pas, par le maire de la commune où est située la majeure partie des biens. — Pr. 596 et s., 1030, 1039. — T. 29, 44, 45, 99.

629. La vente sera annoncée par placards affichés, huitaine au moins avant la vente, à la porte du saisi, à celle de la maison commune, et s'il n'y en a pas, au lieu où s'apposent les actes de l'autorité publique; au principal marché du lieu, et s'il n'y en a pas, au marché le plus voisin, et à la porte de l'auditoire de la justice de paix. — Pr. 617 et s., 630 et s.

630. Les placards désigneront les jour, heure et

(3) Av. C. d'Et., 21 oct. 1809, *Relatif aux quittances et décharges données aux officiers publics qui ont procédé à des ventes à l'encan d'objets mobiliers.* — L. 22 pluv. an VII, *Prescrivant des formalités pour les ventes d'objets mobiliers.* — L. 25 juin 1841, art. 3, *Relative aux ventes aux enchères de marchandises neuves.*

(1) Aujourd'hui, *cinq* myriamètres (L. 3 mai 1862; art. 1033, C. pr. civ.).

(2) L. 18 juin 1843. — *Tarifs civils.*

lieu de la vente ; les noms et demeures du saisi et du saisissant, la quantité d'hectares et la nature de chaque espèce de fruits, la commune où ils sont situés, sans autre désignation. — Pr. 618, 627.

631. L'apposition des placards sera constatée ainsi qu'il est dit au titre *des Saisies-exécutions*. — Pr. 616, 619.

632. La vente sera faite un jour de dimanche ou de marché. — Pr. 613, 617.

633. Elle pourra être faite sur les lieux ou sur la place de la commune où est située la majeure partie des objets saisis.

La vente pourra aussi être faite sur le marché du lieu, et, s'il n'y en a pas, sur le marché le plus voisin. — Pr. 617.

634. Seront, au surplus, observées les formalités prescrites au titre *des Saisies-exécutions*. — Pr. 583 et s.

635. Il sera procédé à la distribution du prix de la vente ainsi qu'il sera dit au titre *de la Distribution par contribution*. — Pr. 656 et s. — C. 2093.

TITRE DIXIÈME

DE LA SAISIE DES RENTES CONSTITUÉES SUR PARTICULIERS (1)

636. La saisie d'une rente constituée en perpétuel ou en viager, moyennant un capital déterminé, ou pour prix de la vente d'un immeuble, ou de la cession de fonds immobiliers, ou à tout autre titre onéreux ou gratuit, ne peut avoir lieu qu'en vertu d'un titre exécutoire. Elle sera précédée d'un commandement fait à la personne ou au domicile de la partie obligée ou condamnée, au moins un jour avant la saisie, et contenant notification du titre, si elle n'a déjà été faite (2). — Pr. 545, 551, 583, 655, 673, 780, 1033. — C. 517, 529, 530, 1909 et s., 1968 et s., 2204. — T. 29, 128.

637. La rente sera saisie entre les mains de celui qui la doit, par exploit contenant, outre les formalités ordinaires, l'énonciation du titre constitutif de la rente, de sa quotité, de son capital, si il y en a un, et du titre de la créance du saisissant ; les noms, profession et demeure de la partie saisie ; élection de domicile chez un avoué près le tribunal devant lequel la vente sera poursuivie, et assignation au tiers saisi en déclaration devant le même tribunal. — Pr. 49-7°, 61, 68, 69, 559, 570, 640, 655, 675. — T. 46.

638. Les dispositions contenues aux articles 570, 571, 572, 573, 574, 575 et 576, relatives aux formalités que doit remplir le tiers saisi, seront observées par le débiteur de la rente.

Si ce débiteur ne fait pas sa déclaration, s'il la fait tardivement, ou s'il ne fait pas les justifications ordonnées, il pourra, selon les cas, être condamné à servir la rente faute d'avoir justifié de sa libération, ou à des dommages-intérêts résultant, soit de son silence, soit du retard apporté à faire sa déclaration, soit de la procédure à laquelle il aura donné lieu. — Pr. 577. — C. 1149.

639. La saisie entre les mains de personnes non demeurant en France sur le continent sera signifiée à personne ou domicile ; et seront observés, pour la citation, les délais prescrits par l'article 73. — Pr. 68, 560, 641, 655.

(1) Loi du 24 mai 1842, remplaçant le titre X du décret du 21 avril 1806.
(2) V. L. 8 niv. an VI, art. 4 ; L. 22 flor. an VII, art. 7.

640. L'exploit de saisie vaudra toujours saisie-arrêt des arrérages échus et à échoir jusqu'à la distribution. — Pr. 557 et s., 655.

641. Dans les trois jours de la saisie, outre un jour par cinq myriamètres de distance entre le domicile du débiteur de la rente et celui du saisissant, et pareil délai en raison de la distance entre le domicile de ce dernier et celui de la partie saisie, le saisissant sera tenu de la dénoncer à la partie saisie et de lui notifier le jour de la publication du cahier des charges.

Lorsque le débiteur de la rente sera domicilié hors du continent de la France, le délai pour la dénonciation ne courra que du jour de l'échéance de la citation au tiers saisi. — Pr. 68, 563, 642, 691, 1033. — T. 29.

642. Dix jours au plus tôt, quinze jours au plus tard, après la dénonciation à la partie saisie, outre le délai des distances, tel qu'il est réglé par l'article 641, le saisissant déposera au greffe du tribunal devant lequel se poursuit la vente le cahier des charges contenant les noms, profession et demeure du saisissant, de la partie saisie et du débiteur de la rente, la nature de cette rente, sa quotité, celle du capital, s'il y en a un, la date et l'énonciation du titre en vertu duquel elle est constituée, l'énonciation de l'inscription, si le titre contient hypothèque et si cette hypothèque a été inscrite pour sûreté de la rente ; les noms et demeure de l'avoué du poursuivant, les conditions de l'adjudication et la mise à prix, avec indication du jour de la publication du cahier des charges. — Pr. 644, 651, 655, 690, 958, 972, 1029.

643. Dix jours au plus tôt, vingt jours au plus tard, après le dépôt au greffe du cahier des charges, il sera fait, à l'audience et au jour indiqué, lecture et publication de ce cahier des charges ; le tribunal en donnera acte au poursuivant. — Pr. 652, 655, 694, 1029.

644. Le tribunal statuera immédiatement sur les dires et observations qui auront été insérés au cahier des charges, et fixera les jour et heure où il procédera à l'adjudication ; le délai entre la publication et l'adjudication sera de dix jours au moins et de vingt jours au plus. Le jugement sera porté à la suite de la mise à prix ou des dires des parties. — Pr. 642 et s., 655, 695, 1029.

645. Après la publication du cahier des charges et huit jours au moins avant l'adjudication, un extrait de ce cahier, contenant, outre les renseignements énoncés en l'article 642, l'indication du jour de l'adjudication, sera affiché, 1° à la porte du domicile du saisi ; 2° à la porte du domicile du débiteur de la rente ; 3° à la principale porte du tribunal ; 4° à la principale place du lieu où la vente se poursuit. — Pr. 617, 655, 699, 1029.

646. Pareil extrait sera inséré, dans le même délai, au journal indiqué pour recevoir les annonces judiciaires, conformément à l'article 696. — Pr. 617, 655, 1029.

647. Il sera justifié des affiches et de l'insertion au journal conformément aux articles 698 et 699, et il pourra être passé en taxe un plus grand nombre d'affiches et d'insertions aux journaux, dans les cas prévus par les articles 697 et 700.

648. Les règles et formalités prescrites, au titre *de la Saisie immobilière*, par les articles 701, 702, 703, 704, 705, 706, 707, 711, 712, 713, 714 et 741, seront observées pour l'adjudication des rentes.

649. Faute par l'adjudicataire d'exécuter les clauses de l'adjudication, la rente sera vendue à sa folle enchère, et il sera procédé ainsi qu'il est dit aux articles 734, 735, 736, 738, 739 et 740. Néanmoins le délai entre les nouvelles affiches et l'adjudication sera de cinq jours au moins et de dix jours au plus, et la signification prescrite par l'article 736 précédera de cinq jours au moins le jour de la nouvelle adjudication. — Pr. 644, 650, 702.

650. La partie saisie sera tenue de proposer ses moyens de nullité, contre la procédure antérieure à la publication du cahier des charges, un jour au moins avant le jour fixé pour cette publication, et contre la procédure postérieure, un jour au moins avant l'adjudication : le tout à peine de déchéance. Il sera statué par le tribunal, sur un simple acte d'avoué, et si les moyens sont rejetés, il sera immédiatement procédé, soit à la publication du cahier des charges, soit à l'adjudication. — Pr. 82, 718, 728 et s.

651. Aucun jugement ou arrêt par défaut, en matière de saisie de rentes constituées sur particuliers, ne sera sujet à opposition. L'appel des jugements qui statueront sur les moyens de nullité, tant en la forme qu'au fond, ou sur d'autres incidents, et qui seront relatifs à la procédure antérieure à la publication du cahier des charges, sera considéré comme non avenu, s'il est interjeté après les huit jours, à compter de la signification à l'avoué, ou, s'il n'y a pas d'avoué, à compter de la signification à personne ou à domicile, soit réel, soit élu ; et la partie saisie ne pourra, sur l'appel, proposer des moyens autres que ceux qui auront été présentés en première instance.

L'appel sera signifié au domicile de l'avoué, et, s'il n'y a pas d'avoué, au domicile réel ou élu de l'intimé. Il sera notifié en même temps au greffier du tribunal et visé par lui. L'acte d'appel énoncera les griefs. — Pr. 655, 731, 732, 739, 1029. — C. 102, 111.

652. Ne pourront être attaqués par la voie de l'appel, 1° les jugements qui, sans statuer sur des incidents, donneront acte de la publication du cahier des charges, ou qui prononceront l'adjudication ; 2° ceux qui statueront sur des nullités postérieures à la publication du cahier des charges. — Pr. 730.

653. Si la rente a été saisie par deux créanciers, la poursuite appartiendra à celui qui, le premier, aura dénoncé ; en cas de concurrence, au porteur du titre le plus ancien ; et si les titres sont de même date, à l'avoué le plus ancien. — Pr. 644, 661, 667, 680, 719 et s., 967, 994.

654. La distribution du prix sera faite ainsi qu'il sera prescrit au titre de la *Distribution par contribution*, sans préjudice néanmoins des hypothèques établies antérieurement à la loi du 11 brumaire an VII (1er novembre 1798). — Pr. 656 et s.

655. Les formalités prescrites par les articles 636, 637, 639, 641, 642, 643, 644, 645, 646 et 651, seront observées à peine de nullité. — Pr. 1029.

TITRE ONZIÈME

DE LA DISTRIBUTION PAR CONTRIBUTION

656. Si les deniers arrêtés ou le prix des ventes ne suffisent pas pour payer les créanciers, le saisi et les créanciers seront tenus, dans le mois, de convenir de la distribution par contribution (1). — Pr. 557 et s., 579, 624, 626 et s., 635, 749, 990, 992. — C. 2003.

657. Faute par le saisi et les créanciers de s'accorder dans ledit délai, l'officier qui aura fait la vente sera tenu de consigner, dans la huitaine suivante, et à la charge de toutes les oppositions, le montant de la

(1) Ord. 3 juill. 1816, art. 2, n° 8.

vente, déduction faite de ses frais d'après la taxe qui aura été faite par le juge sur la minute du procès-verbal : il sera fait mention de cette taxe dans les expéditions (2). — Pr. 814. — C. 1259, 2104-1°. — T. 42.

658. Il sera tenu au greffe un registre des contributions, sur lequel un juge sera commis par le président, sur la réquisition du saisissant, ou, à son défaut, de la partie la plus diligente ; cette réquisition sera faite par simple note portée sur le registre (3). — Pr. 750 et s. — T. 95.

659. Après l'expiration des délais portés aux articles 656 et 657, et en vertu de l'ordonnance du juge commis, les créanciers seront sommés de produire, et la partie saisie de prendre communication des pièces produites, et de contredire, s'il y échet. — Pr. 189, 752 et s. — T. 29, 96.

660. Dans le mois de la sommation, les créanciers opposants, soit entre les mains du saisissant, soit en celles de l'officier qui aura procédé à la vente, produiront, à peine de forclusion, leurs titres ès mains du juge commis, avec acte contenant demande en collocation et constitution d'avoué. — Pr. 75, 754, 759, 1003, 1029. — T. 29, 97.

661. Le même acte contiendra la demande à fin de privilège : néanmoins le propriétaire pourra appeler la partie saisie et l'avoué plus ancien en référé devant le juge-commissaire, pour faire statuer préliminairement sur son privilège pour raison des loyers à lui dus. — Pr. 669, 806 et s., 819. — C. 2095, 2102. — T. 29, 97, 98.

662. Les frais de poursuite seront prélevés, par privilège, avant toute créance autre que celle pour loyers dus au propriétaire. — Pr. 130, 661, 714, 819. — C. 2001, 2081-1°, 2102-1°.

663. Le délai ci-dessus fixé expiré, et même auparavant, si les créanciers ont produit, le commissaire dressera ensuite de son procès-verbal l'état de distribution sur les pièces produites ; le poursuivant dénoncera, par acte d'avoué, la clôture du procès-verbal aux créanciers produisants et à la partie saisie, avec sommation d'en prendre communication, et de contredire sur le procès-verbal du commissaire dans la quinzaine. — Pr. 75, 189, 660, 755, 1020, 1033. — T. 29, 99, 100.

664. Faute par les créanciers et la partie saisie de prendre communication ès mains du juge-commissaire dans ledit délai, ils demeureront forclos, sans nouvelle sommation ni jugement ; il ne sera fait aucun dire, s'il n'y a lieu à contester. — Pr. 660, 756 et s. — Co. 593.

665. S'il n'y a point de contestation, le juge-commissaire clôra son procès-verbal, arrêtera la distribution des deniers, et ordonnera que le greffier délivrera mandement aux créanciers, en affirmant par eux la sincérité de leurs créances. — Pr. 534, 571 et s., 671, 759. — T. 104.

666. S'il s'élève des difficultés, le juge-commissaire renverra à l'audience ; elle sera poursuivie par la partie la plus diligente, sur un simple acte d'avoué à avoué, sans autre procédure. — Pr. 75, 82, 87, 405, 758, 760 et s., 1031.

667. Le créancier contestant, celui contesté, la partie saisie, et l'avoué le plus ancien des opposants, seront seuls en cause ; le poursuivant ne pourra être appelé en cette qualité. — Pr. 653, 661, 669, 749, 760, 1031.

(2) Ord. 3 juill. 1816, art. 2, n° 8, art. 8 et 10,
(3) Ord. 3 juill. 1816, art. 4.

668. Le jugement sera rendu sur le rapport du juge commissaire et les conclusions du ministère public. — Pr. 83, 84, 93, 95, 112, 761, 762.

669. L'appel de ce jugement sera interjeté dans les dix jours de la signification à avoué : l'acte d'appel sera signifié au domicile de l'avoué ; il contiendra citation et énonciation des griefs ; il y sera statué comme en matière sommaire.

Ne pourront être intimées sur ledit appel que les parties indiquées par l'article 667. — Pr. 404 et s., 443, 456 et s., 667, 670, 763 et s.

670. Après l'expiration du délai fixé pour l'appel, et, en cas d'appel, après la signification de l'arrêt au domicile de l'avoué, le juge-commissaire clôra son procès-verbal, ainsi qu'il est prescrit par l'article 665. — Pr. 767.

671. Huitaine après la clôture du procès-verbal, le greffier délivrera les mandements aux créanciers, en affirmant par eux la sincérité de leur créance par-devant lui (1). — Pr. 665, 771. — T. 101.

672. Les intérêts des sommes admises en distribution cesseront du jour de la clôture du procès-verbal de distribution, s'il ne s'élève pas de contestation ; en cas de contestation, du jour de la signification du jugement qui aura statué ; en cas d'appel, quinzaine après la signification du jugement sur appel (2). — Pr. 665, 669, 767.

TITRE DOUZIÈME

DE LA SAISIE IMMOBILIÈRE (3)

673. La saisie immobilière sera précédée d'un commandement à personne ou domicile ; en tête de cet acte, il sera donné copie entière du titre en vertu duquel elle est faite. Ce commandement contiendra élection de domicile dans le lieu ou siège le tribunal qui devra connaître de la saisie, si le créancier n'y demeure pas ; il énoncera que faute de paiement, il sera procédé à la saisie des immeubles du débiteur ; l'huissier ne se fera pas assister de témoins ; il fera, dans le jour, viser l'original par le maire du lieu où le commandement sera signifié (4). — Pr. 68, 545, 551, 583, 584, 626, 636, 674 et s., 715, 780, 1039. — C. 111, 2204, 2217.

674. La saisie immobilière ne pourra être faite que trente jours après le commandement ; si le créancier laisse écouler plus de quatre-vingt-dix jours entre le commandement et la saisie, il sera tenu de le réitérer dans les formes et avec les délais ci-dessus. — Pr. 673, 675, 715, 1029, 1033.

675. Le procès-verbal de saisie contiendra, outre toutes les formalités communes à tous les exploits :

1° L'énonciation du titre exécutoire en vertu duquel la saisie est faite ;

2° La mention du transport de l'huissier sur les biens saisis ;

3° L'indication des biens saisis, savoir :

(1) Ord. 3 juill. 1816, art. 14.
(2) Ord. 3 juill. 1816, art. 14.
(3) Loi du 2 juin 1841 a remplacé les titres XII et XIII du livre V de la première partie du Code de procédure civile (art. 673 et suiv.; art. 718 et suiv.), et le décret du 2 fév. 1811, concernant la saisie immobilière et ses incidents. — L. 2 juin 1841. — La loi du 21 mai 1858 a apporté quelques modifications à celle du 2 juin 1841 (V. art. 692, 696, 717, C. pr.). — L. 23 oct. 1884, *Sur les ventes judiciaires d'immeubles.*
(4) Ord. 10 oct. 1841, *Sur le tarif des frais et dépens relatifs aux ventes judiciaires de biens immeubles,* art. 3, 5, 13. — *Tarifs civils.*

Si c'est une maison, l'arrondissement, la commune, la rue, le numéro s'il y en a, et, dans le cas contraire, deux au moins des tenants et aboutissants ;

Si ce sont des biens ruraux, la désignation des bâtiments quand il y en aura, la nature et la contenance approximative de chaque pièce, le nom du fermier ou colon s'il y en a, l'arrondissement et la commune où les biens sont situés ;

4° La copie littérale de la matrice du rôle de la contribution foncière pour les articles saisis ;

5° L'indication du tribunal où la saisie sera portée ;

6° Et enfin constitution d'avoué chez lequel le domicile du saisissant sera élu de droit (5). — Pr. 61 et s., 588, 627, 676, 715, 717, 1030. — T. de 1841.

676. Le procès-verbal de saisie sera visé, avant l'enregistrement, par le maire de la commune dans laquelle sera situé l'immeuble saisi ; et, si la saisie comprend des biens situés dans plusieurs communes, le visa sera donné successivement par chacun des maires à la suite de la partie du procès-verbal relative aux biens situés dans sa commune (6). — Pr. 673, 675, 715, 1039. — C. 2210. — T. de 1841.

677. La saisie immobilière sera dénoncée au saisi dans les quinze jours qui suivront celui de la clôture du procès-verbal, outre un jour par cinq myriamètres de distance entre le domicile du saisi et le lieu où siège le tribunal qui doit connaître de la saisie. L'original sera visé, dans le jour, par le maire du lieu où l'acte de dénonciation aura été signifié (7). — Pr. 673, 676, 678, 715, 1033, 1039. — T. de 1841.

678. La saisie immobilière et l'exploit de dénonciation seront transcrits, au plus tard, dans les quinze jours qui suivront celui de la dénonciation sur le registre à ce destiné au bureau des hypothèques de la situation des biens, pour la partie des objets saisis qui se trouvent dans l'arrondissement (8). — Pr. 677, 679 et s., 693, 715, 719 et s., 1029. — C. 2200. — T. de 1841.

679. Si le conservateur ne peut procéder à la transcription de la saisie à l'instant où elle lui est présentée, il fera mention, sur l'original qui lui sera laissé, des heure, jour, mois et an auxquels il aura été remis, et, en cas de concurrence, le premier présenté sera transcrit. — Pr. 678, 680, 719, 720. — C. 2200.

680. S'il y a eu précédente saisie, le conservateur constatera son refus en marge de la seconde ; il énoncera la date de la précédente saisie, les noms, demeures et professions du saisissant et du saisi, l'indication du tribunal où la saisie est portée, le nom de l'avoué du saisissant et la date de la transcription (9). — Pr. 611, 719 et s. — T. de 1841.

681. Si les immeubles saisis ne sont pas loués ou affermés, le saisi restera en possession jusqu'à la vente, comme séquestre judiciaire, à moins que, sur la demande d'un ou plusieurs créanciers, il n'en soit autrement ordonné par le président du tribunal, dans la forme des ordonnances sur référé.

Les créanciers pourront néanmoins, après y avoir été autorisés par ordonnance du président rendue dans la même forme, faire procéder à la coupe et à la vente, en tout ou en partie, des fruits pendants par les racines.

(5) Ord. 10 oct. 1841, art. 4, 5, 19. — *Tarifs civils.*
(6) Loi 14 nov. 1808, *Concernant la saisie des biens situés dans plusieurs arrondissements.* — Ord. 10 oct. 1841, art. 5. — *Tarifs civils.*
(7) Ord. 10 oct. 1841, art. 2, 4, 5. — *Tarifs civils.*
(8) V. Ord. 10 oct. 1841, art. 2. — *Tarifs civils.*
(9) Ord. 10 oct. 1841, art. 2. — *Tarifs civils.*

Les fruits seront vendus aux enchères ou de toute autre manière autorisée par le président, dans le délai qu'il aura fixé, et le prix sera déposé à la caisse des dépôts et consignations (1). — Pr. 682 et s., 806 et s. — C. 1961 et s. — T. de 1841.

682. Les fruits naturels et industriels recueillis postérieurement à la transcription, ou le prix qui en proviendra, seront immobilisés pour être distribués avec le prix de l'immeuble par ordre d'hypothèque (2). Pr. 678, 681, 683, 685, 748, 749 et s. — C. 526, 583 et s.

683. Le saisi ne pourra faire aucune coupe de bois ni dégradation, à peine de dommages-intérêts auxquels il sera contraint par corps (3), sans préjudice, s'il y a lieu, des peines portées dans les articles 400 et 434 du Code pénal. — Pr. 126, 681, 780 et s.

684. Les baux qui n'auront pas acquis date certaine avant le commandement pourront être annulés, si les créanciers ou l'adjudicataire le demandent (4). — C. 1328, 1743 et s. — T. de 1841.

685. Les loyers et fermages seront immobilisés à partir de la transcription de la saisie, pour être distribués avec le prix de l'immeuble par ordre d'hypothèque. Un simple acte d'opposition à la requête du poursuivant ou de tout autre créancier vaudra saisie-arrêt entre les mains des fermiers et locataires, qui ne pourront se libérer qu'en exécution de mandements de collocation, ou par le versement de loyers ou fermages à la caisse des consignations ; ce versement aura lieu à leur réquisition, ou sur la simple sommation des créanciers. A défaut d'opposition, les paiements faits au débiteur seront valables, et celui-ci sera comptable, comme séquestre judiciaire, des sommes qu'il aura reçues (5). — Pr. 557 et s., 585, 682, 748, 749. — C. 1328, 1961, 2114, 2166. — T. de 1841.

686. La partie saisie ne peut, à compter du jour de la transcription de la saisie, aliéner les immeubles saisis, à peine de nullité, et sans qu'il soit besoin de la faire prononcer.— Pr. 677, 682, 1029. — C. 1594, 1599.

687. Néanmoins l'aliénation ainsi faite aura son exécution si, avant le jour fixé pour l'adjudication, l'acquéreur consigne somme suffisante pour acquitter en principal, intérêts et frais, ce qui est dû aux créanciers inscrits, ainsi qu'au saisissant, et s'il leur signifie l'acte de consignation (6). — Pr. 685, 686, 738, 817 et s. — T. de 1841.

688. Si les deniers ainsi déposés ont été empruntés, les prêteurs n'auront d'hypothèque que postérieurement aux créanciers inscrits lors de l'aliénation. — C. 2103-2°.

689. A défaut de consignation avant l'adjudication, il ne pourra être accordé, sous aucun prétexte, de délai pour l'effectuer. — Pr. 687, 720, 727. — C. 2212.

690. Dans les vingt jours, au plus tard, après la transcription, le poursuivant déposera au greffe du tribunal le cahier des charges, contenant :

1° L'énonciation du titre exécutoire en vertu duquel la saisie a été faite, du commandement, du procès-verbal de saisie, ainsi que des autres actes et jugements intervenus postérieurement ;

2° La désignation des immeubles, telle qu'elle a été insérée dans le procès-verbal ;

3° Les conditions de la vente ;

4° Une mise à prix de la part du poursuivant (7).— Pr. 643, 712, 715, 957, 972. — T. de 1841.

691. Dans les huit jours, au plus tard, après le dépôt au greffe, outre un jour par cinq myriamètres de distance entre le domicile du saisi et le lieu où siège le tribunal, sommation sera faite au saisi, à personne ou domicile, de prendre communication du cahier des charges, de fournir ses dires et observations, et d'assister à la lecture et publication qui en sera faite, ainsi qu'à la fixation du jour de l'adjudication. Cette sommation indiquera les jour, lieu et heure de la publication (8). — Pr. 715, 1033. — T. de 1841.

692. (L. 21 mai 1858.) (9). Pareille sommation sera faite, dans le même délai de huitaine, outre un jour par cinq myriamètres :

1° Aux créanciers inscrits sur les biens saisis, aux domiciles élus dans les inscriptions. Si, parmi les créanciers inscrits, se trouve le vendeur de l'immeuble saisi, la sommation à ce créancier sera faite, à défaut de domicile élu par lui, à son domicile réel, pourvu qu'il soit fixé en France. Elle portera qu'à défaut de former sa demande en résolution et de la notifier au greffe avant l'adjudication, il sera définitivement déchu, à l'égard de l'adjudicataire, du droit de la faire prononcer ;

2° A la femme du saisi, aux femmes des précédents propriétaires, au subrogé tuteur des mineurs ou interdits, ou aux mineurs devenus majeurs, si, dans l'un et l'autre cas, les mariage et tutelle sont connus du poursuivant, d'après son titre. Cette sommation contiendra, en outre, l'avertissement que, pour conserver les hypothèques légales sur l'immeuble exproprié, il sera nécessaire de les faire inscrire avant la transcription du jugement d'adjudication.

Copie en sera notifiée au procureur de la République, de l'arrondissement où les biens sont situés, lequel sera tenu de requérir l'inscription des hypothèques légales existant du chef du saisi seulement sur les biens compris dans la saisie (10). — Pr. 687, 691, 693, 715, 717, 1029. — T. de 1841.

693. Mention de la notification prescrite par les deux articles précédents sera faite, dans les huit jours de la date du dernier exploit de notification, en marge de la transcription de la saisie au bureau des hypothèques.

Du jour de cette mention, la saisie ne pourra plus être rayée que du consentement des créanciers inscrits, ou en vertu de jugements rendus contre eux (11). — Pr. 694, 695, 715, 716, 724, 1029. — T. de 1841.

(L. 2 juin 1881.) Toutefois, la saisie immobilière transcrite cesse de plein droit de produire son effet, si, dans les dix ans de la transcription, il n'est pas intervenu une adjudication mentionnée en marge de cette transcription, conformément à l'article 716 du Code de procédure civile.

Cette dernière disposition ne sera exécutoire que six mois après la promulgation.

694. Trente jours au plus tôt et quarante jours au plus tard après le dépôt du cahier des charges, il sera fait, à l'audience et au jour indiqué, publication et lecture du cahier des charges.

Trois jours au plus tard avant la publication, le poursuivant, la partie saisie et les créanciers inscrits

---

(1) Ord. 3 juill. 1816, art. 2, n° 9. — Ord. 10 oct. 1841, art. 3. — *Tarifs civils.*
(2) Ord. 3 juill. 1816, art. 2, n° 9.
(3) La contrainte par corps est abolie (L. 22 juill. 1867).
(4) Ord. 10 oct. 1841, art. 3. — *Tarifs civils.*
(5) Ord. 10 oct. 1841, art. 3. — *Tarifs civils.*
(6) Ord. 10 oct. 1841, art. 3. — *Tarifs civils.*

(7) Ord. 10 oct. 1841, art. 1, 11, 18. — *Tarifs civils.*
(8) Ord. 10 oct. 1841, art. 2, 3, 7. — *Tarifs civils.*
(9) Circ. g. d. Sc., 2 mai 1859.
(10) Ord. 10 oct. 1841, art. 2, 3. — *Tarifs civils.*
(11) Ord. 10 oct. 1841, art. 2. — *Tarifs civils.*

seront tenus de faire insérer, à la suite de la mise à prix, leurs dires et observations ayant pour objet d'introduire des modifications dans ledit cahier. Passé ce délai, ils ne seront plus recevables à proposer de changements, dires ou observations (1). — Pr. 643, 690, 695, 715. — T. de 1841.

695. Au jour indiqué par la sommation faite au saisi et aux créanciers, le tribunal donnera acte au poursuivant des lecture et publication du cahier des charges, statuera sur les dires et observations qui y auront été insérés, et fixera les jour et heure où il procédera à l'adjudication. Le délai entre la publication et l'adjudication sera de trente jours au moins et de soixante au plus.

Le jugement sera porté sur le cahier des charges à la suite de la mise à prix ou des dires des parties (2). — Pr. 690, 691 et s., 703, 718, 728, 730, 1029. — T. de 1841.

696. (*L.* 21 *mai* 1858.) Quarante jours au plus tôt et vingt jours au plus tard avant l'adjudication, l'avoué du poursuivant fera insérer, dans un journal publié dans le département où sont situés les biens, un extrait signé de lui et contenant :

1° La date de sa saisie et de sa transcription ;
2° Les noms, professions, demeures du saisi, du saisissant et de l'avoué de ce dernier ;
3° La désignation des immeubles, telle qu'elle a été insérée dans le procès-verbal ;
4° La mise à prix ;
5° L'indication du tribunal où la saisie se poursuit, et des jour, lieu et heure de l'adjudication.

Il sera, en outre, déclaré dans l'extrait que tous ceux du chef desquels il pourrait être pris inscription pour raison d'hypothèques légales devront requérir cette inscription avant la transcription du jugement d'adjudication.

Toutes les annonces judiciaires relatives à la même saisie seront insérées dans le même journal (3). — Pr. 646, 692, 697, 698, 704, 705, 709, 715, 741, 836, 960.

697. Lorsque, indépendamment des insertions prescrites par l'article précédent, le poursuivant, le saisi, ou l'un des créanciers inscrits, estimera qu'il y aurait lieu de faire d'autres annonces de l'adjudication par la voie des journaux, le président du tribunal devant lequel se poursuit la vente pourra, si l'importance des biens paraît l'exiger, autoriser cette insertion extraordinaire. Les frais n'entreront en taxe que dans le cas où cette autorisation aurait été accordée. L'ordonnance du président ne sera soumise à aucun recours (4). — Pr. 696, 700, 961. — T. de 1841.

698. Il sera justifié de l'insertion aux journaux par un exemplaire de la feuille, contenant l'extrait énoncé en l'article précédent ; cet exemplaire portera la signature de l'imprimeur, légalisée par le maire(5). — Pr. 696, 699, 715. — T. de 1841.

699. Extrait pareil à celui qui est prescrit par l'article 696 sera imprimé en forme de placard et affiché, dans le même délai :

1° A la porte du domicile du saisi ;
2° A la porte principale des édifices saisis ;
3° A la principale place de la commune où le saisi

est domicilié, ainsi qu'à la principale place de la commune où les biens sont situés, et de celle où siège le tribunal devant lequel se poursuit la vente ;
4° A la porte extérieure des mairies du domicile du saisi et des communes de la situation des biens ;
5° Au lieu où se tient le principal marché de chacune de ces communes, et, lorsqu'il n'y en a pas, au lieu où se tient le principal marché de chacune des deux communes les plus voisines dans l'arrondissement ;
6° A la porte de l'auditoire du juge de paix de la situation des bâtiments, et, s'il n'y a pas de bâtiments, à la porte de l'auditoire de la justice de paix où se trouve la majeure partie des biens saisis ;
7° Aux portes extérieures des tribunaux du domicile du saisi, de la situation des biens et de la vente.

L'huissier attestera, par un procès-verbal rédigé sur un exemplaire du placard, que l'apposition a été faite aux lieux déterminés par la loi, sans les détailler.

Le procès-verbal sera visé par le maire de chacune des communes dans lesquelles l'apposition aura été faite (6). — Pr. 645 et s., 696 et s., 715, 735, 741, 836, 958, 1039. — T. de 1841.

700. Selon la nature et l'importance des biens, il pourra être passé en taxe jusqu'à cinq cents exemplaires des placards, non compris le nombre d'affiches prescrit par l'article 699 (7). — Pr. 697, 961. — T. de 1841.

701. Les frais de la poursuite seront taxés par le juge, et il ne pourra être rien exigé au delà du montant de la taxe. Toute stipulation contraire, quelle qu'en soit la forme, sera nulle de droit.

Le montant de la taxe sera publiquement annoncé avant l'ouverture des enchères, et il en sera fait mention dans le jugement d'adjudication (8). — Pr. 695, 713 et s., 838, 964, 988, 1029. — T. de 1841.

702. Au jour indiqué pour l'adjudication, il y sera procédé sur la demande du poursuivant, et, à son défaut, sur celle de l'un des créanciers inscrits (9). — Pr. 147, 838, 988. — T. de 1841.

703. Néanmoins l'adjudication pourra être remise sur la demande du poursuivant, ou de l'un des créanciers inscrits, ou de la partie saisie, mais seulement pour cause grave et dûment justifiée.

Le jugement qui prononcera la remise fixera de nouveau le jour de l'adjudication, qui ne pourra être éloigné de moins de quinze jours, ni de plus de soixante.

Ce jugement ne sera susceptible d'aucun recours(10). — Pr. 717, 730, 737, 739, 741. — T. de 1841.

704. Dans ce cas, l'adjudication sera annoncée huit jours au moins à l'avance par des insertions et des placards, conformément aux articles 696 et 699 (11). — Pr. 457, 715, 732, 741, 1029, 1031. — T. de 1841.

705. Les enchères sont faites par le ministère d'avoués et à l'audience. Aussitôt que les enchères seront ouvertes, il sera allumé successivement des bougies préparées de manière que chacune ait une durée d'environ une minute.

L'enchérisseur cesse d'être obligé si son enchère est couverte par une autre, lors même que cette dernière

---

(1) Ord. 10 oct. 1841, art. 6. — *Tarifs civils.*
(2) Ord. 10 oct. 1841, art. 6 et 7. — *Tarifs civils.* — Circ. g. d. Sc. 4 juin 1841.
(3) Ord. 10 oct. 1841, art. 11. — Décr. 28 déc. 1870, *Concernant les annonces judiciaires et légales.* — Circ. g. d. Sc. 2 mai 1839.
(4) Ord. 10 oct. 1841, art. 11. — *Tarifs civils.*
(5) Ord. 10 oct. 1841, art. 11. — *Tarifs civils.*

(6) Ord. 10 oct. 1841, art. 4, 11. — *Tarifs civils.* — Circ. g. d. Sc. 2 mai 1859.
(7) Ord. 10 oct. 1841, art. 11, 19. — *Tarifs civils.*
(8) Ord. 10 oct. 1841, art. 18. — *Tarifs civils.*
(9) Ord. 10 oct. 1841, art. 11. — *Tarifs civils.*
(10) Ord. 10 oct. 1841, art. 11. — *Tarifs civils.*
(11) Ord. 10 oct. 1841, art. 4. — *Tarifs civils.*

serait déclarée nulle (1). — Pr. 648, 651, 706 et s., 715, 739, 833, 838, 964, 967, 988. — T. de 1841.

706. L'adjudication ne pourra être faite qu'après l'extinction de trois bougies allumées successivement.

S'il ne survient pas d'enchères pendant la durée de ces bougies, le poursuivant sera déclaré adjudicataire pour la mise à prix.

Si, pendant la durée d'une des trois premières bougies, il survient des enchères, l'adjudication ne pourra être faite qu'après l'extinction de deux bougies sans nouvelle enchère survenue pendant leur durée (2). — Pr. 648, 706 et s., 715, 739, 838, 964, 988, 1031. — P. 412. — T. de 1841.

707. L'avoué dernier enchérisseur sera tenu, dans les trois jours de l'adjudication, de déclarer l'adjudicataire et de fournir son acceptation, sinon de représenter son pouvoir, lequel demeurera annexé à la minute de sa déclaration ; faute de ce faire, il sera réputé adjudicataire en son nom, sans préjudice des dispositions de l'article 711 (3). — Pr. 733, 739, 838, 965, 988, 1029, 1031. — C. 1382, 1383, 1596. — T. de 1841.

708. Toute personne pourra, dans les huit jours qui suivront l'adjudication, faire, par le ministère d'un avoué, une surenchère, pourvu qu'elle soit du sixième au moins du prix principal de la vente (4). — Pr. 732 et s., 737, 832, 965, 972 et s. — C. 1596 et s., 2185 et s. — T. de 1841.

709. La surenchère sera faite au greffe du tribunal qui a prononcé l'adjudication : elle contiendra constitution d'avoué et ne pourra être rétractée ; elle devra être dénoncée par le surenchérisseur, dans les trois jours, aux avoués de l'adjudicataire, du poursuivant, et de la partie saisie, si elle a constitué avoué, sans néanmoins qu'il soit nécessaire de faire cette dénonciation à la personne ou au domicile de la partie saisie qui n'aurait pas d'avoué.

La dénonciation sera faite par un simple acte, contenant avenir pour l'audience qui suivra l'expiration de la quinzaine, sans autre procédure.

L'indication du jour de cette adjudication sera faite de la manière prescrite par les articles 696 et 699.

Si le surenchérisseur ne dénonce pas la surenchère dans le délai ci-dessus fixé, le poursuivant ou tout créancier inscrit, ou le saisi, pourra le faire dans les trois jours qui suivront l'expiration de ce délai ; faute de quoi la surenchère sera nulle de droit, et sans qu'il soit besoin de faire prononcer la nullité (5). — Pr. 715, 722, 965, 973, 1029 et 1031. — C. 2185. — T. de 1841.

710. Au jour indiqué, il sera ouvert de nouvelles enchères, auxquelles toute personne pourra concourir ; s'il ne se présente pas d'enchérisseurs, le surenchérisseur sera déclaré adjudicataire : en cas de folle enchère, il sera tenu par corps de la différence entre son prix et celui de la vente (6).

Lorsqu'une seconde adjudication aura eu lieu, après la surenchère ci-dessus, aucune autre surenchère des mêmes biens ne pourra être reçue. — Pr. 126, 624, 652, 733 et s., 739, 740, 838, 906, 965, 973.

711. Les avoués ne pourront enchérir pour les

membres du tribunal devant lequel se poursuit la vente, à peine de nullité de l'adjudication ou de la surenchère, et de dommages-intérêts.

Ils ne pourront, sous les mêmes peines, enchérir pour le saisi ni pour les personnes notoirement insolvables. L'avoué poursuivant ne pourra se rendre personnellement adjudicataire ni surenchérisseur, à peine de nullité de l'adjudication ou de la surenchère, et de dommages-intérêts envers toutes les parties, — Pr. 523 et s., 702, 705, 739, 713, 838, 964, 988, 1029, 1031. — C. 1596 et s.

712. Le jugement d'adjudication ne sera autre que la copie du cahier des charges rédigé ainsi qu'il est dit en l'article 690 ; il sera revêtu de l'intitulé des jugements et du mandement qui les termine, avec injonction à la partie saisie de délaisser la possession aussitôt après la signification du jugement, sous peine d'y être contrainte même par corps (6), — Pr. 146, 545 et s., 652, 713, 838, 964, 988. — C. 2061 et s.

713. Le jugement d'adjudication ne sera délivré à l'adjudicataire qu'à la charge, par lui, de rapporter au greffier quittance des frais ordinaires de poursuite, et la preuve qu'il a satisfait aux conditions du cahier des charges qui doivent être exécutées avant cette délivrance. La quittance et les pièces justificatives demeureront annexées à la minute du jugement, et seront copiées à la suite de l'adjudication. Faute par l'adjudicataire de faire ces justifications dans les vingt jours de l'adjudication, il y sera contraint par la voie de la folle enchère, ainsi qu'il sera dit ci-après, sans préjudice des autres voies de droit. — Pr. 652, 702, 712, 733 et s., 838, 964, 988. — C. 1248, 1593, 2001.

714. Les frais extraordinaires de poursuite seront payés par privilège sur le prix, lorsqu'il en aura été ainsi ordonné par jugement. — Pr. 652, 662, 701, 712 et s., 723, 759, 777. — C. 1134, 2101-1°.

715. Les formalités et délais prescrits par les articles 673, 674, 675, 676, 677, 678, 690, 691, 692, 693, 694, 696, 698, 699, 704, 705, 706, 709, paragraphes 1 et 3, seront observés à peine de nullité.

La nullité prononcée pour défaut de désignation de l'un ou de plusieurs des immeubles compris dans la saisie n'entraînera pas nécessairement la nullité de la poursuite en ce qui concerne les autres immeubles.

Les nullités prononcées par le présent article pourront être proposées par tous ceux qui y auront intérêt. — Pr. 675, 680, 720, 728 et s., 739, 743, 833, 838, 964, 1029.

716. Le jugement d'adjudication ne sera signifié qu'à la personne ou au domicile de la partie saisie.

Mention sommaire du jugement d'adjudication sera fait en marge de la transcription de la saisie, à la diligence de l'adjudicataire (7). — Pr. 678, 693, 702, 712, 748. — T. de 1841.

717. (*L.* 21 *mai* 1858.) (8) L'adjudication ne transmet à l'adjudicataire d'autres droits à la propriété que ceux appartenant au saisi.

Néanmoins, l'adjudicataire ne pourra être troublé dans sa propriété par aucune demande en résolution fondée sur le défaut de paiement du prix des anciennes aliénations, à moins qu'avant l'adjudication la demande n'ait été notifiée au greffe du tribunal où se poursuit la vente.

Si la demande a été notifiée en temps utile, il sera sursis à l'adjudication, et le tribunal, sur la réclamation du poursuivant ou de tout créancier inscrit,

(1) Ord. 10 oct. 1841, art. 6. — *Tarifs civils.* — L. 2 juin 1841, art. 10.
(2) Ord. 10 oct. 1841, art. 6 et 11. — *Tarifs civils.*
(3) Ord. 10 oct. 1841, art. 11. — *Tarifs civils.*
(4) Ord. 10 oct. 1841, art. 12. — *Tarifs civils.*
(5) Ord. 10 oct. 1841, art. 4, 12. — *Tarifs civils.*
(6) La contrainte par corps est abolie (L. 22 juill. 1867). — Ord. 10 oct. 1841, art. 12. — *Tarifs civils.*
(7) Ord. 10 oct. 1841, art. 2, 3 et 7. — *Tarifs civils.*
(8) Voir Loi du 21 mai 1858.

fixera le délai dans lequel le vendeur sera tenu de mettre à fin l'instance en résolution.

Le poursuivant pourra intervenir dans cette instance.

Ce délai expiré sans que la demande en résolution ait été définitivement jugée, il sera passé outre à l'adjudication, à moins que, pour des causes graves et dûment justifiées, le tribunal n'ait accordé un nouveau délai pour le jugement de l'action en résolution.

Si, faute par le vendeur de se conformer aux prescriptions du tribunal, l'adjudication avait eu lieu avant le jugement de la demande en résolution, l'adjudicataire ne pourrait pas être poursuivi à raison des droits des anciens vendeurs, sauf à ceux-ci à faire valoir, s'il y avait lieu, leurs titres de créances, dans l'ordre et distribution du prix de l'adjudication.

Le jugement d'adjudication dûment transcrit purge toutes les hypothèques, et les créanciers n'ont plus d'action que sur le prix. Les créanciers à hypothèques légales qui n'ont pas fait inscrire leur hypothèque avant la transcription du jugement d'adjudication, ne conservent de droit de préférence sur le prix qu'à la condition de produire, avant l'expiration du délai fixé par l'article 754, dans le cas où l'ordre se règle judiciairement, et de faire valoir leurs droits avant la clôture, si l'ordre se règle amiablement, conformément aux articles 751 et 752 (1). — Pr. 692, 693, 702, 727, 741, 749, 772, 838. — T. de 1841.

TITRE TREIZIÈME

DES INCIDENTS DE LA SAISIE IMMOBILIÈRE

718. Toute demande incidente à une poursuite en saisie immobilière sera formée par un simple acte d'avoué à avoué, contenant les moyens et conclusions. Cette demande sera formée contre toute partie n'ayant pas d'avoué en cause, par exploit d'ajournement à huit jours, sans augmentation de délai à raison des distances, si ce n'est dans le cas de l'article 726, et sans préliminaires de conciliation. Ces demandes seront instruites et jugées comme affaires sommaires. Tout jugement qui interviendra ne pourra être rendu que sur les conclusions du ministère public (2). — Pr. 82, 337, 404 et s., 722, 725, 733, 737, 743. — T. de 1841.

719. Si deux saisissants ont fait transcrire deux saisies de biens différents, poursuivies devant le même tribunal, elles seront réunies sur la requête de la partie la plus diligente, et seront continuées par le premier saisissant. La jonction sera ordonnée, encore que l'une des saisies soit plus ample que l'autre; mais elle ne pourra, en aucun cas, être demandée après le dépôt du cahier des charges : en cas de concurrence, la poursuite appartiendra à l'avoué porteur du titre plus ancien, et, si les titres sont de la même date, à l'avoué le plus ancien. — Pr. 611, 653, 661, 667, 668, 678 et s., 718, 720 et s. — T. 117.

720. Si une seconde saisie, présentée à la transcription, est plus ample que la première, elle sera transcrite pour les objets non compris dans la première saisie, et le second saisissant sera tenu de dénoncer la saisie au premier saisissant, qui poursuivra sur les deux, si elles sont au même état; sinon, il sursoira à la première et suivra sur la deuxième jusqu'à

ce qu'elle soit au même degré : elles seront alors ré[unies] nies en une seule poursuite, qui sera portée dev[ant] le tribunal de la première saisie (3). — Pr. 673, 6[78] 678 et s., 718 et s., 721. — T. de 1841.

721. Faute par le premier saisissant d'avoir pou[rsuivi?] suivi sur la seconde saisie à lui dénoncée, conform[é]ment à l'article ci-dessus, le second saisissant pour[ra] par un simple acte, demander la subrogation. — [Pr.] 75, 82, 612, 720, 722, 725, 776, 779, 833, 838.

722. La subrogation pourra être également dema[n]dée s'il y a collusion, fraude ou négligence, sous [la] réserve, en cas de collusion ou fraude, des domma[ges-]intérêts envers qui il appartiendra.

Il y a négligence lorsque le poursuivant n'a p[as] rempli une formalité ou n'a pas fait un acte de proc[é]dure dans les délais prescrits. — Pr. 776, 833.

723. La partie qui succombera sur la demande [en] subrogation sera condamnée personnellement aux d[é]pens.

Le poursuivant contre lequel la subrogation au[ra] été prononcée sera tenu de remettre les pièces de [la] poursuite au subrogé, sur son récépissé; il ne se[ra] payé de ses frais de poursuites qu'après l'adjudicati[on] soit sur le prix, soit par l'adjudicataire. — Pr. 1[?] 701, 713, 714, 721, 722, 776.

724. Lorsqu'une saisie immobilière aura été ray[ée] le plus diligent des saisissants postérieurs pour[ra] poursuivre sur sa saisie, encore qu'il ne se soit p[as] présenté le premier à la transcription. — Pr. 678[?] s., 719 et s.

725. La demande en distraction de tout ou par[tie] des objets saisis sera formée, tant contre le sais[is]sant que contre la partie saisie; elle sera form[ée] aussi contre le créancier premier inscrit et au dom[i]cile élu dans l'inscription.

Si le saisi n'a pas constitué avoué durant la pou[r]suite, le délai prescrit pour la comparution sera au[g]menté d'un jour par cinq myriamètres de distan[ce] entre son domicile et le lieu où siège le tribun[al] sans que ce délai puisse être augmenté à l'égard [de] partie qui serait domiciliée hors du territoire con[ti]nental de la République (4). — Pr. 717, 726 et s., 10[?]

726. La demande en distraction contiendra l'én[on]ciation des titres justificatifs qui seront déposés [au] greffe, et la copie de l'acte de dépôt (5). — Pr. 7[27] 727, 826 et s. — T. de 1841.

727. Si la distraction demandée n'est que d'u[ne] partie des objets saisis, il sera passé outre, nono[bs]tant cette demande, à l'adjudication du surplus [des] objets saisis. Pourront néanmoins les juges, sur [la] demande des parties intéressées, ordonner le sur[sis] pour le tout.

Si la distraction partielle est ordonnée, le pours[ui]vant sera admis à changer la mise à prix portée [au] cahier des charges. — Pr. 689 et s., 717, 720, 725 [et] s., 741.

728. Les moyens de nullité, tant en la forme qu'[au] fond, contre la procédure qui précède la publicati[on] du cahier des charges, devront être proposés, à pe[ine] de déchéance, trois jours au plus tard avant l[a] publication.

S'ils sont admis, la poursuite pourra être repris[e] à partir du dernier acte valable, et les délais pour a[c]complir les actes suivants courront à dater du jug[e]ment ou arrêt qui aura définitivement prononcé s[ur] la nullité.

---

(3) Ord. 10 oct. 1841, art. 7. — Tarifs civils.
(4) Ord. 10 oct. 1841, art. 3. — Tarifs civils.
(5) Ord. 10 oct. 1841, art. 7. — Tarifs civils.

S'ils sont rejetés, il sera donné acte, par le même jugement, de la lecture et publication du cahier des charges, conformément à l'article 695. — Pr. 615, 690 et s., 729, 1029. — C. 1554, 1558, 1560.

729. Les moyens de nullité contre la procédure postérieure à la publication du cahier des charges seront proposés, sous la même peine de déchéance, au plus tard, trois jours avant l'adjudication.

Au jour fixé pour l'adjudication, et immédiatement avant l'ouverture des enchères, il sera statué sur les moyens de nullité.

S'ils sont admis, le tribunal annulera la poursuite, à partir du jugement de publication, en autorisera la reprise à partir de ce jugement, et fixera de nouveau le jour de l'adjudication.

S'ils sont rejetés, il sera passé outre aux enchères et à l'adjudication. — Pr. 173, 690, 694, 717, 891 et s.

730. Ne pourront être attaqués par la voie de l'appel : 1° les jugements qui statueront sur la demande en subrogation contre le poursuivant, à moins qu'elle n'ait été intentée pour collusion ou fraude; 2° ceux qui, sans statuer sur des incidents, donneront acte de la publication du cahier des charges ou prononceront l'adjudication, soit avant, soit après surenchère; 3° ceux qui statueront sur des nullités postérieures à la publication du cahier des charges. — Pr. 443, 695, 706, 710, 712, 721, 722 et s., 838.

731. L'appel de tous autres jugements sera considéré comme non avenu, s'il est interjeté après les dix jours à compter de la signification à avoué, ou, s'il n'y a point d'avoués, à compter de la signification à personne ou au domicile soit réel, soit élu

Ce délai sera augmenté d'un jour par cinq myriamètres de distance, conformément à l'article 725, dans le cas où le jugement aura été rendu sur une demande en distraction.

Dans les cas où il y aura lieu à l'appel, la cour d'appel statuera dans la quinzaine. Les arrêts rendus par défaut ne seront pas susceptibles d'opposition. — Pr. 443, 763, 838, 973, 1033. — T. 29.

732. L'appel sera signifié au domicile de l'avoué, et, s'il n'y a pas d'avoué, au domicile réel ou élu de l'intimé; il sera notifié en même temps au greffier du tribunal et visé par lui. La partie saisie ne pourra, sur l'appel, proposer des moyens autres que ceux qui auront été présentés en première instance. L'acte d'appel énoncera les griefs : le tout à peine de nullité (1). — Pr. 456, 464, 731, 838, 973, 1029, 1039 — T. de 1841.

733. Faute par l'adjudicataire d'exécuter les clauses de l'adjudication, l'immeuble sera vendu à sa folle enchère. — Pr. 624, 652, 711, 713, 738 et s., 838, 964, 988.

734. Si la folle enchère est poursuivie avant la délivrance du jugement d'adjudication, celui qui poursuivra la folle enchère se fera délivrer par le greffier un certificat constatant que l'adjudicataire n'a point justifié de l'acquit des conditions exigibles de l'adjudication.

S'il y a eu opposition à la délivrance du certificat, il sera statué, à la requête de la partie la plus diligente, par le président du tribunal, en état de référé (2). — Pr. 713, 735, 739, 740, 806 et s., 838, 964, 988. — T. de 1841.

735. Sur ce certificat, et sans autre procédure ni jugement, ou si la folle enchère est poursuivie après la délivrance du jugement d'adjudication, trois jours après la signification du bordereau de collocation avec

(1) Ord. 10 oct. 1841, art. 3. — *Tarifs civils.*
(2) Ord. 10 oct. 1841, art. 12. — *Tarifs civils.*

commandement, il sera apposé de nouveaux placards et inséré de nouvelles annonces dans la forme ci-dessus prescrite.

Ces placards et annonces indiqueront, en outre, les noms et demeure du fol enchérisseur, le montant de l'adjudication, une mise à prix par le poursuivant, et le jour auquel aura lieu, sur l'ancien cahier des charges, la nouvelle adjudication

Le délai entre les nouvelles affiches et annonces et l'adjudication sera de quinze jours au moins, et de trente jours au plus (3). — Pr. 516, 690, 696 et s., 699, 739, 964, 988. — C. 2093. — T. de 1841.

736. Quinze jours au moins avant l'adjudication, signification sera faite des jour et heure de cette adjudication à l'avoué de l'adjudicataire, et à la partie saisie au domicile de son avoué, et, s'il n'en a pas, à son domicile (4). — T. de 1841. — Pr. 739, 994, 988. —C. 102.

737. L'adjudication pourra être remise, conformément à l'article 703, mais seulement sur la demande du poursuivant. — Pr. 703, 739, 964, 988.

738. Si le fol enchérisseur justifiait de l'acquit des conditions de l'adjudication et de la consignation d'une somme réglée par le président du tribunal pour les frais de folle enchère, il ne serait pas procédé à l'adjudication. — Pr. 687, 964, 988. — C. 1257 et s.

739. Les formalités et délais prescrits par les articles 734, 735, 736, 737, seront observés à peine de nullité.

Les moyens de nullité seront proposés et jugés comme il est dit en l'article 729.

Aucune opposition ne sera reçue contre les jugements par défaut en matière de folle enchère, et les jugements qui statueront sur les nullités pourront seuls être attaqués par la voie de l'appel dans les délais et suivant les formes prescrits par les articles 731 et 732.

Seront observés, lors de l'adjudication sur folle enchère, les articles 705, 706, 707 et 711 (5). — Pr. 715, 730, 731, 732, 964, 988, 1029. — T. de 1841.

740. Le fol enchérisseur est tenu, *par corps*, de la différence entre son prix et celui de la revente sur folle enchère, sans pouvoir réclamer l'excédent, s'il y en a : cet excédent sera payé aux créanciers, ou, si les créanciers sont désintéressés, à la partie saisie (6). — Pr. 710, 964, 988. — C. 555, 2059, 2063, 2067, 2133, 2175, 2191. — T. de 1841.

741. Lorsque, à raison d'un incident ou pour tout autre motif légal, l'adjudication aura été retardée, il sera apposé de nouvelles affiches et fait de nouvelles annonces dans les délais fixés par l'article 704 (7). — Pr. 696, 699, 704, 964, 988. — T. de 1841.

742. Toute convention portant qu'à défaut d'exécution des engagements pris envers lui, le créancier aura le droit de faire vendre les immeubles de son débiteur sans remplir les formalités prescrites pour la saisie immobilière, est nulle et non avenue. — Pr. 701, 964, 988.

743. Les immeubles appartenant à des majeurs maîtres de disposer de leurs droits ne pourront, à peine de nullité, être mis aux enchères en justice lorsqu'il ne s'agira que de ventes volontaires.

(3) Ord. 10 oct. 1841, art. 3, 4. — *Tarifs civils.*
(4) Ord. 10 oct. 1841, art. 3. — *Tarifs civils.*
(5) Ord. 10 oct. 1841, art. 12. — *Tarifs civils.*
(6) Ord. 10 oct. 1841, art. 12. — *Tarifs civils.* — L. 22 juill. 1867, Qui supprime la contrainte par corps en matière civile, commerciale, et contre les étrangers.
(7) Ord. 10 oct. 1841, art. 4. — *Tarifs civils.*

4

Néanmoins, lorsqu'un immeuble aura été saisi réellement, et lorsque la saisie aura été transcrite, il sera libre aux intéressés, s'ils sont tous majeurs et maîtres de leurs droits, de demander que l'adjudication soit faite aux enchères, devant notaire ou en justice, sans autres formalités et conditions que celles qui sont prescrites aux articles 958, 959, 960, 961, 962, 964 et 965, pour la vente des biens immeubles appartenant à des mineurs.

Seront regardés comme seuls intéressés, avant la sommation aux créanciers prescrite par l'article 692, le poursuivant et le saisi, et après cette sommation, ces derniers et tous les créanciers inscrits.

Si une partie seulement des biens dépendants d'une même exploitation avait été saisie, le débiteur pourra demander que le surplus soit compris dans la même adjudication (1). — Pr. 744, 748, 985, 1029. — C. 819, 2211. — T. de 1841.

744. Pourront former les mêmes demandes ou s'y adjoindre :

Le tuteur du mineur ou interdit, spécialement autorisé par un avis de parents;

Le mineur émancipé, assisté de son curateur ;

Et généralement tous les administrateurs légaux des biens d'autrui. — Pr. 882 et s., 968. — C. 457, 460, 465, 476 et s., 484, 509, 513, 2206.

745. Les demandes autorisées par les articles 743, paragraphe 2, et 744, seront formées par une simple requête présentée au tribunal saisi de la poursuite : cette requête sera signée par les avoués de toutes les parties.

Elle contiendra une mise à prix qui servira d'estimation (2). Pr. 718. — T. de 1841.

746. Le jugement sera rendu sur le rapport d'un juge et sur les conclusions du ministère public.

Si la demande est admise, le tribunal fixera le jour de la vente et renverra, pour procéder à l'adjudication, soit devant un notaire, soit devant un juge du siège ou devant un juge de tout autre tribunal.

Le jugement ne sera pas signifié et ne sera susceptible ni d'opposition ni d'appel. — Pr. 83, 209, 716, 718, 730, 743, 747 et s., 954, 969, 970.

747. Si, après le jugement, il survient un changement dans l'état des parties, soit par décès ou faillite, soit autrement, ou si les parties sont représentées par des mineurs, des héritiers bénéficiaires ou autres incapables, le jugement continuera à recevoir sa pleine et entière exécution. — Pr. 342 et s., 748. — Co. 437 et s.

748. Dans la huitaine du jugement de conversion, mention sommaire en sera faite, à la diligence du poursuivant, en marge de la transcription de la saisie.

Les fruits immobilisés en exécution des dispositions de l'article 682 conserveront ce caractère, sans préjudice du droit qui appartient au poursuivant de se conformer, pour les loyers et fermages, à l'article 685.

Sera également maintenue la prohibition d'aliéner faite par l'article 686 (3). Pr. 678, 682, 685 et s., 716. — T. de 1841.

TITRE QUATORZIÈME

DE L'ORDRE (4)

749. Dans les tribunaux où les besoins du service

---

(1) Ord. 10 oct. 1841, art. 4, 14. — *Tarifs civils.*
(2) Ord. 10 oct. 1841, art. 7. — *Tarifs civils.*
(3) Ord. 10 oct. 1841, art. 2. — *Tarifs civils.*
(4) L. 21 mai 1858.

---

l'exigent, il est désigné, par décret du Président de la République, un ou plusieurs juges spécialement chargés du règlement des ordres. Ils peuvent être choisis parmi les juges suppléants (5), et sont désignés pour une année au moins, et trois années au plus.

En cas d'absence ou d'empêchement, le président, par ordonnance inscrite sur un registre spécial tenu au greffe, désigne d'autres juges pour les remplacer.

Les juges désignés par décret du Président de la République, ou nommés par le président, doivent, toutes les fois qu'ils en sont requis, rendre compte à leurs tribunaux respectifs, au premier président et au procureur général, de l'état des ordres qu'ils sont chargés de régler.

750. L'adjudicataire est tenu de faire transcrire le jugement d'adjudication dans les quarante-cinq jours de sa date, et, en cas d'appel, dans les quarante-cinq jours de l'arrêt confirmatif, sous peine de revente sur folle enchère.

Le saisissant, dans la huitaine après la transcription, et, à son défaut, après ce délai, le créancier le plus diligent, la partie saisie ou l'adjudicataire, dépose au greffe l'état des inscriptions, requiert l'ouverture du procès-verbal d'ordre, et, s'il y a lieu, la nomination d'un juge-commissaire.

Cette nomination est faite par le président, à la suite de la réquisition inscrite par le poursuivant sur le registre des adjudications tenu à cet effet au greffe du tribunal (6). — Pr. 713, 733 et s., 756. — C. 2186. T. 130.

751. Le juge-commissaire, dans les huit jours de sa nomination, ou le juge spécial, dans les trois jours de la réquisition, convoque les créanciers inscrits, afin de se régler amiablement sur la distribution du prix.

Cette convocation est faite par lettres chargées à la poste, expédiées par le greffier et adressées tant aux domiciles élus par les créanciers dans les inscriptions qu'à leur domicile réel en France ; les frais en sont avancés par le requérant.

La partie saisie et l'adjudicataire sont également convoqués.

Le délai pour comparaître est de dix jours au moins entre la date de la convocation et le jour de la réunion.

Le juge dresse procès-verbal de la distribution du prix par règlement amiable; il ordonne la délivrance des bordereaux aux créanciers utilement colloqués et la radiation des inscriptions des créanciers non admis en ordre utile.

Les inscriptions sont rayées sur la présentation d'un extrait, délivré par le greffier, de l'ordonnance du juge.

Les créanciers non comparants sont condamnés à une amende de vingt-cinq francs (7). — Pr. 752, 773, 991. — T. 131.

---

(5) Décr. 19 mars 1852. — Circ. g. d. Sc., 2 mai 1859.
(6) Le greffier ne doit pas dresser un acte spécial constatant le dépôt de l'état des inscriptions prescrit par l'article 750; il suffit d'une mention de l'annexe de cet état au procès-verbal d'ordre, et cette mention ne donne lieu qu'à un simple droit de greffe de trois francs. — Sol. *Rég.* 13-24 avril 1860. — Circ. g. d. Sc. 2 mai 1859.
(7) V. Circ. g. d. Sc. 2 mai 1859. — Sont exemptes du timbre et de l'enregistrement les lettres de convocation expédiées par le greffier aux créanciers inscrits, pour procéder à un ordre amiable. — *Décis. min. Fin. et min. Just.* 27 avril et 22 mai 1858. *Instr. de la Régie,* 11 juin 1858. — Le bulletin de chargement de l'administration des postes est considéré comme simple document administratif délivré par une administration publique à un fonctionnaire public et doit jouir de la même exemp-

752. A défaut de règlement amiable dans le délai d'un mois, le juge constate sur le procès-verbal que les créanciers n'ont pu se régler entre eux, et prononce l'amende contre ceux qui n'ont pas comparu. Il déclare l'ordre ouvert et commet un ou plusieurs huissiers à l'effet de sommer les créanciers de produire. Cette partie du procès-verbal ne peut être expédiée ni signifiée (1). — Pr. 750, 751, 753 et s.

753. Dans les huit jours de l'ouverture de l'ordre, sommation de produire est faite aux créanciers par acte signifié aux domiciles élus dans leurs inscriptions ou à celui de leurs avoués, s'il y en a de constitués, et au vendeur à son domicile réel situé en France, à défaut de domicile élu par lui ou de constitution d'avoué.

La sommation contient l'avertissement que, faute de produire dans les quarante jours, le créancier sera déchu.

L'ouverture de l'ordre est en même temps dénoncée à l'avoué de l'adjudicataire. Il n'est fait qu'une seule dénonciation à l'avoué qui représente plusieurs adjudicataires.

Dans les huit jours de la sommation par lui faite aux créanciers inscrits, le poursuivant en remet l'original au juge, qui en fait mention sur le procès-verbal (1). — Pr. 659. — T. 29, 132.

754. Dans les quarante jours de cette sommation, tout créancier est tenu de produire ses titres avec acte de produit signé de son avoué et contenant demande en collocation. Le juge fait mention de la remise sur le procès-verbal (1). — Pr. 660, 753. — T. 133.

755. L'expiration du délai de quarante jours ci-dessus fixé emporte de plein droit déchéance contre les créanciers non produisants. Le juge la constate immédiatement et d'office sur le procès-verbal, et dresse l'état de la collocation sur les pièces produites. Cet état est dressé au plus tard dans les vingt jours qui suivent l'expiration du délai ci-dessus.

Dans les dix jours de la confection de l'état de collocation, le poursuivant la dénonce, par acte d'avoué à avoué, aux créanciers produisants et à la partie saisie, avec sommation d'en prendre communication, et de contredire, s'il y échet, sur le procès-verbal dans le délai de trente jours (1). — Pr. 663, 754, 756, 776. — T. 134, 135.

756. Faute par les créanciers produisants et la partie saisie de prendre communication de l'état de collocation et de contredire dans ledit délai, ils demeurent forclos sans nouvelle sommation ni jugement; il n'est fait aucun dire, s'il n'y a contestation. — Pr. 660, 664, 755, 758, 775. — Co. 512.

757. Lorsqu'il y a lieu à ventilation du prix de plusieurs immeubles vendus collectivement, le juge, sur la réquisition des parties ou d'office, par ordonnance inscrite sur le procès-verbal, nomme un ou trois experts, fixe le jour où il recevra leur serment et le délai dans lequel ils devront déposer leur rapport.

Cette ordonnance est dénoncée aux experts par le poursuivant; la prestation de serment est mentionnée sur le procès-verbal d'ordre auquel est annexé le rapport des experts, qui ne peut être levé ni signifié. En établissant l'état de collocation provisoire, le juge prononce sur la ventilation (1). — Pr. 302 et s. — T. 29, 76, 91.

tion. — *Mêmes décis. et instr.* — Ce bulletin devant être annexé au procès-verbal d'ordre, celle annexe ne donne pas lieu à un droit de greffe. — *Mêmes décis. et instr.* — Sol. de la Régie, 13-24 avril 1860; *Décis. min. Fin. et Just.* 20 et 30 juill. 1859.

(1) Circ. g. d. Sc. 2 mai 1859.

758. Tout contestant doit motiver son dire et produire toutes pièces à l'appui; le juge renvoie les contestants à l'audience qu'il désigne, et commet en même temps l'avoué chargé de suivre l'audience.

Néanmoins, il arrête l'ordre et ordonne la délivrance des bordereaux de collocation pour les créances antérieures à celles contestées; il peut même arrêter l'ordre pour les créances postérieures, en réservant somme suffisante pour désintéresser les créanciers contestés (1). — Pr. 666.

759. S'il ne s'élève aucune contestation, le juge est tenu, dans les quinze jours qui suivent l'expiration du délai pour prendre communication et contredire, de faire la clôture de l'ordre; il liquide les frais de radiation et de poursuite d'ordre, qui sont colloqués par préférence à toutes autres créances; il liquide, en outre, les frais de chaque créancier colloqué en rang utile, et ordonne la délivrance des bordereaux de collocation aux créanciers utilement colloqués, et la radiation des inscriptions de ceux non utilement colloqués. Il est fait distraction, en faveur de l'adjudicataire, sur le montant de chaque bordereau, des frais de radiation de l'inscription. — Pr. 133, 665, 743, 753, 758, 765, 771, 773, 774, 777, 779, 1029. — C. 1351, 1382, 2218. — T. 137.

760. Les créanciers postérieurs en ordre d'hypothèque aux collocations contestées sont tenus, dans la huitaine après les trente jours accordés pour contredire, de s'entendre entre eux sur le choix d'un avoué; sinon ils sont représentés par l'avoué du dernier créancier colloqué. L'avoué poursuivant ne peut, en cette qualité, être appelé dans la contestation. — Pr. 667, 761.

761. L'audience est poursuivie, à la diligence de l'avoué commis, sur un simple acte contenant avenir pour l'audience fixée conformément à l'article 758. L'affaire est jugée comme sommaire, sans autre procédure que des conclusions motivées de la part des contestés, et le jugement contient liquidation des frais. S'il est produit de nouvelles pièces, toute partie contestante ou contestée est tenue de les remettre au greffe trois jours au moins avant cette audience; il en est fait mention sur le procès-verbal. Le tribunal statue sur les pièces produites, néanmoins il peut, mais seulement pour causes graves et dûment justifiées, accorder un délai pour en produire d'autres; le jugement qui prononce la remise fixe le jour de l'audience; il n'est levé ni signifié. La disposition du jugement qui accorde ou refuse un délai n'est susceptible d'aucun recours. — Pr. 82, 405, 666.

762. Les jugements sur les incidents et sur le fond sont rendus sur le rapport du juge et sur les conclusions du ministère public.

Le jugement sur le fond est signifié dans les trente jours de sa date à avoué seulement, et n'est pas susceptible d'opposition. La signification à avoué fait courir le délai d'appel contre toutes les parties à l'égard les unes des autres.

L'appel est interjeté dans les dix jours de la signification du jugement à avoué, outre un jour par cinq myriamètres de distance entre le siège du tribunal et le domicile réel de l'appelant; l'acte d'appel est signifié au domicile de l'avoué, et au domicile réel du saisi, s'il n'a pas d'avoué. Il contient assignation et l'énonciation des griefs, à peine de nullité.

L'appel n'est recevable que si la somme contestée excède celle de quinze cents francs, quel que soit d'ailleurs le montant des créances des contestants et des sommes à distribuer. — Pr. 83, 666, 668, 669, 103

763. L'avoué du créancier dernier colloqué peut être intimé s'il y a lieu.

L'audience est poursuivie et l'affaire instruite conformément à l'article 761, sans autre procédure que des conclusions motivées de la part des intimés. — Pr. 667, 669.

764. La Cour statue sur les conclusions du ministère public. L'arrêt contient liquidation des frais; il est signifié dans les quinze jours de sa date à avoué seulement, et n'est pas susceptible d'opposition. La signification à avoué fait courir les délais du pourvoi en cassation. — Pr. 83, 762.

765. Dans les huit jours qui suivent l'expiration du délai d'appel, et en cas d'appel dans les huit jours de la signification de l'arrêt, le juge arrête définitivement l'ordre des créances contestées et des créances postérieures, conformément à l'article 759.

Les intérêts et arrérages des créanciers utilement colloqués cessent à l'égard de la partie saisie. — Pr. 670, 672.

766. Les dépens des contestations ne peuvent être pris sur les deniers provenant de l'adjudication.

Toutefois, le créancier dont la collocation, rejetée d'office, malgré une production suffisante, a été admise par le tribunal sans être contestée par aucun créancier, peut employer ses dépens sur le prix, au rang de sa créance.

Les frais de l'avoué qui a représenté les créanciers postérieurs en ordre d'hypothèque aux collocations contestées peuvent être prélevés sur ce qui reste de deniers à distribuer, déduction faite de ceux qui ont été employés à payer les créanciers antérieurs. Le jugement qui autorise l'emploi des frais prononce la subrogation au profit du créancier sur lequel les fonds manquent ou de la partie saisie. L'exécutoire énoncera cette disposition et indiquera la partie qui doit en profiter.

Le contestant ou le contesté qui a mis de la négligence dans la production des pièces peut être condamné aux dépens, même en obtenant gain de cause.

Lorsqu'un créancier condamné aux dépens des contestations a été colloqué en rang utile, les frais mis à sa charge sont, par une disposition spéciale du règlement d'ordre, prélevés sur le montant de sa collocation au profit de la partie qui a obtenu la condamnation (1). — Pr. 774. — C. 1251, 2101-1°.

767. Dans les trois jours de l'ordonnance de clôture, l'avoué poursuivant la dénonce par un simple acte d'avoué à avoué.

En cas d'opposition à cette ordonnance par un créancier, par l'adjudicataire ou la partie saisie, cette opposition est formée, à peine de nullité, dans la huitaine de la dénonciation, et portée dans la huitaine suivante à l'audience du tribunal, même en vacation, par un simple acte d'avoué contenant moyens et conclusions; et, à l'égard de la partie saisie n'ayant pas d'avoué en cause, par exploit d'ajournement à huit jours. La cause est instruite et jugée conformément aux articles 761, 762 et 764, même en ce qui concerne l'appel du jugement (2). — Pr. 82 et s., 1029.

768. Le créancier sur lequel les fonds manquent et la partie saisie ont leur recours contre ceux qui ont succombé, pour les intérêts et arrérages qui ont couru pendant les contestations (2). — Pr. 764 et s., 769.

(1) Circ. g. d. Sc. 2 mai 1859.
(2) L'article 767 ne s'expliquant pas sur ce point, l'opposition doit être faite au greffe par un dire consigné au procès-verbal. — Elle est formée dans la huitaine de la dénonciation, à peine de nullité, et est jugée dans la huitaine suivante, comme affaire urgente et sommaire. — Circ. g. d. Sc. 2 mai 1859.

769. Dans les dix jours, à partir de celui où l'ordonnance de clôture ne peut plus être attaquée, le greffier délivre un extrait de l'ordonnance du juge pour être déposé par l'avoué poursuivant au bureau des hypothèques. Le conservateur, sur la présentation de cet extrait, fait la radiation des inscriptions des créanciers non colloqués (1).

770. Dans le même délai, le greffier délivre à chaque créancier colloqué un bordereau de collocation exécutoire contre l'adjudicataire ou contre la caisse des consignations.

Le bordereau des frais de l'avoué poursuivant ne peut être délivré que sur la remise des certificats de radiation des inscriptions des créanciers non colloqués. Ces certificats demeurent annexés au procès-verbal. — Pr. 548, 769, 771 et s.

771. Le créancier colloqué, en donnant quittance du montant de sa collocation, consent la radiation de son inscription. Au fur et à mesure du paiement des collocations, le conservateur sur la représentation du bordereau et de la quittance du créancier, décharge d'office l'inscription jusqu'à concurrence de la somme acquittée.

L'inscription d'office est rayée définitivement, sur la justification faite par l'adjudicataire du paiement de la totalité de son prix, soit aux créanciers colloqués, soit à la partie saisie. — C. 2108, 2157 et s.

772. Lorsque l'aliénation n'a pas lieu sur expropriation forcée, l'ordre est provoqué par le créancier le plus diligent ou par l'acquéreur.

Il peut être aussi provoqué par le vendeur, mais seulement lorsque le prix est exigible.

Dans tous les cas, l'ordre n'est ouvert qu'après l'accomplissement des formalités prescrites pour la purge des hypothèques.

Il est introduit et réglé dans les formes établies par le présent titre.

Les créanciers à hypothèques légales qui n'ont pas fait inscrire leurs hypothèques dans le délai fixé par l'article 2195 du Code civil ne peuvent exercer le droit de préférence sur le prix qu'autant qu'un ordre est ouvert dans les trois mois qui suivent l'expiration de ce délai et sous les conditions déterminées par la dernière disposition de l'article 717 (1). — Pr. 953 et s., 966 et s. — C. 2218.

773. Quel que soit le mode d'aliénation, l'ordre ne peut être provoqué, s'il y a moins de quatre créanciers inscrits.

Après l'expiration des délais établis par les articles 750 et 772, la partie qui veut poursuivre l'ordre présente requête au juge spécial, et, s'il n'y en a pas, au président du tribunal, à l'effet de faire procéder au préliminaire de règlement amiable dans les formes et délais établis en l'article 751.

A défaut de règlement amiable, la distribution du prix est réglée par le tribunal, jugeant comme en matière sommaire, sur assignation signifiée à personne ou à domicile, à la requête de la partie la plus diligente, sans autre procédure que des conclusions motivées. Le jugement est signifié à avoué seulement, s'il y a avoué constitué.

En cas d'appel, il est procédé comme aux articles 763 et 764. (1).

774. L'acquéreur est employé par préférence pour le coût de l'extrait des inscriptions et des dénonciations aux créanciers inscrits. — C. 2101-1°, 2483.

775. Tout créancier peut prendre inscription pour conserver les droits de son débiteur; mais le montant de la collocation du débiteur est distribué, comme chose mobilière, entre tous les créanciers inscrits ou opposants avant la clôture de l'ordre (1). — Pr. 656, 673. - C. 1166, 2093, 2146 et s.

776. En cas d'inobservation des formalités et délais prescrits par les art. 753, 755, § 2, et 769, l'avoué poursuivant est déchu de la poursuite, sans sommation ni jugement. Le juge pourvoit à son remplacement, d'office ou sur la réquisition d'une partie, par ordonnance inscrite sur le procès-verbal ; cette ordonnance n'est susceptible d'aucun recours.

Il en est de même à l'égard de l'avoué commis qui n'a pas rempli les obligations à lui imposées par les articles 758 et 761.

L'avoué déchu de la poursuite est tenu de remettre immédiatement les pièces sur le récépissé de l'avoué qui le remplace, et n'est payé de ses frais qu'après la clôture de l'ordre (2). — Pr. 721, 724.

777. L'adjudicataire sur expropriation forcée qui veut faire prononcer la radiation des inscriptions avant la clôture de l'ordre doit consigner son prix et les intérêts échus, sans offres réelles préalables.

Si l'ordre n'est pas ouvert, il doit en requérir l'ouverture après l'expiration du délai fixé par l'article 750. Il dépose à l'appui de sa réquisition le récépissé de la caisse des consignations, et déclare qu'il entend faire prononcer la validité de la consignation et la radiation des inscriptions.

Dans les huit jours qui suivent l'expiration du délai pour produire, fixé par l'article 754, il fait sommation par acte d'avoué à avoué, et par exploit à la partie saisie, si elle n'a pas avoué constitué, de prendre communication de sa déclaration, et de la contester dans les quinze jours, s'il y a lieu. A défaut de contestation dans ce délai, le juge, par ordonnance, sur le procès-verbal, déclare la consignation valable et prononce la radiation de toutes les inscriptions existantes, avec maintien de leur effet sur le prix. En cas de contestation, il est statué par le tribunal sans retard des opérations de l'ordre.

Si l'ordre est ouvert, l'adjudicataire, après la consignation, fait sa déclaration sur le procès-verbal par un dire signé de son avoué, en y joignant le récépissé de la caisse des consignations. Il est procédé comme il est dit ci-dessus, après l'échéance du délai des productions.

En cas d'aliénation autre que celle sur expropriation forcée, l'acquéreur qui, après avoir rempli les formalités de la purge, veut obtenir la libération définitive de tous privilèges et hypothèques par la voie de la consignation, opère cette consignation sans offres réelles préalables. A cet effet, il somme le vendeur de lui rapporter dans la quinzaine mainlevée des inscriptions existantes, et lui fait connaître le montant des sommes en capital et intérêts qu'il se propose de consigner. Ce délai expiré, la consignation est réalisée, et, dans les trois jours suivants, l'acquéreur ou adjudicataire requiert l'ouverture de l'ordre, en déposant le récépissé de la caisse des consignations. Il est procédé sur sa réquisition conformément aux dispositions ci-dessus (2). — Pr. 778. — C. 1257 et s. — T. 59.

778. Toute contestation relative à la consignation du prix est formée sur le procès-verbal par un dire motivé, à peine de nullité ; le juge renvoie les contestants devant le tribunal.

L'audience est poursuivie sur un simple acte d'avoué à avoué, sans autre procédure que des conclusions motivées ; il est procédé ainsi qu'il est dit aux articles 761, 763 et 764.

Le prélèvement des frais sur le prix peut être prononcé en faveur de l'adjudicataire ou acquéreur. — Pr. 82, 666 et s.'

779. L'adjudication sur folle enchère intervenant dans le cours de l'ordre, et même après le règlement définitif et la délivrance des bordereaux, ne donne pas lieu à une nouvelle procédure. Le juge modifie l'état de collocation suivant les résultats de l'adjudication, et rend les bordereaux exécutoires contre le nouvel adjudicataire (2). — Pr. 733.

TITRE QUINZIÈME

DE L'EMPRISONNEMENT (3)

780. Aucune contrainte par corps ne pourra être mise à exécution qu'un jour après la signification, avec commandement, du jugement qui l'a prononcée (4).

Cette signification sera faite par un huissier commis par ledit jugement ou par le président du tribunal de première instance du lieu où se trouve le débiteur.

La signification contiendra aussi élection de domicile dans la commune où siège le tribunal qui a rendu ce jugement, si le créancier n'y demeure pas. — Pr. 126, 552, 583 et s., 626, 636, 673, 784, 790, 794, 814, 1033. — C. 2059 et 2070. — T. 51, 76.

781. Le débiteur ne pourra être arrêté :

1° Avant le lever et après le coucher du soleil ;

2° Les jours de fête légale ;

3° Dans les édifices consacrés au culte, et pendant les exercices religieux seulement ;

4° Dans le lieu et pendant la tenue des séances des autorités constituées ;

5° Dans une maison quelconque, même dans son domicile, à moins qu'il n'eût été ainsi ordonné par le juge de paix du lieu, lequel juge de paix devra, dans ce cas, se transporter dans la maison avec l'officier ministériel, ou *déléguer un commissaire de police* (5). — Pr. 63, 1037. — P. 184. — T. 6, 52.

782. Le débiteur ne pourra non plus être arrêté, lorsqu'appelé comme témoin devant un *juge d'instruction*, ou devant un tribunal de première instance, ou une cour d'appel ou d'assises, il sera porteur d'un sauf-conduit.

Le sauf-conduit pourra être accordé par le *juge d'instruction*, par le président du tribunal ou de la cour où les témoins devront être entendus. Les conclusions du ministère public seront nécessaires.

Le sauf-conduit réglera la durée de son effet, à peine de nullité.

En vertu du sauf-conduit, le débiteur ne pourra être arrêté, ni le jour fixé pour sa comparution, ni pendant le temps nécessaire pour aller et pour revenir. — Pr. 30, 135, 266, 432, 673, 794. — T. 77.

783. Le procès-verbal d'emprisonnement contien-

---

(1) La collocation en sous-ordre obtenue par le créancier d'un créancier colloqué, ne fait pas matière à un droit particulier d'enregistrement, lorsqu'elle est faite par le procès-verbal d'ordre lui-même : elle doit être considérée comme disposition indépendante de ce procès-verbal. — Sol. Rég. 24 mai 1860.

(2) Circ. g. d. Sc. 2 mai 1859.

(3) La loi du 22 juillet 1867 a aboli la contrainte par corps en matière civile, commerciale et contre les étrangers, et l'a conservée en matière criminelle, correctionnelle et de simple police.

(4) Quant aux arrêts, jugements et exécutoires, portant condamnation à des amendes, restitutions et dommages-intérêts en matière criminelle, correctionnelle et de police, V. L. 22 juill. 1867, art. 3.

(5) Ces derniers mots : *ou déléguer un commissaire de police*, ont été ajoutés à l'article 781 par la loi du 26 mars 1865.

dra, outre les formalités ordinaires des exploits :
1° itératif commandement; 2° élection de domicile
dans la commune où le débiteur sera détenu, si le
créancier n'y demeure pas ; l'huissier sera assisté de
deux recors. — Pr. 789, 794. — T. 53, 77.

784. S'il s'est écoulé une année entière depuis le
commandement, il sera fait un nouveau commandement par un huissier commis à cet effet. — Pr. 674.

785. En cas de rébellion, l'huissier pourra établir
garnison aux portes pour empêcher l'évasion et requérir la force armée ; et le débiteur sera poursuivi conformément aux dispositions du Code d'instruction
criminelle. — Pr. 180, 209 et s., 555. — l. c. 554. —
P. 109.

786. Si le débiteur requiert qu'il en soit référé, il
sera conduit sur-le-champ devant le président du tribunal de première instance du lieu où l'arrestation
aura été faite, lequel statuera en état de référé ; si
l'arrestation est faite hors des heures de l'audience, le
débiteur sera conduit chez le président. — Pr. 806 et s.
— T. 54.

787. L'ordonnance sur référé sera consignée sur le
procès-verbal de l'huissier, et sera exécutée sur-le-
champ. — Pr. 786, 794, 811.

788. Si le débiteur ne requiert pas qu'il en soit
référé, ou si, en cas de référé, le président ordonne
qu'il soit passé outre, le débiteur sera conduit dans
la prison du lieu ; et s'il n'y en a pas, dans celle du
lieu le plus voisin : l'huissier et tous autres qui
conduiraient, recevraient ou retiendraient le débiteur dans un lieu de détention non légalement désigné comme tel, seront poursuivis comme coupables
du crime de détention arbitraire. — Pr. 794. — l. c.
615 et s. — P. 341 et s.

789. L'écrou du débiteur énoncera : 1° le jugement;
2° les noms et domicile du créancier ; 3° l'élection de
domicile, s'il ne demeure pas dans la commune; 4° les
noms, demeure et profession du débiteur ; 5° la consignation d'un mois d'aliments au moins ; 6° enfin,
mention de la copie qui sera laissée au débiteur, par-
lant à sa personne, tant du procès-verbal d'emprisonnement que de l'écrou. Il sera signé de l'huissier. —
Pr. 783, 791, 794 et s. — T. 53, 55.

790. Le gardien ou geôlier transcrira sur son registre le jugement qui autorise l'arrestation : faute
par l'huissier de représenter ce jugement, le geôlier
refusera de recevoir le débiteur et de l'écrouer. — Pr.
780, 794. — T. 56.

791. Le créancier sera tenu de consigner les aliments d'avance. Les aliments ne pourront être reti-
rés, lorsqu'il y aura recommandation, si ce n'est du
consentement du recommandant (1). — Pr. 789 et s.,
793 et s., 800, 803.

792. Le débiteur pourra être recommandé par ceux
qui auraient le droit d'exercer contre lui la contrainte
par corps. Celui qui est arrêté comme prévenu d'un
délit peut aussi être recommandé ; et il sera retenu
par l'effet de la recommandation, encore que son
élargissement ait été prononcé et qu'il ait été acquitté
du délit — Pr. 126 et s., 426, 552, 794, 796. — C. 2059
et s. — T. 57.

793. Seront observées, pour les recommandations,
les formalités ci-dessus prescrites pour l'emprisonnement : néanmoins l'huissier ne sera pas assisté de

recors, et le recommandant sera dispensé de consigner les aliments, s'ils ont été consignés.

Le créancier qui a fait emprisonner pourra se
pourvoir contre le recommandant devant le tribunal
du lieu où le débiteur est détenu, à l'effet de le faire
contribuer au paiement des aliments, par portion
égale. — Pr. 780 et s., 794, 796.

794. A défaut d'observation des formalités ci-dessus prescrites, le débiteur pourra demander la nullité
de l'emprisonnement, et la demande sera portée au
tribunal du lieu où il est détenu : si la demande en
nullité est fondée sur des moyens du fond, elle sera
portée devant le tribunal de l'exécution du jugement.
— Pr. 472, 554.

795. Dans tous les cas, la demande pourra être
formée à bref délai, en vertu de permission de juge,
et l'assignation donnée par huissier commis au domicile élu par l'écrou : la cause sera jugée sommairement, sur les conclusions du ministère public. — Pr.
49, 83 et s., 404 et s., 789, 802, 805. — T. 77.

796. La nullité de l'emprisonnement, pour quelque
cause qu'elle soit prononcée, n'emporte point la nullité des recommandations. — Pr. 792, 1030. — T. 58.

797. Le débiteur dont l'emprisonnement est déclaré nul ne peut être arrêté pour la même dette qu'un
jour au moins après sa sortie. — Pr. 1004.

798. Le débiteur sera mis en liberté, en consignant entre les mains du geôlier de la prison les
causes de son emprisonnement et les frais de la cap-
ture. — Pr. 800, 802.

799. Si l'emprisonnement est déclaré nul, le
créancier pourra être condamné en des dommages-intérêts envers le débiteur. — Pr. 128, 794, 797, 1031.

800. Le débiteur légalement incarcéré obtiendra
son élargissement :
1° Par le consentement du créancier qui l'a fait in-
carcérer, et des recommandants, s'il y en a;
2° Par le paiement ou la consignation des sommes
dues tant au créancier qui a fait emprisonner qu'au
recommandant, des intérêts échus, des frais liquidés,
de ceux d'emprisonnement, et de la restitution des
aliments consignés (2);
3° Par le bénéfice de cession ;
4° A défaut par les créanciers d'avoir consigné d'a-
vance les aliments (3) ;
5° Et enfin, si le débiteur a commencé sa soixante
et dixième année, et si, dans ce dernier cas, il n'est
pas stellionataire (4). — Pr. 791, 798, 802 et s., 898 et
s. — C. 1109, 1235 et s., 1265, 2059, 2066. — T. 77.

801. Le consentement à la sortie du débiteur
pourra être donné, soit devant notaire, soit sur le registre d'écrou. — Pr. 554, 800-1°. — T. 77.

802. La consignation de la dette sera faite entre
les mains du geôlier, sans qu'il soit besoin de la
faire ordonner ; si le geôlier refuse, il sera assigné à
bref délai devant le tribunal du lieu, en vertu de
permission : l'assignation sera donnée par huissier
commis. — P. 72, 554, 798 et s., 805 et s. — T. 77.

803. L'élargissement, faute de consignation d'aliments, sera ordonné sur le certificat de non-consi-
gnation, délivré par le geôlier, et annexé à la requête
présentée au président du tribunal, sans sommation
préalable.

Si cependant le créancier en retard de consigner
les aliments fait la consignation avant que le débiteur ait formé sa demande en élargissement, cette

(1) Les détenus débiteurs envers l'État sont nourris sur les
fonds généraux des prisons, et il n'est fait aucune consignation pour leur nourriture (Décr. 4 mars 1808). Mais elle est exigée pour les condamnés en matière criminelle, correctionnelle
et de police, lorsqu'ils sont détenus sur requête des particuliers
(art. 6, L. 22 juill. 1867).

(2) Art. 11, L. 22 juill. 1867.
(3) L. 22 juill. 1867, art. 6.
(4) L. 22 juill. 1867, art. 14.

demande ne sera plus recevable (1). — Pr. 800. — T. 77.

804. Lorsque l'élargissement aura été ordonné faute de consignation d'aliments, le créancier ne pourra de nouveau faire emprisonner le débiteur, qu'en lui remboursant les frais par lui faits pour obtenir son élargissement, ou les consignant, à son refus, ès mains du greffier, et en consignant aussi d'avance six mois d'aliments ; on ne sera point tenu de recommencer les formalités préalables à l'emprisonnement, s'il a lieu dans l'année du commandement (2).

805. Les demandes en élargissement seront portées au tribunal dans le ressort duquel le débiteur est détenu. Elles seront formées à bref délai, au domicile élu par l'écrou, en vertu de permission du juge, sur requête présentée à cet effet : elles seront communiquées au ministère public, et jugées, sans instruction, à la première audience, préférablement à toutes autres causes, sans remise ni tour de rôle. — Pr. 554, 786, 795.

TITRE SEIZIÈME

DES RÉFÉRÉS

806. Dans tous les cas d'urgence, ou lorsqu'il s'agira de statuer provisoirement sur les difficultés relatives à l'exécution d'un titre exécutoire ou d'un jugement, il sera procédé ainsi qu'il va être réglé ci-après (3). — Pr. 72, 76, 606 et s., 661, 681, 734, 786, 829, 843, 845, 852, 921, 944, 948, 1040. — C. 1319. — T. 93.

807. La demande sera portée à une audience tenue à cet effet par le président du tribunal de première instance, ou par le juge qui le remplace, aux jour et heure indiqués par le tribunal (4). — Pr. 553. — T. 29.

808. Si néanmoins le cas requiert célérité, le président, ou celui qui le représentera, pourra permettre d'assigner soit à l'audience, soit à son hôtel, à heure indiquée, même les jours de fêtes ; et, dans ce cas, l'assignation ne pourra être donnée qu'en vertu de l'ordonnance du juge, qui commettra un huissier à cet effet. — Pr. 49-2°, 63, 72, 554, 828, 1037. — T. 76.

809. Les ordonnances sur référés ne feront aucun préjudice au principal ; elles seront exécutoires par provision, sans caution, si le juge n'a pas ordonné qu'il en serait fourni une.

Elles ne seront pas susceptibles d'opposition.

Dans les cas où la loi autorise l'appel, cet appel pourra être interjeté même avant le délai de huitaine, à dater du jugement ; et il ne sera point recevable s'il a été interjeté après la quinzaine, à dater du jour de la signification du jugement.

L'appel sera jugé sommairement et sans procédure. — Pr. 135 et s., 404 et s., 443, 449, 455 et s., 1033. — T. 29, 149.

810. Les minutes des ordonnances sur référés seront déposées au greffe. — Pr. 787, 932, 944. — T. 29.

811. Dans les cas d'absolue nécessité, le juge pourra ordonner l'exécution de son ordonnance sur la minute. — Pr. 545, 554.

DEUXIÈME PARTIE

PROCÉDURES DIVERSES

LIVRE PREMIER

TITRE PREMIER

DES OFFRES DE PAIEMENT ET DE LA CONSIGNATION

812. Tout procès-verbal d'offres désignera l'objet offert, de manière qu'on ne puisse y en substituer un autre ; et si ce sont des espèces, il en contiendra l'énumération et la qualité. — Pr. 352. — C. 1257 et s.

813. Le procès-verbal fera mention de la réponse, du refus ou de l'acceptation du créancier, et s'il a signé, refusé ou déclaré ne pouvoir signer. — Pr. 812. — C. 1257 et s. — T. 59.

814. Si le créancier refuse les offres, le débiteur peut, pour se libérer, consigner la somme ou la chose offerte, en observant les formalités prescrites par l'article 1259 du Code civil (5). — Pr. 301, 657, 813, 816. — C. 1257, 1259, 1264.

815. La demande qui pourra être intentée, soit en validité, soit en nullité des offres ou de la consignation, sera formée d'après les règles établies pour les demandes principales : si elle est incidente, elle le sera par requête. — Pr. 49-7°, 59, 68, 337 et s., 813. — C. 1258. — T. 75.

816. Le jugement qui déclarera les offres valables ordonnera, dans le cas où la consignation n'aurait pas encore eu lieu, que, faute par le créancier d'avoir reçu la somme ou la chose offerte, elle sera consignée ; il prononcera la cessation des intérêts, du jour de la réalisation. — C. 1257, 1259 et s.

817. La consignation volontaire ou ordonnée sera toujours à la charge des oppositions, s'il en existe, et en les dénonçant au créancier. — Pr. 557 et s., 573.

---

(1) L. 22 juill. 1867, art. 7.
(2) Ainsi modifié par la loi du 22 juill. 1867, art. 8.
(3) Décr. 30 mars 1808, art. 57, 60, 68.

(4) Art. 57, Décr. 30 mars 1808, et art. 60, modifié par le Décr. 10 nov. 1872.
(5) Ord. 3 juill. 1816 ; Ord. 19 janv. 1835.

818. Le surplus est réglé par les dispositions du Code civil. relatives aux offres de paiement et à la consignation. — C. 1257 et s.

TITRE DEUXIÈME

DU DROIT DES PROPRIÉTAIRES SUR LES MEUBLES, EFFETS ET FRUITS DE LEURS LOCATAIRES ET FERMIERS, OU DE LA SAISIE-GAGERIE ET DE LA SAISIE-ARRÊT SUR DÉBITEURS FORAINS

819. Les propriétaires et principaux locataires de maisons ou biens ruraux, soit qu'il y ait bail, soit qu'il n'y en ait pas, peuvent, un jour après le commandement, et sans permission du juge, faire saisir-gager, pour loyers et fermages échus, les effets et fruits étant dans lesdites maisons ou bâtiments ruraux, et sur les terres.

Ils peuvent même faire saisir-gager à l'instant, en vertu de la permission qu'ils en auront obtenue, sur requête, du président du tribunal de première instance.

Ils peuvent aussi saisir les meubles qui garnissaient la maison ou la ferme, lorsqu'ils ont été déplacés sans leur consentement; et ils conservent sur eux leur privilège, pourvu qu'ils en aient fait la revendication, conformément à l'article 2102 du Code civil (1). — Pr. 551, 583 et s., 586 et s., 609 et s., 626, 820, 826. — C. 1728, 2102. — T. 29, 61, 76.

820. Peuvent les effets des sous-fermiers et sous-locataires, garnissant les lieux par eux occupés, et les fruits des terres qu'ils sous-louent, être saisis-gagés pour les loyers et fermages dus par le locataire ou fermier de qui ils tiennent; mais ils obtiendront main-levée en justifiant qu'ils ont payé sans fraude, et sans qu'ils puissent opposer des paiements faits par anticipation. — Pr. 608, 727 et s. — C. 1753, 1926, 2102-1°.

821. La saisie-gagerie sera faite en la même forme que la saisie-exécution; le saisi pourra être constitué gardien; et s'il y a des fruits, elle sera faite dans la forme établie par le titre IX du livre précédent (1). — Pr. 583 et s., 596 et s., 626 et s., 830.

822. Tout créancier, même sans titre, peut, sans commandement préalable, mais avec permission du président du tribunal de première instance et même du juge de paix, faire saisir les effets trouvés en la commune qu'il habite, appartenant à son débiteur forain. — Pr. 823. — T. 61, 63, 76.

823. Le saisissant sera gardien des effets, s'ils sont en ses mains, sinon il sera établi un gardien. — Pr. 596 et s. — T. 61.

824. Il ne pourra être procédé à la vente sur les saisies énoncées au présent titre, qu'après qu'elles auront été déclarées valables : le saisi, dans le cas de l'article 821, le saisissant, dans le cas de l'article 823, ou le gardien, s'il en a été établi, seront condamnés par corps à la représentation des effets. — Pr. 126 et s., 603, 613 et s., 789, 831. — C. 2059 et s.

825. Seront, au surplus, observées les règles ci-devant prescrites pour la saisie-exécution, la vente et la distribution des deniers. — Pr. 583 et s., 656 et s. — T. 61.

TITRE TROISIÈME

DE LA SAISIE-REVENDICATION

826. Il ne pourra être procédé à aucune saisie-

(1) V. L. 25 mai 1838, art. 3, 10.

revendication qu'en vertu d'ordonnance du président du tribunal de première instance rendue sur requête; et ce, à peine de dommages-intérêts, tant contre la partie que contre l'huissier qui aura procédé à la saisie (2). — Pr. 558, 608, 822. — C. 1926, 2102-1°-4°, 2279. — Co. 574. — T. 77.

827. Toute requête à fin de saisie-revendication désignera sommairement les effets. — Pr. 726, 826. — T. 77.

828. Le juge pourra permettre la saisie-revendication, même les jours de fête légale. — Pr. 63, 73, 808, 1037.

829. Si celui chez lequel sont les effets qu'on veut revendiquer refuse les portes ou s'oppose à la saisie, il en sera référé au juge; et cependant il sera sursis à la saisie, sauf au requérant à établir garnison aux portes. — Pr. 587, 806 et s. — T. 29, 62.

830. La saisie-revendication sera faite en la même forme que la saisie-exécution, si ce n'est que celui chez qui elle est faite pourra être constitué gardien. — Pr. 583 et s., 596, 598, 821 et s.

831. La demande en validité de la saisie sera portée devant le tribunal du domicile de celui sur qui elle est faite; et si elle est connexe à une instance déjà pendante, elle le sera au tribunal saisi de cette instance. — Pr. 49-7°, 59, 171, 824.

TITRE QUATRIÈME

DE LA SURENCHÈRE SUR ALIÉNATION VOLONTAIRE

832. (*Loi du 2 juin* 1841.) Les notifications et réquisitions prescrites par les articles 2183 et 2185 du Code civil seront faites par un huissier commis à cet effet, sur simple requête, par le président du tribunal de première instance de l'arrondissement où elles auront lieu; elles contiendront constitution d'avoué près le tribunal où la surenchère et l'ordre devront être portés.

L'acte de réquisition de mise aux enchères contiendra, avec l'offre et l'indication de la caution, assignation à trois jours devant le tribunal, pour la réception de cette caution, à laquelle il sera procédé comme en matière sommaire. Cette assignation sera notifiée au domicile de l'avoué constitué ; il sera donné copie, en même temps, de l'acte de soumission de la caution et du dépôt au greffe des titres qui constatent sa solvabilité.

Dans le cas où le surenchérisseur donnerait un nantissement en argent ou en rentes sur l'Etat, à défaut de caution, conformément à l'article 2041 du Code civil, il fera notifier avec son assignation copie de l'acte constatant la réalisation de ce nantissement.

Si la caution est rejetée, la surenchère sera déclarée nulle et l'acquéreur maintenu, à moins qu'il n'ait été fait d'autres surenchères par d'autres créanciers (3). — Pr. 404 et s., 517 et s., 833, 838, 1030. — C. 2183, 2185. — T. de 1841.

833. (*Loi du 2 juin* 1841.) Lorsqu'une surenchère aura été notifiée avec assignation dans les termes de l'article 832 ci-dessus, chacun des créanciers inscrits aura le droit de se faire subroger à la poursuite, si le surenchérisseur ou le nouveau propriétaire ne donne pas suite à l'action dans le mois de la surenchère.

La subrogation sera demandée par simple requête

(2) Décr. 30 mars 1808, art. 54.
(3) L. 21 févr. 1827, dans le cas où la mise aux enchères est requise au nom de l'Etat. — Ord. 10 oct. 1841, art. 4 et 8. — *Tarifs civils.*

en intervention, et signifiée par acte d'avoué à avoué.

Le même droit de subrogation reste ouvert au profit des créanciers inscrits, lorsque, dans le cours de la poursuite, il y a collusion, fraude ou négligence de la part du poursuivant.

Dans tous les cas ci-dessus, la subrogation aura lieu aux risques et périls du surenchérisseur, sa caution continuant à être obligée. — Pr. 339, 721 et s., 776.

834 et **835** abrogés (*Loi du 23 mars 1855, art.* 6).

836. (*Loi du 2 juin* 1841.) Pour parvenir à la revente sur enchère prévue par l'article 2187 du Code civil, le poursuivant fera imprimer des placards qui contiendront :

1º La date et la nature de l'acte d'aliénation sur lequel la surenchère a été faite, le nom du notaire qui l'aura reçu ou de toute autorité appelée à sa confection ;

2º Le prix énoncé dans l'acte, s'il s'agit d'une vente, ou l'évaluation donnée aux immeubles dans la notification aux créanciers inscrits, s'il s'agit d'un échange ou d'une donation ;

3º Le montant de la surenchère ;

4º Les noms, professions, domiciles du précédent propriétaire, de l'acquéreur ou donataire, du surenchérisseur, ainsi que du créancier qui lui est subrogé dans le cas de l'article 833 ;

5º L'indication sommaire de la nature et de la situation des biens aliénés ;

6º Le nom et la demeure de l'avoué constitué pour le poursuivant ;

7º L'indication du tribunal où la surenchère se poursuit, ainsi que des jour, lieu et heure de l'adjudication.

Ces placards seront apposés, quinze jours au moins, et trente jours au plus avant l'adjudication, à la porte du domicile de l'ancien propriétaire et aux lieux désignés dans l'article 699 du présent Code.

Dans le même délai, l'insertion des énonciations qui précèdent sera faite dans le journal désigné en exécution de l'article 696, et le tout sera constaté comme il est dit dans les articles 698 et 699 (1). — Pr. 697, 700, 958, 960, 988. — T. de 1841.

837. (*Loi du 2 juin* 1841.) Quinze jours au moins et trente jours au plus avant l'adjudication, sommation sera faite à l'ancien et au nouveau propriétaire d'assister à cette adjudication, aux lieu, jour et heure indiqués. Pareille sommation sera faite au créancier surenchérisseur, si c'est le nouveau propriétaire ou un autre créancier subrogé qui poursuit.

Dans le même délai, l'acte d'aliénation sera déposé au greffe et tiendra lieu de minute d'enchère.

Le prix porté dans l'acte ou la valeur déclarée et le montant de la surenchère tiendront lieu d'enchère (2). — Pr. 690 et s. — T. de 1841.

838. (*Loi du 21 mai* 1858.) Le surenchérisseur, même au cas de subrogation à la poursuite, sera déclaré adjudicataire si, au jour fixé pour l'adjudication, il ne se présente pas d'autre enchérisseur. — Sont applicables au cas de surenchère les articles 701, 702, 705, 706, 707, 711, 712, 713, 717, 731, 732 et 733 du présent Code, ainsi que les articles 734 et suivants relatifs à la folle enchère.

Les formalités prescrites par les articles 705 et 706, 832, 836 et 837 seront observées à peine de nullité.

Les nullités devront être proposées, à peine de déchéance, savoir : celles qui concerneront la déclaration de surenchère et l'assignation, avant le jugement qui doit statuer sur la réception de la caution ; celles qui seront relatives aux formalités de la mise en vente, trois jours au moins avant l'adjudication. Il sera statué sur les premières par le jugement de réception de la caution, et sur les autres avant l'adjudication, et, autant que possible, par le jugement même de cette adjudication.

Aucun jugement ou arrêt par défaut en matière de surenchère sur aliénation volontaire ne sera susceptible d'opposition.

Les jugements qui statueront sur les nullités antérieures à la réception de la caution, ou sur la réception même de cette caution, et ceux qui prononceront sur la demande en subrogation intentée pour collusion ou fraude, seront seuls susceptibles d'être attaqués par la voie de l'appel.

L'adjudication par suite de surenchère sur aliénation volontaire ne pourra être frappée d'aucune autre surenchère.

Les effets de l'adjudication à la suite de surenchère sur aliénation volontaire seront réglés, à l'égard du vendeur et de l'adjudicataire, par les dispositions de l'article 717 ci-dessus ; néanmoins, après le jugement d'adjudication par suite de surenchère, la purge des hypothèques légales, si elle n'a pas eu lieu, se fait comme au cas d'aliénation volontaire, et les droits des créanciers à hypothèques légales sont régis par le dernier alinéa de l'article 772. — Pr. 692, 728, 729, 730, 732, 772.

TITRE CINQUIÈME

DES VOIES A PRENDRE POUR AVOIR EXPÉDITION OU COPIE D'UN ACTE, OU POUR LE FAIRE RÉFORMER

839. Le notaire ou autre dépositaire qui refusera de délivrer expédition ou copie d'un acte aux parties intéressées en nom direct, héritiers ou ayants droit, y sera condamné, et par corps (3), sur une assignation à bref délai, donnée en vertu de permission du président du tribunal de première instance, sans préliminaire de conciliation. — Pr. 44, 49-7º, 72, 126, 180, 806 et s., 843 et s. — C. 2060. — T. 29, 78.

840. L'affaire sera jugée sommairement, et le jugement exécuté nonobstant opposition ou appel. — Pr. 135, 404 et s.

841. La partie qui voudra obtenir copie d'un acte non enregistré ou même resté imparfait présentera sa requête au président du tribunal de première instance, sauf l'exécution des lois et règlements relatifs à l'enregistrement (4). — Pr. 844. — T. 29, 78.

842. La délivrance sera faite, s'il y a lieu, en exécution de l'ordonnance mise ensuite de la requête ; et il en sera fait mention au bas de la copie délivrée. — Pr. 841, 843.

843. En cas de refus de la part du notaire ou dépositaire, il en sera référé au président du tribunal de première instance. — Pr. 806 et s., 841 et s.

844. La partie qui voudra se faire délivrer une seconde grosse, soit d'une minute d'acte, soit par forme d'ampliation sur une grosse déposée, présentera, à cet effet, requête au président du tribunal de première instance ; en vertu de l'ordonnance qui interviendra, elle fera sommation au notaire pour faire la délivrance à jour et heure indiqués, et aux parties intéressées pour y être présentes ; mention sera faite

(1) Ord. 10 oct. 1841, art. 4. — *Tarifs civils.*
(2) Ord. 10 oct. 1841, art. 37. — *Tarifs civils.*

(3) La contrainte par corps est abolie (L. 22 juill. 1867).
(4) L. 22 frim. an VII, art. 20, 29, 33, 34, 35, 36, 41, 65; — L. 25 vent. an XI, art. 53, 68.

de cette ordonnance au bas de la seconde grosse, ainsi que de la somme pour laquelle on pourra exécuter, si la créance est acquittée ou cédée en partie (1). — Pr. 854. — T. 29, 78.

845. En cas de contestation, les parties se pourvoiront en référé. — Pr. 806 et s., 844.

846. Celui qui, dans le cours d'une instance, voudra se faire délivrer expédition ou extrait d'un acte dans lequel il n'aura pas été partie, se pourvoira ainsi qu'il va être réglé (2). — Pr. 847 et s., 853.

847. La demande à fin de compulsoire sera formée par requête d'avoué à avoué : elle sera portée à l'audience sur un simple acte, et jugée sommairement sans aucune procédure. — Pr. 82, 404 et s., 848 et s. — T. 75

848. Le jugement sera exécutoire, nonobstant appel ou opposition. — Pr. 135 et s., 840.

849. Les procès-verbaux de compulsoire ou collation seront dressés et l'expédition ou copie délivrée par le notaire ou dépositaire, à moins que le tribunal qui l'aura ordonnée n'ait commis un de ses membres, ou tout autre juge de tribunal de première instance, ou un autre notaire (3). — Pr. 1035, 1040. — T. 168.

850. Dans tous les cas, les parties pourront assister au procès-verbal, et y insérer tels dires qu'elles aviseront. — Pr. 849. — T. 92.

851. Si les frais et déboursés de la minute de l'acte sont dus au dépositaire, il pourra refuser expédition tant qu'il ne sera pas payé desdits frais, outre ceux d'expédition.

852. Les parties pourront collationner l'expédition ou copie à la minute, dont lecture sera faite par le dépositaire : si elles prétendent qu'elles ne sont pas conformes, il en sera référé à jour indiqué par le procès-verbal, au président du tribunal, lequel fera la collation ; à cet effet, le dépositaire sera tenu d'apporter la minute.

Les frais du procès-verbal, ainsi que ceux du transport du dépositaire, seront avancés par le requérant. — Pr. 301. — T. 168.

853. Les greffiers et dépositaires des registres publics ou dénombrement, sans ordonnance de justice, expédition, copie ou extrait, à tous requérants, à la charge de leurs droits, à peine de dépens, dommages et intérêts (4). — C. 45.

854. Une seconde expédition exécutoire d'un jugement ne sera délivrée à la même partie qu'en vertu d'ordonnance du président du tribunal où il aura été rendu.

Seront observées les formalités prescrites pour la délivrance des secondes grosses des actes devant notaires. — Pr. 844, 845. — T. 78.

855. Celui qui voudra faire ordonner la rectification d'un acte de l'état civil présentera requête au président du tribunal de première instance. — C. 99, 100. — T. 78.

856. Il y sera statué sur rapport, et sur les conclusions du ministère public. Les juges ordonneront, s'ils l'estiment convenable, que les parties intéressées

(1) L. 25 vent. an XI, art. 26.
(2) L. 25 vent. an XI, art. 23.
(3) L. 25 vent. an XI, art. 24.
(4) Av. C, d'Et. 4 août 1807, *Sur les expéditions d'actes émanés des autorités administratives*. — Les premières expéditions des décisions des autorités administratives de préfectures, de sous-préfectures et municipalités, doivent être délivrées gratuitement; mais les expéditions postérieures de ces décisions, et celles des titres, pièces ou renseignements déposés aux archives, seront payées au taux fixé par l'article 37 de la loi du 7 mess. an II, c'est-à-dire à raison de 75 centimes le rôle.

seront appelées, et que le conseil de famille sera préalablement convoqué.

S'il y a lieu d'appeler les parties intéressées, la demande sera formée par exploit, sans préliminaire de conciliation.

Elle le sera par acte d'avoué si les parties sont en instance (5). — Pr. 49, 61, 83, 881 et s. — C. 54, 405 et s. — T. 29, 71.

857. Aucune rectification, aucun changement, ne pourront être faits sur l'acte ; mais les jugements de rectification seront inscrits sur les registres par l'officier de l'état civil, aussitôt qu'ils lui auront été remis : mention en sera faite en marge de l'acte réformé ; et l'acte ne sera plus délivré qu'avec les rectifications ordonnées, à peine de tous dommages-intérêts contre l'officier qui l'aurait délivré. — C. 49, 99, 101.

858. Dans le cas où il n'y aurait d'autre partie que le demandeur en rectification, et où il croirait avoir à se plaindre du jugement, il pourra, dans les trois mois depuis la date de ce jugement, se pourvoir à la cour d'appel, en présentant au président une requête, sur laquelle sera indiqué un jour auquel il sera statué à l'audience sur les conclusions du ministère public. — Pr. 83, 443 et s. — T. 150.

TITRE SIXIÈME

DE QUELQUES DISPOSITIONS RELATIVES A L'ENVOI EN POSSESSION DES BIENS D'UN ABSENT

859. Dans le cas prévu par l'article 112 du Code civil, et pour y faire statuer, il sera présenté requête au président du tribunal. Sur cette requête, à laquelle seront joints les pièces et documents, le président commettra un juge pour faire le rapport au jour indiqué ; et le jugement sera prononcé après avoir entendu le procureur de la République (5). — Pr. 83, 111, 860. — C. 114. — T. 78.

860. Il sera procédé de même dans le cas où il s'agirait de l'envoi en possession provisoire autorisé par l'article 120 du Code civil. — Pr. 859. — T. 78.

TITRE SEPTIÈME

AUTORISATION DE LA FEMME MARIÉE

861. La femme qui voudra se faire autoriser à la poursuite de ses droits, après avoir fait une sommation à son mari, et sur le refus par lui fait, présentera requête au président, qui rendra ordonnance portant permission de citer le mari, à jour indiqué, à la chambre du conseil, pour déduire les causes de son refus (5). — Pr. 461, 875. — C. 25 et s., 215, 218, 219, 1427, 1535, 1538, 1555 et s., 1576. — T. 29, 78.

862. Le mari entendu, ou faute par lui de se présenter, il sera rendu, sur les conclusions du ministère public, jugement qui statuera sur la demande de la femme. — Pr. 83, 861.

863. Dans le cas de l'absence présumée du mari, ou lorsqu'elle aura été déclarée, la femme qui voudra se faire autoriser à la poursuite de ses droits présentera également requête au président du tribunal, qui ordonnera la communication au ministère public, et commettra un juge pour faire son rapport à jour indiqué. — Pr. 83, 805. — C. 112, 115, 222. — T. 78.

864. La femme de l'interdit se fera autoriser en la

(5) Décr. 30 mars 1808, art. 60,

forme prescrite par l'article précédent ; elle joindra à sa requête le jugement d'interdiction. — Pr. 83. — C. 223, 224, 489. — T. 78.

TITRE HUITIÈME

DES SÉPARATIONS DE BIENS

865. Aucune demande en séparation de biens ne pourra être formée sans une autorisation préalable, que le président du tribunal devra donner sur la requête qui lui sera présentée à cet effet. Pourra néanmoins le président, avant de donner l'autorisation, faire les observations qui lui paraîtront convenables. — Pr. 49-7°, 869, 875. — C. 311, 1443 et s. — Co. 65 et s. — T.78.

866. Le greffier du tribunal inscrira, sans délai, dans un tableau placé à cet effet dans l'auditoire, un extrait de la demande en séparation, lequel contiendra :

1° La date de la demande ;

2° Les noms, prénoms, profession et demeure des époux ;

3° Les noms et demeure de l'avoué constitué, qui sera tenu de remettre, à cet effet, ledit extrait au greffier, dans les trois jours de la demande. — Pr.867 et s., 869. — Co. 65 et s. — T. 92.

867. Pareil extrait sera inséré dans des tableaux placés, à cet effet, dans l'auditoire du tribunal de commerce, dans les chambres d'avoués de première instance et dans celles de notaires, le tout dans les lieux où il y en a : lesdites insertions seront certifiées par les greffiers et par les secrétaires des chambres. — Pr. 866, 868 et s. — Co. 65 et s. — T. 90, 92.

868. Le même extrait sera inséré, à la poursuite de la femme, dans l'un des journaux qui s'impriment dans le lieu où siège le tribunal; et s'il n'y en a pas, dans l'un de ceux établis dans le département, s'il y en a.

Ladite inscription sera justifiée ainsi qu'il est dit au titre *de la Saisie immobilière*, article 696. — Pr. 698, 866 et s., 869. — Co. 65. — T. 92.

869. Il ne pourra être, sauf les actes conservatoires, prononcé, sur la demande en séparation, aucun jugement qu'un mois après l'observation des formalités ci-dessus prescrites, et qui seront observées à peine de nullité, laquelle pourra être opposée par le mari ou par ses créanciers. — Pr. 1029. — C. 1447.

870. L'aveu du mari ne fera pas preuve, lors même qu'il n'y aurait pas de créanciers. — C. 1443, 1447. — Co. 65.

871. Les créanciers du mari pourront, jusqu'au jugement définitif, sommer l'avoué de la femme, par acte d'avoué à avoué, de leur communiquer la demande en séparation et les pièces justificatives, même intervenir pour la conservation de leurs droits, sans préliminaires de conciliation. — Pr. 49, 189, 339 et s. — C. 1166, 1447. — Co. 65. — T. 70, 75.

872. Le jugement de séparation sera publiquement, l'audience tenante, au tribunal de commerce du lieu, s'il y en a : extrait de ce jugement, contenant la date, la désignation du tribunal où il a été rendu, les noms, prénoms, profession et demeure des époux, sera inséré sur un tableau à ce destiné et exposé pendant un an, dans l'auditoire des tribunaux de première instance et de commerce du domicile du mari, même lorsqu'il ne sera pas négociant; et s'il n'y a pas de tribunal de commerce, dans la principale salle de la maison commune du domicile du mari.

Pareil extrait sera inséré au tableau exposé en la chambre des avoués et notaires, s'il y en a. La femme ne pourra commencer l'exécution du jugement que du jour où les formalités ci-dessus auront été remplies, sans que néanmoins il soit nécessaire d'attendre l'expiration du susdit délai d'un an.

Le tout sans préjudice des dispositions portées en l'article 1445 du Code civil. — Pr. 880. — C. 1443 et s. — Co. 65, 67. — T. 91, 92.

873. Si les formalités prescrites au présent titre ont été observées, les créanciers du mari ne seront plus reçus, après l'expiration du délai dont il s'agit dans l'article précédent, à se pourvoir par tierce opposition contre le jugement de séparation. — Pr. 474 et s., 872, 1029. — C. 1147, 1167. — Co. 65, 67.

874. La renonciation de la femme à la communauté sera faite au greffe du tribunal saisi de la demande en séparation. — Pr. 997. — C. 1134, 1453, 1457. — Co. 65, 67. — T. 91.

TITRE NEUVIÈME

DE LA SÉPARATION DE CORPS ET DU DIVORCE

875. L'époux qui voudra se pourvoir en séparation de corps sera tenu de présenter, au tribunal de son domicile, requête contenant sommairement les faits ; il y joindra les pièces à l'appui, s'il y en a. — C. 236, 306 et s., 311. — T. 79.

876. La requête sera répondue d'une ordonnance portant que les parties comparaîtront devant le président au jour qui sera indiqué par ladite ordonnance. — C. 238. — T. 29.

877. Les parties seront tenues de comparaître en personne, sans pouvoir se faire assister d'avoués ni de conseils. — C. 238.

878. Le président fera aux deux époux les représentations qu'il croira propres à opérer un rapprochement; s'il ne peut y parvenir, il rendra, ensuite de la première ordonnance, une seconde portant qu'attendu qu'il n'a pu concilier les parties, il les renvoie à se pourvoir, sans citation préalable, au bureau de conciliation ; il autorisera par la même ordonnance la femme à procéder sur la demande, et à se retirer provisoirement dans telle maison dont les parties seront convenues, ou qu'il indiquera d'office ; il ordonnera que les effets à l'usage journalier de la femme lui seront remis. Les demandes en provision seront portées à l'audience. — Pr. 49, 861. — C. 239, 259, 268, 1426.

879. La cause sera instruite dans les formes établies pour les autres demandes, et jugée sur les conclusions du ministère public. — Pr. 83. — C. 307.

880. Extrait du jugement qui prononcera la séparation sera inséré aux tableaux exposés tant dans l'auditoire des tribunaux que dans les chambres d'avoués et notaires, ainsi qu'il est dit article 872. — Pr. 872, 873. — C. 311. — Co. 66. — T. 92.

881. (*Abrogé, L. 18 avril 1886, art. 4*).

TITRE DIXIÈME

DES AVIS DE PARENTS

882. Lorsque la nomination d'un tuteur n'aura pas été faite en sa présence, elle lui sera notifiée, à la diligence du membre de l'assemblée qui aura été désigné par elle : ladite notification sera faite dans les trois jours de la délibération, outre un jour par trois myriamètres (1) de distance entre le lieu où s'est tenue l'assemblée et le domicile du tuteur. — Pr. 895, 968. 1033. — C. 406 et s., 438 et s.

883. Toutes les fois que les délibérations du conseil de famille ne seront pas unanimes, l'avis de chacun des membres qui le composent sera mentionné dans le procès-verbal.

Les tuteur, subrogé tuteur ou curateur, même les membres de l'assemblée, pourront se pourvoir contre la délibération ; ils formeront leur demande contre les membres qui auront été d'avis de la délibération, sans qu'il soit nécessaire d'appeler en conciliation. — Pr. 49-7°, 494, 888. — C. 405, 415 et s. — T. 29.

884. La cause sera jugée sommairement (2). — Pr. 404 et s.

885. Dans tous les cas où il s'agit d'une délibération sujette à homologation, une expédition de la délibération sera présentée au président, lequel, par ordonnance au bas de ladite délibération, ordonnera la communication au ministère public, et commettra un juge pour en faire le rapport à jour indiqué. — Pr. 83, 891. — C. 458, 467. — T. 78.

886. Le procureur de la République donnera ses conclusions au bas de ladite ordonnance ; la minute du jugement d'homologation sera mise à la suite desdites conclusions, sur le même cahier. — Pr. 141, 885. — C. 448, 457, 458, 483.

887. Si le tuteur, ou autre chargé de poursuivre l'homologation, ne le fait dans le délai fixé par la délibération, ou, à défaut de fixation, dans le délai de quinzaine, un des membres de l'assemblée pourra poursuivre l'homologation contre le tuteur, et aux frais de celui-ci, sans répétition.

888. Ceux des membres de l'assemblée qui croiront devoir s'opposer à l'homologation le déclareront, par acte extrajudiciaire, à celui qui est chargé de la poursuivre; et s'ils n'ont pas été appelés, ils pourront former opposition au jugement. — Pr. 883, 889. — T. 29.

889. Les jugements rendus sur délibération du conseil de famille seront sujets à l'appel. — Pr. 443 et s. — C. 446 et s.

TITRE ONZIÈME

DE L'INTERDICTION

890. Dans toute poursuite d'interdiction, les faits d'imbécillité, de démence ou de fureur, seront énoncés en la requête présentée au président du tribunal; on y joindra les pièces justificatives, et l'on indiquera les témoins. — Pr. 49-1°, 252. — C. 489 et s., 493. — T. 79. — T. cr. 117 et s.

891. Le président du tribunal ordonnera la communication de la requête au ministère public, et commettra un juge pour faire rapport à jour indiqué. Pr. 83, 885. — C. 515.

892. Sur le rapport du juge et sur les conclusions du procureur de la République, le tribunal ordonnera que le conseil de famille, formé selon le mode déterminé par le Code civil, section IV du chapitre II, au titre *de la Minorité, de la Tutelle et de l'Émancipation*, donnera son avis sur l'état de la personne dont l'interdiction est demandée. — Pr. 893 et s. — C. 494 et s. — T. 92.

893. La requête et l'avis du conseil de famille se-

ront signifiés au défendeur avant qu'il soit procédé à son interrogatoire.

Si l'interrogatoire et les pièces produites sont insuffisants, et si les faits peuvent être justifiés par témoins, le tribunal ordonnera, s'il y a lieu, l'enquête, qui se fera en la forme ordinaire.

Il pourra ordonner, si les circonstances l'exigent, que l'enquête sera faite hors de la présence du défendeur ; mais, dans ce cas, son conseil pourra le représenter. — Pr. 252 et s., 890. — C. 496.

894. L'appel interjeté par celui dont l'interdiction aura été prononcée sera dirigé contre le provoquant.

L'appel interjeté par le provoquant, ou par un des membres de l'assemblée, le sera contre celui dont l'interdiction aura été provoquée.

En cas de nomination de conseil, l'appel de celui auquel il aura été donné sera dirigé contre le provoquant. — Pr. 443 et s. — C. 500, 513.

895. S'il n'y a pas d'appel du jugement d'interdiction, ou s'il est confirmé sur l'appel, il sera pourvu à la nomination d'un tuteur et d'un subrogé tuteur à l'interdit, suivant les règles prescrites au titre *des Avis de parents.*

L'administrateur provisoire nommé en exécution de l'article 497 du Code civil cessera ses fonctions, et rendra compte au tuteur, s'il ne l'est pas lui-même. — Pr. 527 et s., 882 et s., 894. — C. 405 et s., 420 et s., 505.

896. (*L. 16 mars 1893.*) Le jugement qui prononcera défense de plaider, transiger, emprunter, recevoir un capital mobilier, ou en donner décharge, aliéner ou hypothéquer sans assistance de conseil, sera affiché et inscrit au greffe dans la forme prescrite par l'article 501 du Code civil. — C. 512.

897. (*L. 16 mars 1893.*) Les demandes en mainlevée d'interdiction ou de conseil judiciaire seront soumises, quant à l'instruction et au jugement, et quant à la publicité de la décision, aux mêmes règles que les demandes en interdiction ou nomination de conseil (3). — C. 499, 501, 514.

TITRE DOUZIÈME

DU BÉNÉFICE DE CESSION (4)

898. Les débiteurs qui seront dans le cas de réclamer la cession judiciaire accordée par l'article 1268 du Code civil seront tenus, à cet effet, de déposer, au greffe du tribunal où la demande sera portée, leur bilan, leurs livres, s'ils en ont, et leurs titres actifs. — Pr. 800-3°. — C. 1265 et s., 1945. — Co. 541. — T. 92.

899. Le débiteur se pourvoira devant le tribunal de son domicile (5). — Pr. 59, 61, 900. — C. 102.

900. La demande sera communiquée au ministère public ; elle ne suspendra l'effet d'aucune poursuite, sauf aux juges à ordonner, parties appelées, qu'il sera sursis provisoirement. — Pr. 83 et s.

901. Le débiteur admis au bénéfice de cession sera tenu de réitérer sa cession en personne, et non par procureur, ses créanciers appelés, à l'audience du tribunal de commerce de son domicile ; et s'il n'y en a pas, à la maison commune, un jour de séance : la déclaration du débiteur sera constatée, dans ce der-

---

(1) Aujourd'hui, un jour par cinq myriamètres (L. 3 mai 1862; C. pr., art. 1033).

(2) Décr. 30 mars 1808, art. 60.

(3) *Sur les formes de la publicité,* V. Décr. 9 mai 1893. — L. 30 juin 1838, art. 29, 30, *Sur les aliénés.*

(4) L. 22 juill. 1867, qui abolit la contrainte par corps en matière commerciale, civile et contre les étrangers.

(5) Décr. 30 mars 1808, art. 54.

nier cas, par procès-verbal de l'huissier, qui sera signé par le maire. — **Pr.** 1039. — **T.** 64.

902. Si le débiteur est détenu, le jugement qui l'admettra au bénéfice de cession ordonnera son extraction, avec les précautions en tels cas acquises et accoutumées, à l'effet de faire sa déclaration conformément à l'article précédent. — **Pr.** 800-3°, 901. — **C.** 1270. — **T.** 65.

903 Les nom, prénoms, profession et demeur du débiteur seront insérés dans un tableau public à ce destiné, placé dans l'auditoire du tribunal de commerce de son domicile, ou du tribunal de première instance qui en fait les fonctions, et dans le lieu des séances de la maison commune. — **Pr.** 867, 872. — **T.** 92.

904. Le jugement qui admettra au bénéfice de cession vaudra pouvoir aux créanciers, à l'effet de faire vendre les biens meubles et immeubles du débiteur; et il sera procédé à cette vente dans les formes prescrites pour les héritiers sous bénéfice d'inventaire. — **Pr.** 945 et s., 953 et s., 987 et s. — **C.** 1269.

905. Ne pourront être admis au bénéfice de cession, les étrangers, les stellionataires, les banqueroutiers frauduleux, les personnes condamnées pour cause de vol ou d'escroquerie, ni les personnes comptables, tuteurs, administrateurs et dépositaires. — **C.** 1268, 1915, 2059, 2136. — **Co.** 541, 584, 591, 612. — **P.** 379, 401 et s., 455.

906. Il n'est au surplus rien préjugé, par les dispositions du présent titre, à l'égard du commerce, aux usages duquel il n'est, quant à présent, rien innové (1). — **Co.** 541.

LIVRE DEUXIÈME

Procédures relatives à l'ouverture d'une succession

TITRE PREMIER

DE L'APPOSITION DES SCELLÉS APRÈS DÉCÈS

907. Lorsqu'il y aura lieu à l'apposition des scellés après décès, elle sera faite par les juges de paix, et, à leur défaut, par leurs suppléants (2). — **Pr.** 135, 591, 908 et s. — **C.** 114, 270, 451, 600, 769, 773, 810, 819, 820, 1031, 1034. — **Co.** 455 et s. — **P.** 249.

908. Les juges de paix et leurs suppléants se serviront d'un sceau particulier, qui restera entre leurs mains, et dont l'empreinte sera déposée au greffe du tribunal de première instance.

909. L'apposition des scellés pourra être requise :

1° Par tous ceux qui prétendront droit dans la succession ou dans la communauté;

2° Par tous créanciers fondés en titre exécutoire, ou autorisés par une permission soit du président du tribunal de première instance, soit du juge de paix du canton où le scellé doit être apposé;

3° Et en cas d'absence, soit du conjoint, soit des héritiers ou de l'un d'eux, par les personnes qui de-

meuraient avec le défunt et par ses serviteurs et domestiques. — **Pr.** 907, 930. — **T.** 1, 16, 78, 94.

910. Les prétendants droit et les créanciers mineurs émancipés pourront requérir l'apposition des scellés sans l'assistance de leur curateur.

S'ils sont mineurs non émancipés, et s'ils n'ont pas de tuteur, ou s'il est absent, elle pourra être requise par un de leurs parents. — **Pr.** 909, 930. — **C.** 388. 476 et s., 481, 490, 882, 1166.

911. Le scellé sera apposé, soit à la diligence du ministère public, soit sur la déclaration du maire ou adjoint de la commune, et même d'office par le juge de paix.

1° Si le mineur est sans tuteur, et que le scellé ne soit pas requis par un parent;

2° Si le conjoint, ou si les héritiers ou l'un d'eux, sont absents;

3° Si le défunt était dépositaire public; auquel cas le scellé ne sera apposé que pour raison de ce dépôt et sur les objets qui le composent (3). — **Pr.** 83, 907, 912, 914, 930. — **C.** 451, 819. — **T.** 94.

912. Le scellé ne pourra être apposé que par le juge de paix des lieux ou par ses suppléants. — **Pr.** 907, 911.

913. Si le scellé n'a pas été apposé avant l'inhumation, le juge constatera, par son procès-verbal, le moment où il a été requis de l'apposer, et les causes qui ont retardé soit la réquisition, soit l'apposition.

914. Le procès-verbal d'apposition contiendra :

1° La date des an, mois, jour et heure;

2° Les motifs de l'apposition;

3° Les noms, profession et demeure du requérant, s'il y en a, et son élection de domicile dans la commune où le scellé est apposé, s'il n'y demeure;

4° S'il n'y a pas de partie requérante, le procès-verbal énoncera que le scellé a été apposé d'office, ou sur le réquisitoire ou sur la déclaration de l'un des fonctionnaires dénommés dans l'article 911;

5° L'ordonnance qui permet le scellé, s'il en a été rendu;

6° Les comparution et dires des parties;

7° La désignation des lieux, bureaux, coffres, armoires, sur les ouvertures desquels le scellé a été apposé;

8° Une description sommaire des effets qui ne sont pas mis sous les scellés;

9° Le serment, lors de la clôture de l'apposition, par ceux qui demeurent dans le lieu, qu'ils n'ont rien détourné, vu ni su qu'il ait été rien détourné directement ni indirectement;

10° L'établissement du gardien présenté, s'il a les qualités requises; sauf, s'il ne les a pas, ou s'il n'en est pas présenté, à en établir un d'office par le juge de paix (4). — **Pr.** 596, 915 et s., 936, 943-8°. — **T.** 26. — **T. cr.** 38.

915. Les clefs des serrures sur lesquelles le scellé a été apposé resteront, jusqu'à sa levée, entre les mains du greffier de la justice de paix, lequel fera mention, sur le procès-verbal, de la remise qui lui en aura été faite; et ne pourront le juge ni le greffier aller, jusqu'à la levée, dans la maison où est le scellé, à peine d'interdiction, à moins qu'ils n'en soient

---

(1) V. art. 541, Co., modifié par la loi du 17 juill. 1856, *Relative aux concordats par abandon.*

(2) L. 21 juin 1843 ; Ord. 6 déc. 1845. — *Tarifs civils.* — Ord. 20 août 1817, art. 2.

(3) LL. 11 vent. an II ; 16 fruct. an II ; Arr. 13 niv. an X ; Ord. 18 août 1833. — Il n'y a pas lieu à apposition d'office quand les mineurs sont sous la tutelle de leur père ou de leur mère. La tutelle appartient de droit au père ou à la mère survivant; le mineur ne peut être réputé sans tuteur au décès de l'un ou de l'autre. — Circ. g. d. Sc. 5 nov. 1808.

(4) Décr. 10 brum. an XIV, *prescrivant des formalités pour les procès-verbaux d'apposition de scellés, d'inventaire.*

requis, ou que leur transport n'ait été précédé d'une ordonnance motivée. — Pr. 914, 1029.

916. Si, lors de l'apposition, il est trouvé un testament ou autres papiers cachetés, le juge de paix en constatera la forme extérieure, le sceau et la suscription s'il y en a, paraphera l'enveloppe avec les parties présentes, si elles le savent ou le peuvent, et indiquera les jour et heure où le paquet sera par lui présenté au président du tribunal de première instance : il fera mention du tout sur son procès-verbal, lequel sera signé des parties, sinon mention sera faite de leur refus. — Pr. 914, 917 et s., 920. — C. 970, 976, 1007. — T. 2, 3, 16, 94.

917. Sur la réquisition de toute partie intéressée, le juge de paix fera, avant l'apposition du scellé, la perquisition du testament dont l'existence sera annoncée; et s'il le trouve, il procédera ainsi qu'il est dit ci-dessus. — Pr. 916, 920, 936.

918. Aux jour et heure indiqués, sans qu'il soit besoin d'aucune assignation, les paquets trouvés cachetés seront présentés par le juge de paix au président du tribunal de première instance, lequel en fera l'ouverture, en constatera l'état, et en ordonnera le dépôt si le contenu concerne la succession. — Pr. 916. — C. 1007. — T. 94.

919. Si les paquets cachetés paraissent, par leur suscription, ou par quelque autre preuve écrite, appartenir à des tiers, le président du tribunal ordonnera que ces tiers seront appelés dans un délai qu'il fixera, pour qu'ils puissent assister à l'ouverture : il la fera au jour indiqué, en leur présence ou à leur défaut; et si les paquets sont étrangers à la succession, il les leur remettra sans en faire connaître le contenu aux cachetiera de nouveau pour leur être remis à leur première réquisition. — Pr. 939.

920. Si un testament est trouvé ouvert, le juge de paix en constatera l'état, et observera ce qui est prescrit en l'article 916. — T. 94.

921. Si les portes sont fermées, s'il se rencontre des obstacles à l'apposition des scellés, s'il s'élève, soit avant, soit pendant le scellé, des difficultés, il y sera statué en référé par le président du tribunal. A cet effet, il sera sursis, et établi par le juge de paix garnison extérieure, même intérieure, si le cas y échet; et il en référera sur-le-champ au président du tribunal.

Pourra néanmoins le juge de paix, s'il y a péril dans le retard, statuer par provision, sauf à en référer ensuite au président du tribunal. — Pr. 587, 806 et s., 922, 928 et s. — T. 2, 16, 94.

922. Dans tous les cas où il sera référé par le juge de paix au président du tribunal, soit en matière de scellé, soit en autre matière, ce qui sera fait et ordonné sera constaté sur le procès-verbal dressé par le juge de paix; le président signera ses ordonnances sur ledit procès-verbal. — 809, 811, 914, 916. — T. 94.

923. Lorsque l'inventaire sera parachevé, les scellés ne pourront être apposés, à moins que l'inventaire ne soit attaqué, et qu'il ne soit ainsi ordonné par le président du tribunal.

Si l'apposition des scellés est requise pendant le cours de l'inventaire, les scellés ne seront apposés que sur les objets non inventoriés.

924. S'il n'y a aucun effet mobilier, le juge de paix dressera un procès-verbal de carence.

S'il y a des effets mobiliers qui soient nécessaires à l'usage des personnes qui restent dans la maison, ou sur lesquels le scellé ne puisse être mis, le juge

de paix fera un procès-verbal contenant description sommaire desdits effets. — Pr. 914.

925. Dans les communes où la population est de vingt mille âmes et au-dessus, il sera tenu, au greffe du tribunal de première instance, un registre d'ordre pour les scellés, sur lequel seront inscrits, d'après la déclaration que les juges de paix de l'arrondissement seront tenus d'y faire parvenir dans les vingt-quatre heures de l'apposition : 1° les noms et demeures des personnes sur les effets desquelles le scellé aura été apposé; 2° le nom et la demeure du juge qui a fait l'apposition; 3° le jour où elle a été faite. — T. 17.

TITRE DEUXIÈME

DES OPPOSITIONS AUX SCELLÉS

926. Les oppositions aux scellés pourront être faites, soit par une déclaration sur le procès-verbal des scellés, soit par exploit signifié au greffier du juge de paix. — Pr. 931 et s., 1039. — C. 821. — T. 18, 20, 21.

927. Toutes oppositions à scellé contiendront, à peine de nullité, outre les formalités communes à tout exploit :

1° Élection de domicile dans la commune ou dans l'arrondissement de la justice de paix où le scellé est apposé, si l'opposant n'y demeure pas;

2° L'énonciation précise de la cause de l'opposition. — Pr. 926, 1029.

TITRE TROISIÈME

DE LA LEVÉE DU SCELLÉ

928. Le scellé ne pourra être levé et l'inventaire fait que trois jours après l'inhumation, s'il a été apposé auparavant, et trois jours après l'apposition, si elle a été faite depuis l'inhumation, à peine de nullité des procès-verbaux de levée de scellés et inventaire, et des dommages et intérêts contre ceux qui les auront faits et requis : le tout, à moins que, pour des causes urgentes et dont il sera fait mention dans son ordonnance, il n'en soit autrement ordonné par le président du tribunal de première instance. Dans ce cas, si les parties qui ont droit d'assister à la levée ne sont pas présentes, il sera appelé pour elles, tant à la levée qu'à l'inventaire, un notaire nommé d'office par le président. — Pr. 135, 806 et s., 936, 940, 1029. — C. 479. — T. 77.

929. Si les héritiers ou quelques-uns d'eux sont mineurs non émancipés, il ne sera pas procédé à la levée des scellés, qu'ils n'aient été, ou préalablement pourvus de tuteurs, ou émancipés. — Pr. 911. — C. 405, 476 et s. — T. 94.

930. Tous ceux qui ont droit de faire apposer les scellés pourront en requérir la levée, excepté ceux qui ne les ont fait apposer qu'en exécution de l'article 909, n° 3, ci-dessus. — Pr. 940. — C. 768. — Co. 479.

931. Les formalités pour parvenir à la levée des scellés seront :

1° Une réquisition à cet effet consignée sur le procès-verbal du juge de paix;

2° Une ordonnance du juge, indicative des jour et heure où la levée sera faite;

3° Une sommation d'assister à cette levée, faite au conjoint survivant, aux présomptifs héritiers, à l'exécuteur testamentaire, aux légataires universels et à titre universel s'ils sont connus, et aux opposants.

Il ne sera pas besoin d'appeler les intéressés demeurant hors de la distance de cinq myriamètres; mais on appellera pour eux, à la levée et à l'inventaire, un notaire nommé d'office par le président du tribunal de première instance.

Les opposants seront appelés aux domiciles par eux élus. — Pr. 927, 942. — C. 113, 928, 942. — T. 21, 77, 94.

932. Le conjoint, l'exécuteur testamentaire, les héritiers, les légataires universels et ceux à titre universel, pourront assister à toutes les vacations de la levée du scellé et de l'inventaire, en personne ou par un mandataire.

Les opposants ne pourront assister, soit en personne, soit par un mandataire, qu'à la première vacation : ils seront tenus de se faire représenter, aux vacations suivantes, par un seul mandataire pour tous, dont ils conviendront; sinon il sera nommé d'office par le juge.

Si parmi ces mandataires se trouvent des avoués du tribunal de première instance du ressort, ils justifieront de leurs pouvoirs par la représentation du titre de leur partie ; et l'avoué le plus ancien, suivant l'ordre du tableau, des créanciers fondés en titre authentique, assistera de droit pour tous les opposants : si aucun des créanciers n'est fondé en titre authentique, l'avoué le plus ancien des opposants fondés en titre privé assistera. L'ancienneté sera définitivement réglée à la première vacation. — Pr. 529, 536, 760, 931, 933 et s. — T. 1, 16, 94.

933. Si l'un des opposants avait des intérêts différents de ceux des autres, ou des intérêts contraires, il pourra assister en personne, ou par un mandataire particulier, à ses frais. — C. 1987. — T. 94.

934. Les opposants pour la conservation des droits de leur débiteur ne pourront assister à la première vacation, ni concourir au choix d'un mandataire commun pour les autres vacations. — Pr. 778, 931. — C. 1166. — T. 1, 16, 74.

935. Le conjoint commun en biens, les héritiers, l'exécuteur testamentaire, et les légataires universels ou à titre universel, pourront convenir du choix d'un ou deux notaires, et d'un ou deux commissaires-priseurs ou experts; s'ils n'en conviennent pas, il sera procédé, suivant la nature des objets, par un ou deux notaires, commissaires-priseurs ou experts, nommés d'office par le président du tribunal de première instance. Les experts prêteront serment devant le juge de paix (1). — Pr. 305, 936. — T. 2, 3, 16.

936. Le procès-verbal de levée contiendra : 1° la date; 2° les noms, profession, demeure et élection de domicile du requérant; 3° l'énonciation de l'ordonnance délivrée pour la levée; 4° l'énonciation de la sommation prescrite par l'article 931 ci-dessus; 5° les comparutions et dires des parties; 6° la nomination des notaires, commissaires-priseurs et experts qui doivent opérer; 7° la reconnaissance des scellés, s'ils sont sains et entiers ; s'ils ne le sont pas, l'état des altérations, sauf à se pourvoir ainsi qu'il appartiendra pour raison desdites altérations ; 8° les réquisitions à fin de perquisitions, le résultat desdites perquisitions et toutes autres demandes sur lesquelles il y aura lieu de statuer. — Pr. 914, 917, 928, 930 et s., 937 et s., 943. — P. 249 et s. — T. 243 et s.

937. Les scellés seront levés successivement, et à fur et mesure de la confection de l'inventaire : ils

(1) L. 25 vent. an XI, art. 9 ; L. 21 juin 1843, art. 1 et 3.

seront réapposés à la fin de chaque vacation (2). — Pr. 941. — T. 16, 94.

938. On pourra réunir les objets de même nature, pour être inventoriés successivement suivant leur ordre ; ils seront, dans ce cas, replacés sous les scellés.

939. S'il est trouvé des objets et papiers étrangers à la succession et réclamés par des tiers, ils seront remis à qui il appartiendra ; s'ils ne peuvent être remis à l'instant, et qu'il soit nécessaire d'en faire la description, elle sera faite sur le procès-verbal des scellés, et non sur l'inventaire. — Pr. 914, 919, 936, 943.

940. Si la cause de l'apposition des scellés cesse avant qu'ils soient levés, ou pendant le cours de leur levée, ils seront levés sans description. — Pr. 928, 930. — T. 94.

TITRE QUATRIÈME

DE L'INVENTAIRE

941. L'inventaire peut être requis par ceux qui ont droit de requérir la levée du scellé. — Pr. 909 et s., 930, 1000. — C. 126, 451, 600, 626, 769, 794 et s., 813, 1031, 1058, 1456, 1504. — Co. 479 et s. — T. 168.

942. Il doit être fait en présence : 1° du conjoint survivant ; 2° des héritiers présomptifs; 3° de l'exécuteur testamentaire si le testament est connu ; 4° des donataires, et légataires universels ou à titre universel, soit en propriété, soit en usufruit, ou eux dûment appelés, s'ils demeurent dans la distance de cinq myriamètres ; s'ils demeurent au delà, il sera appelé, pour tous les absents, un seul notaire, nommé par le président du tribunal de première instance, pour représenter les parties appelées et défaillantes. — Pr. 931-3°, 947. — C. 113, 451, 794.

943. Outre les formalités communes à tous les actes devant notaires, l'inventaire contiendra :

1° Les noms, profession et demeure des requérants, des comparants, des défaillants et des absents, s'ils sont connus, du notaire appelé pour les représenter, des commissaires-priseurs et experts ; et la mention de l'ordonnance qui commet le notaire pour les absents et défaillants ;

2° L'indication des lieux où l'inventaire est fait ;

3° La description et estimation des effets, laquelle sera faite à juste valeur et sans crue ;

4° La désignation des qualités, poids et titre de l'argenterie ;

5° La désignation des espèces en numéraire ;

6° Les papiers seront cotés par première et dernière ; ils seront paraphés de la main d'un des notaires ; s'il y a des livres et registres de commerce, l'état en sera constaté, les feuillets en seront pareillement cotés et paraphés s'ils ne le sont; s'il y a des blancs dans les pages écrites, ils seront bâtonnés ;

7° La déclaration des titres actifs et passifs ;

8° La mention du serment prêté, lors de la clôture de l'inventaire, par ceux qui ont été en possession des objets avant l'inventaire ou qui ont habité la maison dans laquelle sont lesdits objets, qu'ils n'en ont détourné, ni vu détourner ni su qu'il n'en ait été détourné aucun ;

9° La remise des effets et papiers, s'il y a lieu, entre les mains de la personne dont on conviendra, ou qui à défaut sera nommée par le président du tribu-

(2) L. 18 juin 1843, art. 1er, n° 1, art. 2 et suiv. — *Tarifs civils.*

nal (1). — Pr. 914, 936. — C. 113, 451, 452, 453, 792, 825, 1460. 1477.

944. Si, lors de l'inventaire, il s'élève des difficultés, ou s'il est formé des réquisitions pour l'administration de la communauté ou de la succession, ou pour autres objets, et qu'il n'y soit déféré par les autres parties, les notaires délaisseront les parties à se pourvoir en référé devant 'e président du tribunal de première instance ; ils pourront en référer eux-mêmes, s'ils résident dans le canton où siège le tribunal : dans ce cas, le président mettra son ordonnance sur la minute du procès-verbal (2). — Pr. 806 et s. — T. 168.

TITRE CINQUIÈME

DE LA VENTE DU MOBILIER

945. Lorsque la vente des meubles dépendant d'une succession aura lieu en exécution de l'article 826 du Code civil, cette vente sera faite dans les formes prescrites au titre *des Saisies-exécutions.* — Pr. 617 et s., 965, 987, 989, 1000. — C. 452, 796 et s., 815, 826. — Co. 76.

946. Il y sera procédé sur la réquisition de l'une des parties intéressées, en vertu de l'ordonnance du président du tribunal de première instance, et par un officier public (3). — Pr. 910, 945, 947 et s., 986, 989. — T. 77.

947. On appellera les parties ayant droit d'assister à l'inventaire, et qui demeurent ou auront élu domicile dans la distance de cinq myriamètres : l'acte sera signifié au domicile élu. — Pr. 909, 931-3°, 942, 1033. — T. 29.

948. S'il s'élève des difficultés, il pourra être statué provisoirement en référé par le président du tribunal de première instance (4). — Pr. 806 et s.

949. La vente se fera dans le lieu où sont les effets, s'il n'en est autrement ordonné. — Pr. 617, 620 et s., 945.

950. La vente sera faite tant en absence que présence, sans appeler personne pour les non comparants. — Pr. 947, 951.

951. Le procès-verbal fera mention de la présence ou de l'absence du requérant. — Pr. 623, 950.

952. Si toutes les parties sont majeures, présentes et d'accord, et qu'il n'y ait aucun tiers intéressé, elles ne seront obligées à aucune des formalités ci-dessus. — Pr. 985.

TITRE SIXIÈME

DE LA VENTE DES BIENS IMMEUBLES APPARTENANT A DES MINEURS

953. La vente des immeubles appartenant à des mineurs ne pourra être ordonnée que d'après un avis des parents énonçant la nature des biens et leur valeur approximative.

Cet avis ne sera pas nécessaire si les biens appar-

---

(1) Décr. 10 brum. an XIV, *prescrivant des formalités pour les procès-verbaux d'apposition de scellés, d'inventaire,* etc. — L. 18 juin 1843, art. 1er, n° 1, art. 2 et suiv. — *Tarifs civils.*
(2) L. 18 juin 1843, art. 1er, n° 1, art. 2 et suiv. — *Tarifs civils.*
(3) L. 27 vent. an IX ; Ord. 26 juin 1816. — L. 18 juin 1843, art. 1er, n°s 3 et 4, art. 2 et suiv. — *Tarifs civils.* — L. 5 juin 1851.
(4) L. 18 juin 1843, art. 1er, n° 2, art. 2 et suiv. — *Tarifs civils.*

tiennent en même temps à des majeurs, et si la vente est poursuivie par eux. Il sera procédé alors conformément au titre *des Partages et Licitations.* — Pr. 966 et s., 985. — C. 405 et s., 457, 460, 465, 806. 827.

954. Lorsque le tribunal homologuera cet avis, il déclarera, par le même jugement, que la vente aura lieu soit devant l'un des juges du tribunal à l'audience des criées, soit devant un notaire à cet effet commis.

Si les immeubles sont situés dans plusieurs arrondissements, le tribunal pourra commettre un notaire dans chacun de ces arrondissements, et même donner commission rogatoire à chacun des tribunaux de la situation des biens (5). — Pr. 746, 885, 953, 955 et s., 969 et s., 1035. — C. 457, 458, 459. — T. de 1841.

955. Le jugement qui ordonnera la vente déterminera la mise à prix de chacun des immeubles à vendre et les conditions de la vente. Cette mise à prix sera réglée, soit d'après l'avis des parents, soit d'après les titres de propriété, soit d'après les baux authentiques ou sous seing privé ayant date certaine, et, à défaut de baux, d'après le rôle de la contribution foncière.

Néanmoins le tribunal pourra, suivant les circonstances, faire procéder à l'estimation totale ou partielle des immeubles.

Cette estimation aura lieu, selon l'importance et la nature des biens, par un ou trois experts que le tribunal commettra à cet effet (6). — Pr. 302 et s., 990, 997. — T. de 1841.

956. Si l'estimation a été ordonnée, l'expert ou les experts, après avoir prêté serment, soit devant le président du tribunal, soit devant un juge de paix commis par lui, rédigeront leur rapport, qui indiquera sommairement les bases de l'estimation, sans entrer dans le détail descriptif des biens à vendre.

La minute du rapport sera déposée au greffe du tribunal. Il n'en sera pas délivré d'expédition (6). — Pr. 305 et s., 315, 318 et s., 971. — C. 824. — T. de 1841.

957. Les enchères seront ouvertes sur un cahier des charges déposé par l'avoué au greffe du tribunal, ou dressé par le notaire commis, et déposé dans son étude, si la vente doit avoir lieu devant notaire.

Ce cahier contiendra :

1° L'énonciation du jugement qui a autorisé la vente ;

2° Celle des titres qui établissent la propriété ;

3° L'indication de la nature ainsi que de la situation des biens à vendre, celle des corps d'héritage, de leur contenance approximative, et de deux des tenants et aboutissants :

4° L'énonciation du prix auquel les enchères seront ouvertes, et les conditions de la vente (7). — Pr. 675-3°, 690-4°. — T. de 1841.

958. Après le dépôt du cahier des charges, il sera rédigé et imprimé des placards qui contiendront :

1° L'énonciation du jugement qui aura autorisé la vente ;

2° Les noms, profession et domicile du mineur, de son tuteur et de son subrogé tuteur ;

3° La désignation des biens, telle qu'elle a été insérée dans le cahier des charges ;

4° Le prix auquel seront ouvertes les enchères sur chacun des biens à vendre ;

5° Les jour, lieu et heure de l'adjudication, ainsi

---

(5) Ord. 10 oct. 1841, art. 9 et 14. — *Tarifs civils.*
(6) Ord. 10 oct. 1841, art. 9, 15.
(7) Ord. 10 oct. 1841, art. 1.

que l'indication soit du notaire et de sa demeure, soit du tribunal devant lequel l'adjudication aura lieu, et, dans tous les cas, de l'avoué du vendeur. — Pr. 699 et s., 743, 836, 959 et s.— C. 102 et s., 388 et s., 459 et s.

959. Les placards seront affichés quinze jours au moins, trente jours au plus, avant l'adjudication, aux lieux désignés dans l'article 699, et, en outre, à la porte du notaire qui procédera à la vente; ce dont il sera justifié conformément au même article (1). — Pr. 743, 836, 936, 960. — T. de 1841.

960. Copie de ces placards sera insérée, dans le même délai, au journal indiqué dans l'article 696, et dans celui qui aura été désigné pour l'arrondissement où se poursuit la vente, si ce n'est pas l'arrondissement de la situation des biens.

Il en sera justifié conformément à l'article 698. — Pr. 958 et s.

961. Selon la nature et l'importance des biens, il pourra être donné à la vente une plus grande publicité, conformément aux articles 697 et 700 (1). — T. de 1841.

962. Le subrogé tuteur du mineur sera appelé à la vente, ainsi que le prescrit l'article 459 du Code civil; à cet effet, le jour, le lieu et l'heure de l'adjudication lui seront notifiés un mois d'avance, avec avertissement qu'il y sera procédé tant en son absence qu'en sa présence (2). — Pr. 742, 958-2°, 1033. — T. de 1841.

963. Si, au jour indiqué pour l'adjudication, les enchères ne s'élèvent pas à la mise à prix, le tribunal pourra ordonner, sur simple requête en la chambre du conseil, que les biens seront adjugés au-dessous de l'estimation ; l'adjudication sera remise à un délai fixé par le jugement, et qui ne pourra être moindre de quinzaine.

Cette adjudication sera encore indiquée par des placards et des insertions dans les journaux, comme il est dit ci-dessus, huit jours au moins avant l'adjudication (3). — Pr. 704, 959 et s. — T. de 1841.

964. Sont déclarés communs au présent titre les articles 701, 705, 706, 707, 711, 712, 713, 733, 734, 735, 736, 737, 738, 739, 740, 741 et 742.

Néanmoins, si les enchères sont reçues par un notaire, elles pourront être faites par toutes personnes sans ministère d'avoué.

Dans le cas de vente devant notaire, s'il y a lieu à folle enchère, la poursuite sera portée devant le tribunal. Le certificat constatant que l'adjudicataire n'a pas justifié de l'acquit des conditions sera délivré par le notaire. Le procès-verbal d'adjudication sera déposé au greffe, pour servir d'enchère (4). — Pr. 218, 704, 705, 713, 733 et s. — T. de 1841.

965. Dans les huit jours qui suivront l'adjudication, toute personne pourra faire une surenchère du sixième, en se conformant aux formalités et délais réglés par les articles 708, 709 et 710 ci-dessus.

Lorsqu'une seconde adjudication aura eu lieu après la surenchère ci-dessus, aucune autre surenchère des mêmes biens ne pourra être reçue (5). — Pr. 708, 709, 838, 985. — C. 2185. — T. de 1841.

TITRE SEPTIÈME
DES PARTAGES ET LICITATIONS

966. Dans les cas des articles 823 et 838 du Code civil, lorsque le partage doit être fait en justice, la partie la plus diligente se pourvoira. — Pr. 59, 61, 988. — C. 465, 465, 815 et s., 882, 1686 et s., 1872, 2205.

967. Entre deux demandeurs, la poursuite appartiendra à celui qui aura fait viser le premier l'original de son exploit par le greffier du tribunal : ce visa sera daté du jour et de l'heure. — Pr. 1039. — T. 78, 90.

968. Le tuteur spécial et particulier qui doit être donné à chaque mineur ayant des intérêts opposés sera nommé suivant les règles contenues au titre des *Avis de parents*. — Pr. 882 et s., 954. — C. 406 et s., 838.

969. (*Loi du 2 juin 1841.*) Le jugement qui prononcera sur la demande en partage, s'il y a lieu, un juge, conformément à l'article 823 du Code civil, et en même temps un notaire.

Si, dans le cours des opérations, le juge ou le notaire est empêché, le président du tribunal pourvoira au remplacement par une ordonnance sur requête, laquelle ne sera susceptible ni d'opposition ni d'appel (6). — Pr. 809, 954, 970 et s. — C. 823.

970. (*Loi du 2 juin 1841.*) En prononçant sur cette demande, le tribunal ordonnera par le même jugement le partage, s'il peut avoir lieu, ou la vente par licitation, qui sera faite devant un membre du tribunal ou devant un notaire, conformément à l'article 954.

Le tribunal pourra, soit qu'il ordonne le partage, soit qu'il ordonne la licitation, déclarer qu'il y sera immédiatement procédé sans expertise préalable, même lorsqu'il y aura des mineurs en cause; dans le cas de licitation, le tribunal déterminera la mise à prix, conformément à l'article 955 (7). — Pr. 969, 971 et s. — C. 824, 827, 1686. — T. de 1841.

971. (*Loi du 2 juin 1841.*) Lorsque le tribunal ordonnera l'expertise, il pourra commettre un ou trois experts, qui prêteront serment comme il est dit en l'article 956.

Les nominations et rapports d'experts seront faits suivant les formalités prescrites au titre des *Rapports d'experts*.

Les rapports d'experts présenteront sommairement les bases de l'estimation, sans entrer dans le détail descriptif des biens à partager ou à liciter.

Le poursuivant demandera l'entérinement du rapport par un simple acte de conclusions d'avoué à avoué (8). — Pr. 303 et s., 318. — C. 824. — T. de 1841.

972. (*Loi du 2 juin 1841.*) On se conformera, pour la vente, aux formalités prescrites dans le titre *de la Vente des biens immeubles appartenant à des mineurs*, en ajoutant dans le cahier des charges :

Les noms, demeure et profession du poursuivant, les noms et demeure de son avoué ;

Les noms, demeures et professions des colicitants et de leurs avoués (9). — Pr. 957, 973.

973. (*Loi du 2 juin 1841.*) Dans la huitaine du dépôt du cahier des charges au greffe ou chez le notaire, sommation sera faite, par un simple acte, aux colicitants, en l'étude de leurs avoués, d'en prendre communication.

S'il s'élève des difficultés sur le cahier des charges, elles seront vidées à l'audience, sans aucune requête, et sur un simple acte d'avoué à avoué.

---

(1) Ord. 10 oct. 1841, art. 4.
(2) Ord. 10 oct. 1841, art. 3.
(3) Ord. 10 oct. 1841, art. 9.
(4) Ord. 10 oct. 1841, art. 2.
(5) Ord. 10 oct. 1841, art. 12. — *Tarifs civils.*

(6) Ord. 10 oct. 1841, art. 3 et 10. — *Tarifs civils.*
(7) Ord. 10 oct. 1841, art. 10, 13, 14. — *Tarifs civils.*
(8) Ord. 10 oct. 1841, art. 1 et 10. — *Tarifs civils.*
(9) Ord. 10 oct. 1841, art. 4. — *Tarifs civils.*

5

Le jugement qui interviendra ne pourra être attaqué que par la voie de l'appel, dans les formes et délais prescrits par les articles 731 et 732 du présent Code.

Tout autre jugement sur les difficultés relatives aux formalités postérieures à la sommation de prendre communication du cahier des charges ne pourra être attaqué ni par opposition ni par appel.

Si, au jour indiqué pour l'adjudication, les enchères ne couvrent pas la mise à prix, il sera procédé comme il est dit en l'article 963.

Dans les huit jours de l'adjudication, toute personne pourra surenchérir d'un sixième du prix principal, en se conformant aux conditions et aux formalités prescrites par les articles 708, 709 et 710. Cette surenchère produira le même effet que dans les ventes de biens de mineurs (1). — Pr. 456, 958, 963, 965, 972, 977, 1033. — C. 822 et s. — T. de 1841.

974. Lorsque la situation des immeubles aura exigé plusieurs expertises distinctes, et que chaque immeuble aura été déclaré impartageable, il n'y aura cependant pas lieu à licitation, s'il résulte du rapprochement des rapports que la totalité des immeubles peut se partager commodément. — C. 832, 833, 862.

975. (*Loi du 2 juin 1841.*) Si la demande en partage n'a pour objet que la division d'un ou de plusieurs immeubles sur lesquels les droits des intéressés soient déjà liquidés, les experts, en procédant à l'estimation, composeront les lots ainsi qu'il est prescrit par l'article 466 du Code civil ; et, après que leur rapport aura été entériné, les lots seront tirés au sort, soit devant le juge-commissaire, soit devant le notaire déjà commis par le tribunal, aux termes de l'article 969. — Pr. 976 et s. — C. 828 et s., 834 et s. — T. de 1841.

976. (*Loi du 2 juin 1841.*) Dans les autres cas, et notamment lorsque le tribunal aura ordonné le partage sans faire procéder à un rapport d'experts, le poursuivant fera sommer les copartageants de comparaître, au jour indiqué devant le notaire commis, à l'effet de procéder aux compte, rapport, formation de masse, prélèvements, composition de lots et fournissements, ainsi qu'il est ordonné par le Code civil, article 828.

Il en sera de même après qu'il aura été procédé à la licitation, si le prix de l'adjudication doit être confondu avec d'autres objets dans une masse commune de partage pour former la balance entre les divers lots. — Pr. 969 et s., 975, 977 et s. — T. 29, 92.

977. Le notaire commis procédera seul et sans l'assistance d'un second notaire ou de témoins; si les parties se font assister auprès de lui d'un conseil, les honoraires de ce conseil n'entreront point dans les frais de partage, et seront à leur charge.

Au cas de l'article 837 du Code civil, le notaire rédigera en un procès-verbal séparé les difficultés et dires des parties : ce procès-verbal sera, par lui, remis au greffe, et y sera retenu.

Si le juge-commissaire renvoie les parties à l'audience, l'indication du jour où elles devront comparaître leur tiendra lieu d'ajournement.

Il ne sera fait aucune sommation pour comparaître soit devant le juge, soit à l'audience. — Pr. 973, 976, 980 et s. — T. 92, 168.

978. Lorsque la masse du partage, les rapports et prélèvements à faire par chacune des parties intéressées, auront été établis par le notaire, suivant les articles 829, 830 et 831 du Code civil, les lots seront

faits par l'un des cohéritiers, s'ils sont tous majeurs, s'ils s'accordent sur le choix, et si celui qu'ils auront choisi accepte la commission : dans le cas contraire, le notaire, sans qu'il soit besoin d'aucune autre procédure, renverra les parties devant le juge-commissaire, et celui-ci nommera un expert. — Pr. 975 et s. — C. 834. — T. 168.

979. Le cohéritier choisi par les parties, ou l'expert nommé pour la formation des lots, en établira la composition par un rapport qui sera reçu et rédigé par le notaire à la suite des opérations précédentes. — Pr. 978, 980 et s.

980. Lorsque les lots auront été fixés et que les contestations sur leur formation, s'il y en a eu, auront été jugées, le poursuivant fera sommer les copartageants à l'effet de se trouver, à jour indiqué, en l'étude du notaire, pour assister à la clôture de son procès-verbal, en entendre lecture, et le signer avec lui, s'ils le peuvent et le veulent. — Pr. 981. — C. 835. — T. 29.

981. Le notaire remettra l'expédition du procès-verbal de partage à la partie la plus diligente pour en poursuivre l'homologation par le tribunal : sur le rapport du juge-commissaire, le tribunal homologuera le partage, s'il y a lieu, les parties présentes, ou appelées, si toutes n'ont pas comparu à la clôture du procès-verbal, et sur les conclusions du procureur de la République, dans le cas où la qualité des parties requerra son ministère. — Pr. 83, 982. — C. 819, 838.

982. Le jugement d'homologation ordonnera le tirage des lots, soit devant le juge-commissaire, soit devant le notaire, lequel en fera la délivrance aussitôt après le tirage. — Pr. 981. — C. 834, 842, 1601. — T. 92.

983. Soit le greffier, soit le notaire, seront tenus de délivrer tels extraits, en tout ou en partie, du procès-verbal de partage que les parties intéressées requerront. — Pr. 839 et s.

984. Les formalités ci-dessus seront suivies dans les licitations et partages tendant à faire cesser l'indivision, lorsque des mineurs ou autres personnes non jouissant de leurs droits civils y auront intérêt. — Pr. 819, 837. — C. 388, 509, 815, 819, 838, 839, 1686 et s.

985. Au surplus, lorsque tous les copropriétaires ou cohéritiers seront majeurs, jouissant de leurs droits civils, présents ou dûment représentés, ils pourront s'abstenir des voies judiciaires, ou les abandonner en tout état de cause, et s'accorder pour procéder de telle manière qu'ils aviseront. — Pr. 952. — C. 819, 1687.

TITRE HUITIÈME

DU BÉNÉFICE D'INVENTAIRE

986. Si l'héritier veut, avant de prendre qualité, et conformément au Code civil, se faire autoriser à procéder à la vente d'effets mobiliers dépendant de la succession, il présentera, à cet effet, requête au président du tribunal de première instance dans le ressort duquel la succession est ouverte.

La vente en sera faite par un officier public, après les affiches et publications ci-dessus prescrites pour la vente du mobilier (2). — Pr. 174, 617 et s., 945 et s., 1000. — C. 110, 461, 796, 805. — T. 77.

987. (*Loi du 2 juin 1841.*) S'il y a lieu à vendre des immeubles dépendant de la succession, l'héritier bénéficiaire présentera au président du tribunal de

_____

(1) Ord. 10 oct. 1841, art. 10 et 11. — *Tarifs civils.*

(2) Av. C. d'Ét. 11 janv. 1808.

première instance du lieu de l'ouverture de la succession une requête dans laquelle ces immeubles seront désignés sommairement. Cette requête sera communiquée au ministère public ; sur ses conclusions et le rapport du juge nommé à cet effet, il sera rendu jugement qui autorisera la vente et fixera la mise à prix, ou qui ordonnera préalablement que les immeubles seront vus et estimés par un expert nommé d'office.

Dans ce dernier cas, le rapport de l'expert sera entériné sur requête par le tribunal, et sur les conclusions du ministère public le tribunal ordonnera la vente (1). — Pr. 83, 302, 745. — C. 793, 806. — T. de 1841.

988. (*Loi du 2 juin 1841.*) Il sera procédé à la vente, dans chacun des cas ci-dessus prévus, suivant les formalités prescrites au titre *de la Vente des biens immeubles appartenant à des mineurs.*

Sont déclarés communs au présent titre, les articles 701, 702, 705, 706, 707, 711, 712, 713, 733, 734, 735, 736, 737, 738, 739, 740, 741, 742, les deux derniers paragraphes de l'article 964 et l'article 965 du présent Code.

L'héritier bénéficiaire sera réputé héritier pur et simple, s'il a vendu des immeubles sans se conformer aux règles prescrites par le présent titre (2). — Pr. 953, 966, 986, 987, 989. — C. 778, 796, 800 et s., 806, 1006, 1026, 1031. — P. 953, 966. — T. 78, 128.

989. S'il y a lieu à faire procéder à la vente du mobilier et des rentes dépendant de la succession, la vente sera faite suivant les formes prescrites pour la vente de ces sortes de biens, à peine contre l'héritier bénéficiaire d'être réputé héritier pur et simple. — Pr. 619, 642 et s., 945 et s. — C. 778 et s., 796, 805.

990. Le prix de la vente du mobilier sera distribué par contribution entre les créanciers opposants, suivant les formalités indiquées au titre *de la Distribution par contribution.* — Pr. 656 et s. — C. 808, 809.

991. Le prix de la vente des immeubles sera distribué suivant l'ordre des privilèges et hypothèques. — Pr. 749 et s., 773. — C. 806 et s., 2091, 2094, 2166.

992. Le créancier ou autre partie intéressée qui voudra obliger l'héritier bénéficiaire à donner caution, lui fera faire sommation, à cet effet, par acte extrajudiciaire signifié à personne ou domicile. — Pr. 517 et s. — C. 807, 2040 et s. — T. 29.

993. Dans les trois jours de cette sommation, outre un jour par trois myriamètres (3) de distance entre le domicile de l'héritier et la commune où siège le tribunal, il sera tenu de présenter caution au greffe du tribunal de l'ouverture de la succession, dans la forme prescrite pour les réceptions de caution. — Pr. 517 et s., 992, 1033. — C. 102, 110, 807.

994. S'il s'élève des difficultés relativement à la réception de la caution, les créanciers provoquants seront représentés par l'avoué le plus ancien. — Pr. 520 et s., 653, 667, 719.

995. Seront observées, pour la reddition du compte du bénéfice d'inventaire, les formes prescrites au titre *des Redditions de comptes.* — Pr. 527 et s. — C. 802 et s., 809, 819.

996. Les actions à intenter par l'héritier bénéficiaire contre la succession seront intentées contre les autres héritiers; et s'il n'y en a pas, ou qu'elles soient intentées par tous, elles le seront contre un curateur au bénéfice d'inventaire, nommé en la même forme

(1) Ord. 10 oct. 1841, art. 9. — *Tarifs civils.*
(2) Ord. 10 oct. 1841, art. 4. — *Tarifs civils.*
(3) Aujourd'hui, par *cinq* myriamètres (L. 3 mai 1862 ; C. pr., 1033).

que le curateur à la succession vacante. — Pr. 998, 999. — C. 802, 812, 2258. — T. 77.

TITRE NEUVIÈME

DE LA RENONCIATION A LA COMMUNAUTÉ, DE LA VENTE DES IMMEUBLES DOTAUX ET DE LA RENONCIATION A LA SUCCESSION.

997. Les renonciations à communauté ou à succession seront faites au greffe du tribunal dans l'arrondissement duquel la dissolution de la communauté ou l'ouverture de la succession se sera opérée, sur le registre prescrit par l'article 784 du Code civil, et en conformité de l'article 1457 du même Code, sans qu'il soit besoin d'autre formalité.

Lorsqu'il y aura lieu de vendre des immeubles dotaux dans les cas prévus par l'article 1558 du Code civil, la vente sera préalablement autorisée sur requête, par jugement rendu en audience publique.

Seront, au surplus, applicables les articles 955, 956 et suivants du titre *de la Vente des biens immeubles appartenant à des mineurs* (1). — C. 785 et s., 1453, 1455, 1461. — T. de 1841.

TITRE DIXIÈME

DU CURATEUR A UNE SUCCESSION VACANTE

998. Lorsque, après l'expiration des délais pour faire inventaire et pour délibérer, il ne se présente personne qui réclame une succession, qu'il n'y a pas d'héritier connu, ou que les héritiers connus y ont renoncé, cette succession est réputée vacante ; elle est pourvue d'un curateur, conformément à l'article 812 du Code civil. — Pr. 49. — C. 795, 811 et s. — T. 77.

999. En cas de concurrence entre deux ou plusieurs curateurs, le premier nommé sera préféré sans qu'il soit besoin de jugement. — Pr. 967.

1000. Le curateur est tenu, avant tout, de faire constater l'état de la succession par un inventaire, si fait n'a été, et de faire vendre les meubles suivant les formalités prescrites aux titres *de l'Inventaire* et *de la Vente du mobilier.* — Pr. 941 et s., 945. — C. 813 et s., 1001.

1001. Il ne pourra être procédé à la vente des immeubles et rentes que suivant les formes qui ont été prescrites au titre *de Bénéfice d'inventaire.* — Pr. 986 et s. — C. 813. — T. 128.

1002. Les formalités prescrites pour l'héritier bénéficiaire s'appliqueront également au mode d'administration et au compte à rendre par le curateur à la succession vacante. — Pr. 986 et s. — C. 814.

LIVRE TROISIÈME

TITRE UNIQUE

DES ARBITRAGES

1003. Toutes personnes peuvent compromettre sur les droits dont elles ont la libre disposition. — Pr. 429, 1004. — C. 128, 217 et s., 225, 457 et s., 499, 502, 513, 1123, 1124, 1125, 1127, 1989, 2045.

1004. On ne peut compromettre sur les dons et legs d'aliments, logements et vêtements; sur les séparations d'entre mari et femme, *divorces*, questions d'état, ni sur aucune des contestations qui seraient sujettes à communication au ministère public. — Pr. 83, 581 et s., 1003. — C. 467, 1989, 2045.

1005. Le compromis pourra être fait par procès-verbal devant les arbitres choisis, ou par acte devant notaires, ou sous signature privée. — Pr. 54, 1006 et s., 1017, 1028. — C. 1338. — Co. 53.

1006. Le compromis désignera les objets en litige et les noms des arbitres, à peine de nullité. — Pr. 1005, 1007, 1029. — C. 1131, 1133, 2003.

1007. Le compromis sera valable, encore qu'il ne fixe pas de délai ; et, en ce cas, la mission des arbitres ne durera que trois mois, du jour du compromis. — Pr. 1012, 1028, 1029, 1033. — C. 1592. — Co. 54.

1008. Pendant le délai de l'arbitrage, les arbitres ne pourront être révoqués que du consentement unanime des parties. — Pr. 1014. — C. 1134.

1009. Les parties et les arbitres suivront, dans la procédure, les délais et les formes établis pour les tribunaux, si les parties n'en sont autrement convenues. — Pr. 1011, 1027, 1033. — C. 1134.

1010. Les parties pourront, lors et depuis le compromis, renoncer à l'appel.

Lorsque l'arbitrage sera sur appel ou sur requête civile, le jugement arbitral sera définitif et sans appel. — Pr. 480, 1026. — C. 1998. — Co. 52, 63.

1011. Les actes de l'instruction, et les procès-verbaux du ministère des arbitres, seront faits par tous les arbitres, si le compromis ne les autorise à commettre l'un d'eux. — Pr. 1009.

1012. Le compromis finit : 1° par le décès, refus, déport ou empêchement d'un des arbitres, s'il n'y a clause qu'il sera passé outre, ou que le remplacement sera au choix des parties ou au choix de l'arbitre ou des arbitres restants; 2° par l'expiration du délai stipulé, ou de celui de trois mois s'il n'en a pas été réglé ; 3° par le partage, si les arbitres n'ont pas le pouvoir de prendre un tiers arbitre. — Pr. 118, 380, 1006, 1014, 1028. — Co. 51, 60.

1013. Le décès, lorsque tous les héritiers sont majeurs, ne mettra pas fin au compromis : le délai pour instruire et juger sera suspendu pendant celui pour faire inventaire et délibérer. — Pr. 174, 1004, 1007. — C. 795 et s., 1122, 1134, 1456 et s.

1014. Les arbitres ne pourront se déporter si leurs opérations sont commencées : ils ne pourront être récusés, si ce n'est pour cause survenue depuis le compromis. — Pr. 44 et s., 197, 308 et s., 378 et s., 430, 1012.

1015. S'il est formé inscription de faux, même purement civile, ou s'il s'élève quelque incident criminel, les arbitres délaisseront les parties à se pourvoir, et les délais de l'arbitrage continueront à courir du jour du jugement de l'incident. — Pr. 44, 214 et s., 251, 427, 1007. — I. cr. 3, 448 et s.

1016. Chacune des parties sera tenue de produire ses défenses et pièces, quinzaine au moins avant l'expiration du délai du compromis; et seront tenus les arbitres de juger sur ce qui aura été produit.

Le jugement sera signé par chacun des arbitres ; et dans le cas où il y aurait plus de deux arbitres, si la minorité refusait de le signer, les autres arbitres en feraient mention, et le jugement aura le même effet que s'il avait été signé par chacun des arbitres.

Un jugement arbitral ne sera, dans aucun cas, sujet à l'opposition. — Pr. 19, 113, 149, 1007, 1009, 1020 et s., 1028. — Co. 56 et s.

1017. En cas de partage, les arbitres autorisés à nommer un tiers seront tenus de le faire par la décision qui prononce le partage : s'ils ne peuvent en convenir, ils le déclareront sur le procès-verbal, et le tiers sera nommé par le président du tribunal qui doit ordonner l'exécution de la décision arbitrale.

Il sera, à cet effet, présenté requête par la partie la plus diligente.

Dans les deux cas, les arbitres divisés seront tenus de rédiger leur avis distinct et motivé, soit dans le même procès-verbal, soit dans des procès-verbaux séparés. — Pr. 116 et s., 1012-3°, 1016, 1018 et s., 1020. — C. 1338. — T. 77.

1018. Le tiers arbitre sera tenu de juger dans le mois du jour de son acceptation, à moins que ce délai n'ait été prolongé par l'acte de la nomination : il ne pourra prononcer qu'après avoir conféré avec les arbitres divisés, qui seront sommés de se réunir à cet effet.

Si tous les arbitres ne se réunissent pas, le tiers arbitre prononcera seul ; et néanmoins il sera tenu de se conformer à l'un des avis des autres arbitres. — Pr. 1007, 1011, 1017, 1019, 1028-2°-4°, 1029. — T. 29, 70, 72.

1019. Les arbitres et tiers arbitre décideront d'après les règles du droit, à moins que le compromis ne leur donne pouvoir de prononcer comme amiables compositeurs. — Pr. 1009.

1020. Le jugement arbitral sera rendu exécutoire par une ordonnance du président du tribunal de première instance dans le ressort duquel il a été rendu : à cet effet, la minute du jugement sera déposée dans les trois jours, par l'un des arbitres, au greffe du tribunal.

S'il avait été compromis sur l'appel d'un jugement, la décision arbitrale sera déposée au greffe du tribunal d'appel, et l'ordonnance rendue par le président de ce tribunal.

Les poursuites pour les frais du dépôt et les droits d'enregistrement ne pourront être faites que contre les parties (1). — Pr. 130 et s., 545, 551, 1017, 1018, 1021 et s., 1028. — C. 2123. — Co. 61. — T. 91.

1021. Les jugements arbitraux, même ceux préparatoires, ne pourront être exécutés qu'après l'ordonnance qui sera accordée, à cet effet, par le président du tribunal, au bas ou en marge de la minute, sans qu'il soit besoin d'en communiquer au ministère public; et sera ladite ordonnance expédiée ensuite de l'expédition de la décision.

La connaissance de l'exécution du jugement appartient au tribunal qui a rendu l'ordonnance. — Pr. 173, 442, 452, 472, 528, 545, 1020. — C. 2123.

1022. Les jugements arbitraux ne pourront, en aucun cas, être opposés à des tiers. — Pr. 474. — C. 1165, 1351, 2123.

1023. L'appel des jugements arbitraux sera porté, savoir : devant les tribunaux de première instance, pour les matières qui, s'il n'y eût point eu d'arbitrage, eussent été, soit en premier, soit en dernier ressort, de la compétence des juges de paix; devant les Cours d'appel, pour les matières qui eussent été, soit en premier, soit en dernier ressort, de la compétence des tribunaux de première instance. — Pr. 135, 454 et s., 449, 456 et s., 1026, 1028.

1024. Les règles sur l'exécution provisoire des jugements des tribunaux sont applicables aux jugements

(1) Il n'est pas utile que les jugements arbitraux soient enregistrés avant leur dépôt ; mais ils doivent l'être avant d'être revêtus de l'ordonnance d'*exequatur*. — *Circ. du grand-juge*, 28 oct. 1808.

arbitraux. — Pr. 135 et s., 155, 439, 457 et s., 554, 806, 1009.

1025. Si l'appel est rejeté, l'appelant sera condamné à la même amende que s'il s'agissait d'un jugement des tribunaux ordinaires. — Pr. 471, 1010 et 1023.

1026. La requête civile pourra être prise contre les jugements arbitraux, dans les délais, formes et cas ci-devant désignés pour les jugements des tribunaux ordinaires.

Elle sera portée devant le tribunal qui eût été compétent pour connaître de l'appel. — Pr. 480 et s., 1010, 1023, 1028.

1027. Ne pourront cependant être proposés pour ouvertures :

1° L'inobservation des formes ordinaires, si les parties n'en étaient autrement convenues, ainsi qu'il est dit en l'article 1009 ;

2° Le moyen résultant de ce qu'il aura été prononcé sur choses non demandées, sauf à se pourvoir en nullité, suivant l'article ci-après. — Pr. 480-2°-3°.

1028. Il ne sera besoin de se pourvoir par appel ni requête civile dans les cas suivants :

1° Si le jugement a été rendu sans compromis, ou hors des termes du compromis ;

2° S'il l'a été sur compromis nul ou expiré ;

3° S'il n'a été rendu que par quelques arbitres non autorisés à juger en l'absence des autres ;

4° S'il l'a été par un tiers sans en avoir conféré avec les arbitres partagés ;

5° Enfin s'il a été prononcé sur choses non demandées.

Dans tous ces cas, les parties se pourvoiront par opposition à l'ordonnance d'exécution, devant le tribunal qui l'aura rendue, et demanderont la nullité de l'acte qualifié *jugement arbitral*.

Il ne pourra y avoir recours en cassation que contre les jugements des tribunaux, rendus soit sur requête civile, soit sur appel d'un jugement arbitral. — Pr. 480-3°, 1009, 1018, 1019, 1026, 1029. — C. 1134, 2044, 2052. — Co. 52.

DISPOSITIONS GÉNÉRALES

1029. Aucune des nullités, amendes et déchéances prononcées dans le présent Code, n'est comminatoire. — Pr. 15, 56, 61, 66, 67, 70, 147, 156, 161, 173, 191, 213, 244 et s., 257, 260 et s., 263 et s., 271 et s., 278, 280, 292 et s., 344, 357, 360, 366, 374, 390, 397, 399, 444, 456, 471, 479, 480, 500, 503, 512 et s., 516, 608, 609, 634, 655, 664, 701, 707, 709, 711, 715, 728, 739, 743, 751, 755, 766, 776, 838, 869, 873, 1006, 1030, 1039.

1030. Aucun exploit ou acte de procédure ne pourra être déclaré nul, si la nullité n'en est pas formellement prononcée par la loi.

Dans les cas où la loi n'aurait pas prononcé la nullité, l'officier ministériel pourra, soit pour omission, soit pour contravention, être condamné à une amende, qui ne sera pas moindre de cinq francs et n'excédera pas cent francs.

1031. Les procédures et les actes nuls ou frustratoires, et les actes qui auront donné lieu à une condamnation d'amende, seront à la charge des officiers ministériels qui les auront faits, lesquels, suivant l'exigence des cas, seront en outre passibles des dommages et intérêts de la partie, et pourront même être suspendus de leurs fonctions [1]. — Pr. 67, 74,

81, 102, 103, 105, 128, 132, 152, 191, 192, 281, 292, 338, 360 et s., 462, 463, 465, 523, 529, 531, 562, 609, 667, 711, 799, 1030. — C. 1319, 1338, 1382, 1985, 1991. — I. cr. 415.

1032. Les communes et les établissements publics seront tenus, pour former une demande en justice, de se conformer aux lois administratives (2). — Pr. 49, 69, 336. — C. 537.

1033. (*Loi du 3 mai 1862.*) Le jour de la signification et celui de l'échéance ne sont point comptés dans le délai général fixé pour les ajournements, les citations, sommations et autres actes faits à personne ou domicile. — Ce délai sera augmenté d'un jour à raison de cinq myriamètres de distance. — Il en sera de même dans tous les cas, en matière civile et commerciale, lorsqu'en vertu des lois, décrets ou ordonnances, il y a lieu d'augmenter un délai à raison des distances. — Les fractions de moins de quatre myriamètres ne seront pas comptées ; les fractions de quatre myriamètres et au-dessus augmenteront le délai d'un jour entier. — (*Loi du 13 avril 1895.*) « Toutes les fois que le dernier jour d'un délai quelconque de procédure, franc ou non, est un jour férié, ce délai sera prorogé jusqu'au lendemain » (3). — Pr. 5, 16, 20, 51, 72, 162, 175, 257, 260, 261, 315, 345, 408, 415, 416, 456, 563, 564, 583, 602, 613, 614, 691, 731, 762, 882, 993, 1009, 1030. — C. 411, 435, 489, 2185. — Co. 165, 201, 492.

1034. Les sommations pour être présent aux rapports d'experts, ainsi que les assignations données en vertu de jugement de jonction, indiqueront seulement le lieu, le jour et l'heure de la première vacation ou de la première audience : elles n'auront pas besoin d'être réitérées, quoique la vacation ou l'audience ait été continuée à un autre jour. — Pr. 153, 184, 281, 315.

1035. Quand il s'agira de recevoir un serment, une caution, de procéder à une enquête, à un interrogatoire sur faits et articles, de nommer des experts, et généralement de faire une opération quelconque en vertu d'un jugement, et que les parties, ou les lieux contentieux, seront trop éloignés, les juges pourront commettre un tribunal voisin, un juge, ou même un juge de paix, suivant l'exigence des cas ; ils pourront même autoriser un tribunal à nommer, soit un de ses membres, soit un juge de paix, pour procéder aux opérations ordonnées. — Pr. 121, 252, 255, 266, 296, 305, 326, 412, 428, 517 et s. — Co. 16. — I. cr. 90.

1036. Les tribunaux, suivant la gravité des circonstances, pourront, dans les causes dont ils seront saisis, prononcer, même d'office, des injonctions, supprimer des écrits, les déclarer calomnieux, et ordonner l'impression et l'affiche de leurs jugements (4). — Pr. 88, 90, 512. — I. cr. 504 et s.

1037. Aucune signification ni exécution ne pourra être faite, depuis le 1er octobre jusqu'au 31 mars, avant six heures du matin et après six heures du soir, et depuis le 1er avril jusqu'au 30 septembre, avant quatre heures du matin et après neuf heures du soir ; non plus que les jours de fête légale, si ce n'est en vertu de permission du juge, dans le cas où il y aurait péril dans la demeure. — Pr. 8, 63, 781, 808, 828, 1033. — I. cr. 395. — Co. 134, 162. — P. 184.

1038. Les avoués qui ont occupé dans les causes

---

(1) Décr. 30 mars 1808, art. 102.

(2) L. 18 juill. 1837, art. 19, n° 10, art. 20, 49 et suiv.

(3) *Ancien texte :* Si le dernier jour de délai est un jour férié, le délai sera prorogé au lendemain.

(4) L. 17 mai 1819, art. 23.

où il est intervenu des jugements définitifs seront tenus d'occuper sur l'exécution de ces jugements, sans nouveaux pouvoirs, pourvu qu'elle ait lieu dans l'année de la prononciation des jugements. — Pr. 75, 148, 162, 342 et s., 496.

1039. Toutes significations faites à des personnes publiques préposées pour les recevoir seront visées par elles sans frais sur l'original.

En cas de refus, l'original sera visé par le procureur de la République, près le tribunal de première instance de leur domicile. Les refusants pourront être condamnés, sur les conclusions du ministère public, à une amende qui ne pourra être moindre de cinq francs. — Pr. 4, 45, 68, 69-5°-7°, 561, 601, 628, 673, 676 et s., 698 et s., 901, 926, 961, 967, 1029. — T. 19.

1040. Tous actes et procès-verbaux du ministère du juge seront faits au lieu où siège le tribunal ; le juge y sera toujours assisté du greffier, qui gardera les minutes et délivrera les expéditions : en cas d'urgence, le juge pourra répondre en sa demeure sur les requêtes qui lui seront présentées ; le tout, sauf l'exécution des dispositions portées au titre *des Référés.* — Pr. 8, 806 et s.

1041. Le présent Code sera exécuté à dater du 1er janvier 1807 : en conséquence, tous procès qui seront intentés depuis cette époque seront instruits conformément à ses dispositions. Toutes lois, coutumes, usages et règlements relatifs à la procédure civile, seront abrogés (1).

1042. Avant cette époque, il sera fait, tant pour la taxe des frais que pour la police et discipline des tribunaux, des règlements d'administration publique. — Dans trois ans au plus tard, les dispositions de ces règlements qui contiendraient des mesures législatives seront présentées au Corps législatif en forme de loi (2).

(1) *Av. C. d'Et.* 1er juin 1807, *concernant la forme de procéder dans les affaires relatives à la régie de l'enregistrement et des domaines.*
(2) V. *Tarifs civils,* Décr. 30 mars 1808; L. 20 avril 1810; Décr. 6 juill. 1810; Décr. 18 août 1810; 2 juill. 1812; Ord. 20 nov. 1822, 27 août 1830; Décr. 22 mars 1852.

FIN DU CODE DE PROCÉDURE CIVILE

ANNEXE

DU CODE DE PROCÉDURE CIVILE

TARIFS DES FRAIS ET DÉPENS EN MATIÈRE CIVILE [1]

LOI

Portant établissement de droits de greffe au profit de la République dans les tribunaux civils et de commerce.

(21 ventôse an VII)

ART. **1er.** Il est établi des droits de greffe au profit de la République dans tous les tribunaux civils et de commerce.

Ils seront perçus, à compter du jour de la publication de la présente, pour le compte du Trésor public, par les receveurs de la régie de l'enregistrement, de la manière ci-après déterminée.

2. Ces droits consistent :

1º Dans celui qui sera perçu lors de la mise au rôle de chaque cause, ainsi qu'il est établi par l'article 3 ci-après;

2º Dans celui établi pour la rédaction et transcription des actes énoncés en l'article 5;

3º Dans le droit d'expédition des jugements et actes énoncés dans les articles 7, 8 et 9.

3. Le droit perçu lors de la mise au rôle est la rétribution due pour la formation et tenue des rôles, et l'inscription de chaque cause sur le rôle auquel elle appartient.

Ce droit sera, dans les tribunaux civils, de 5 fr., sur appel des tribunaux civil et de commerce ;

De 3 fr., pour les causes de première instance, ou sur appel des juges de paix;

Et de 1 fr. 50 pour les causes sommaires et provisoires.

Dans les tribunaux de commerce, il sera pareillement de 1 fr. 50.

Le tout sans préjudice du droit de 25 c. (T. 152) qui est accordé aux huissiers audienciers pour chaque placement de cause.

Le droit de mise au rôle ne pourra être exigé qu'une seule fois ; en cas de radiation, elle sera replacée gratuitement à la fin du rôle, et il y sera fait mention du premier placement.

L'usage des placets pour appeler les causes est interdit; elles ne pourront l'être que sur les rôles et dans l'ordre du placement.

4. Le droit de mise au rôle sera perçu par le greffier en y inscrivant la cause ; et, le premier de chaque mois, il en versera le montant à la caisse du receveur de l'enregistrement, sur la représentation des rôles, cotés et paraphés par le président, sur lesquels les causes seront appelées, à compter du jour de la publication de la présente.

5. — *Remplacé par l'article 1er, Décr. 12 juill. 1808.*

[1] V. L. du 26 janv. 1892, art. 4 à 25, *Sur la réforme des frais de justice.*

6. Les expéditions contiendront vingt lignes à la page, et huit à dix syllabes à la ligne, compensation faite des unes avec les autres.

7. Les expéditions des jugements définitifs sur appel des tribunaux civils et de commerce, soit contradictoires, soit par défaut, seront payées 2 fr. le rôle.

8. Les expéditions des jugements définitifs rendus par les tribunaux civils, soit par défaut, soit contradictoires, en dernier ressort ou sujets à l'appel, celles des décisions arbitrales, celles des jugements rendus sur appel des juges de paix, celles des ventes et baux judiciaires, seront payées 1 fr. 25 le rôle.

9. Les expéditions des jugements interlocutoires, préparatoires et d'instruction, des enquêtes, interrogatoires, rapports d'experts, délibérations, avis de parents, dépôts de bilan, pièces et registres, des actes d'exclusion ou option des tribunaux d'appel, déclaration affirmative, renonciation à communauté ou à succession, et généralement de tous actes faits ou déposés au greffe, non spécifiés aux articles 7 et 8, ensemble de tous les jugements des tribunaux de commerce, seront payés 1 fr. le rôle.

10. La perception de ce droit sera faite par le receveur de l'enregistrement, sur les minutes des actes assujettis aux droits de rédaction et transcription, sur les expéditions et sur les rôles de placement de causes, qui lui seront présentés par le greffier; il y mettra son reçu, et il tiendra de cette recette un registre particulier.

11. Le greffier ne pourra délivrer aucune expédition que les droits n'aient été acquittés, sous peine de restitution du droit de 100 fr. d'amende, sauf, en cas de fraude ou de malversation évidente, à être poursuivi devant les tribunaux, conformément aux lois.

12. Ne sont pas compris dans les droits ci-dessus fixés, le papier timbré et l'enregistrement, qui continueront d'être perçus conformément aux lois existantes [2].

13. Les greffiers des tribunaux civils et de commerce tiendront un registre coté et paraphé par le président, sur lequel ils inscriront, jour par jour, les actes sujets au droit de greffe, les expéditions qu'ils délivreront, la nature de chaque expédition, le nombre des rôles, le nom des parties avec mention de celle à laquelle l'expédition sera délivrée.

Ils seront tenus de communiquer ce registre aux préposés de l'enregistrement toutes les fois qu'ils en seront requis.

14. Les greffiers ne pourront exiger aucun droit de recherche des actes et jugements faits ou rendus dans l'année, ni de ceux dont ils feront les expéditions; mais lorsqu'il n'y aura pas d'expédition, il leur est attribué un droit de recherche qui demeure fixé à

[2] V. aussi I.L. 2 juill. 1862 et 23 août 1871.

50 c. pour l'année qui leur sera indiquée, et dans le cas où il leur serait indiqué plusieurs années, et qu'ils seraient obligés d'en faire la recherche, ils ne percevront que 50 c. pour la première, et 25 c. pour chacune des autres (1).

Il leur est en outre attribué 25 c. pour chaque légalisation d'acte des officiers publics.

15. Les greffiers présenteront et feront recevoir, conformément aux lois existantes, un commis-greffier assermenté par chaque section.

16. Au moyen du traitement et de la remise ci-après accordés aux greffiers, ils demeureront chargés du traitement des commis assermentés, commis expéditionnaires, et de tous employés du greffe, quelles que soient leurs fonctions, ainsi que des frais de bureau, papier libre, rôles, registres, encre, plumes, lumière, chauffage des commis, et généralement de toutes les dépenses du greffe.

17. Le traitement des greffiers des tribunaux civils est égal à celui des juges auprès desquels ils sont établis.

18. Celui des greffiers des tribunaux de commerce sera de la moitié de celui du greffier d'un tribunal civil, s'il avait été établi dans la commune où siège le tribunal de commerce.

Et néanmoins le traitement de ceux des tribunaux de commerce établis dans les communes de 6,000 habitants et au-dessous demeure fixé à 800 fr.

19. Il est accordé aux greffiers une remise de 30 c. par chaque rôle d'expédition,

Et d'un décime par franc sur le produit du droit de mise au rôle, et de celui établi pour la rédaction et la transcription des actes énoncés en l'article 5.

20. La remise de 30 c., accordée par l'article précédent, ne sera que de deux décimes sur toutes les expéditions que les agents de la République demanderaient en son nom et pour soutenir ses droits : ils ne seront tenus, à cet égard, à aucune avance; en conséquence, ces expéditions seront portées pour mémoire sur le registre du receveur de l'enregistrement, et il en sera fait un compte particulier.

21. Le premier de chaque mois, le receveur de l'enregistrement comptera, avec le greffier, du produit des remises à lui accordées par l'article 19, et il lui en payera le montant sur le mandat qui sera délivré au bas du compte par le président du tribunal.

22. Le traitement fixe du greffier sera également payé mois par mois, par le receveur de l'enregistrement, sur le produit du droit de greffe, d'après les mandats aussi délivrés mois par mois par le président du tribunal.

23. Il est défendu aux greffiers et à leurs commis d'exiger ni recevoir d'autres droits de greffe, ni aucun droit de prompte expédition, à peine de 100 francs d'amende et de destitution.

24. Les droits établis par la présente seront alloués aux parties dans la taxe des dépens, sur les quittances des receveurs de l'enregistrement mises au bas des expéditions, et sur celles données par les greffiers, de l'acquit du droit de mise au rôle et de rédaction, lesquelles ne seront assujetties à d'autres droits qu'à ceux de timbre.

25. Le Directoire exécutif fera connaître au Corps législatif, dans le courant de thermidor prochain, par des états distincts et séparés, le produit de la perception des droits de greffe dans chaque tribunal.

26. La présente résolution demeurera affichée

---

(1) Aucun droit n'est dû aux greffiers pour la recherche des actes de l'état civil. — *Instr. min. Just.* 10 mars 1813.

---

dans tous les greffes des tribunaux civils et de commerce.

27. Il sera statué, par une résolution particulière, sur les greffes des tribunaux criminels et correctionnels.

28. Toutes dispositions de lois contraires à la présente sont abrogées.

LOI

Additionnelle à celle du 21 ventôse an VII, portant établissement de droits de greffe.

(22 prairial an VII)

ART. **1er.** Sont assujettis, sur la minute, au droit de rédaction et transcription établi par l'article 2 de la loi du 21 ventôse dernier, ainsi qu'il est ci-après déterminé :

1° L'acte de dépôt de l'exemplaire d'affiches, en exécution de l'article 5 de la loi du 11 brumaire;

2° Les adjudications soit volontaires, soit sur licitation, soit sur expropriation forcée;

3° L'acte de dépôt de l'état, certifié par le conservateur des hypothèques, de toutes les inscriptions existantes, ledit acte contenant réquisition d'ouvrir le procès-verbal d'ordre, en exécution de l'article 31 de la loi du 11 brumaire;

4° Les actes de dépôts de titres de créance, faits en exécution de l'article 32;

5° Les procès-verbaux d'ordre, lors de la délivrance de chaque bordereau de collocation, conformément à l'article 35 de la même loi.

2. Il sera payé 3 fr. pour le dépôt de l'exemplaire d'apposition d'affiches, et pour celui de l'état des inscriptions existantes;

1 fr. 50 c. pour celui des titres de créances;

Pour la rédaction des adjudications, un demi pour cent sur les cinq premiers mille;

Et 25 c. par 100 fr. sur ce qui excédera 5,000 fr.;

Pour celle du procès-verbal d'ordre, sur chaque bordereau délivré, 25 c. par 100 fr. du montant de la créance colloquée.

3. La perception de ces droits sera faite par le receveur de l'enregistrement, de la manière et dans la forme prescrites par la loi du 21 ventôse : la remise des greffiers sur le produit de ces droits sera d'un décime par franc, telle qu'elle est fixée par l'article 9 de ladite loi; et ils en seront payés de la manière prescrite par l'article 21.

4. Il est attribué aux greffiers, pour la communication à chaque créancier du procès-verbal d'ouverture d'ordre, de l'extrait des inscriptions et des titres et pièces qui auront été produits, un droit fixe de 75 c. (*Abrogé par le décret du 24 mai 1854, art. 1er-6e.*)

5. Il est défendu aux greffiers, sous les peines portées par la loi du 21 ventôse, d'exiger ni recevoir d'autres droits et plus forts droits que ceux établis par présente; et ils se conformeront aux dispositions prescrites par l'article 13 pour assurer la perception des droits ci-dessus établis.

6. Toutes dispositions de la loi contraires à la présente sont abrogées.

DÉCRET

Contenant le tarif des frais et dépens pour le ressort de la Cour d'appel de Paris.

(16 février 1807) (1)

LIVRE PREMIER

Des justices de paix

CHAP. I. — *Taxe des actes et vacations des juges de paix* (2).

. . . .

CHAP. II. — *Taxe des greffiers des justices de paix.*

9. Il sera taxé aux greffiers des justices de paix, par chaque rôle d'expédition qu'ils délivreront, et qui

---

(1) V, Décr. 16 févr. 1807, *Qui rend commun à plusieurs cours d'appel le tarif des frais et dépens de celle de Paris, et en fixe la réduction pour les autres ;* Décr. 12 juin 1856, 30 avril et 15 déc. 1862.

(2) Les vacations des juges de paix ont été supprimées par la loi du 21 juin 1845.

Voici quelles étaient les dispositions du chapitre 1er ci-dessus :

ART. 1er. Il est accordé au juge de paix, pour chaque vacation d'apposition, reconnaissance et levée de scellés, qui sera de trois heures au moins : (*Pr.* 909, 932.)

À Paris . . . . 5 fr. »
Dans les villes où il y a tribunal de première instance , ... 3 fr. 75
Dans les autres villes et cantons ruraux . . . . . . 2 fr. 50

Dans la première vacation seront compris les temps du transport et du retour du juge de paix ; s'il n'y a qu'une seule vacation, elle sera payée comme complète, encore qu'elle n'ait pas été de trois heures.

Si le nombre des vacations d'apposition, reconnaissance et levée de scellés paraît excessif, le président du tribunal de première instance, en procédant à la taxe, pourra la réduire.

2. S'il y a lieu à référé, lors de l'apposition des scellés, — ou dans le cours de leur levée, — ou pour présenter un testament ou autre papier cacheté au président du tribunal de première instance, les vacations du juge de paix lui sont allouées comme celles pour l'apposition, la reconnaissance et la levée de ses scellés. (*Pr.* 916 ,921, 935.)

3. En cas de transport du juge de paix devant le président du tribunal de première instance, il lui est accordé par chaque myriamètre . . . . 2 fr. »
Autant pour le retour . . . . 2 fr. »
Et par journée de cinq myriamètres . . . . 10 fr. »

Il ne lui est accordé qu'une seule journée quand la distance ne sera pas de plus de deux myriamètres et demi, y compris sa vacation devant le président du tribunal.

Si la distance est de plus de deux myriamètres et demi, il lui sera payé deux journées pour l'aller, le retour et la vacation devant le président du tribunal.

4. Pour l'assistance du juge de paix à tout conseil de famille : (*Civ.* 406.)

À Paris . . . . 5 fr. »
Dans les villes où il y a un tribunal de première instance . . . . 3 fr. 75
Ailleurs . . . . 2 fr. 50

Nota. Le juge de paix ne pourra jamais prendre plus de deux vacations.

5. Pour l'acte de notoriété sur la déclaration de sept témoins, pour constater, autant que possible, l'époque de la naissance d'un individu de l'un ou de l'autre sexe qui se propose de contracter mariage, et les causes qui empêchent de représenter son acte de naissance : (*Civ.* 70, 71.)

À Paris . . . . 5 fr. »
Dans les villes où il y a un tribunal de première instance . . . . 3 fr. 75
Ailleurs . . . . 2 fr. 50

Et pour la délivrance de tout autre acte de notoriété qui doit être donné par le juge de paix ;

---

contiendra vingt lignes à la page et dix syllabes à la ligne : (Pr. 8.)

À Paris, 50 c. — Dans les villes où il y a un tribunal de 1re instance, 40 c. — Ailleurs, 40 c.

10. Pour l'expédition du procès-verbal qui constatera que les parties n'ont pu être conciliées, et qui ne doit contenir qu'une mention sommaire qu'elles n'ont pu s'accorder, il sera alloué : (Pr. 54.)

À Paris, 1 fr. — Dans les villes où il y a un tribunal de 1re instance, 80 c. — Ailleurs, 80 c.

11. La déclaration des parties demandant à être jugées par le juge de paix sera insérée dans le jugement, et il ne sera rien taxé au greffier pour l'avoir reçue, non plus que pour tout autre acte du greffe. (Pr. 7.)

12. Pour transport sur les lieux contentieux, quand il sera ordonné, il sera alloué au greffier les deux tiers de la taxe du juge de paix. (Pr. 30.)

13. Il n'est rien alloué pour la mention sur le registre du greffe et sur l'original, ou la copie de la citation en conciliation, quand l'une des parties ne comparaît pas. (Pr. 58.)

14. Pour la transmission au procureur de la République et de la réponse de juge, tous frais de port compris : (Pr. 45, 47.)

À Paris, 5 fr. — Dans les villes où il y a un tribunal de 1re instance, 5 fr. — Ailleurs, 5 fr.

15. Il sera taxé au greffier du juge de paix qui aura assisté aux opérations des experts, et qui aura écrit la minute de leur rapport, dans le cas où tous, ou l'un d'eux, ne sauraient écrire, les deux tiers des vacations allouées à un expert. (Pr. 317.)

16. Il lui est alloué les deux tiers des vacations du juge de paix pour assistance :

Aux conseils de famille ; (C. 406.)
Aux appositions de scellés ; (Pr. 909.)
Aux reconnaissances et levées de scellés. (Pr. 932.)
Aux référés ; (Pr. 921, 935.)
Aux actes de notoriété. (C. 70, 71.)

. . . .

À Paris . . . . 1 fr. »
Dans les villes où il y a un tribunal de première instance . . . . 0 fr. 75
Ailleurs . . . . 0 fr. 50

6. Pour le transport du juge de paix, à l'effet d'être présent à l'ouverture des portes, en cas de saisie-exécution, par chaque vacation de trois heures : (*Pr.* 587, 781.)

À Paris . . . . 5 fr. »
Dans les villes où il y a un tribunal de première instance . . . . 3 fr. 75
Ailleurs . . . . 2 fr. 50

Et à l'arrestation d'un débiteur condamné par corps dans le domicile où ce dernier se trouve :

À Paris . . . . 10 fr. »
Dans les villes où il y a tribunal de première instance . . . . 7 fr. 50
Ailleurs . . . . 5 fr. »

7. Il n'est rien alloué au juge de paix.

1° Pour toute cédule qu'il pourra délivrer (4, 6, 29);

2° Pour le paraphe des pièces en cas de dénégation d'écriture, et de déclaration qu'on entend s'inscrire en faux incident : (*Pr.* 14.)

8. Il lui est alloué pour transport, soit à l'effet de visiter des lieux contentieux, soit à l'effet d'entendre des témoins, lorsque le transport aura été expressément requis par l'une des parties, et que le juge l'aura trouvé nécessaire, par chaque vacation : (*Pr.* 38.)

À Paris . . . . 5 fr. »
Dans les villes où il y a un tribunal de première instance . . . . 3 fr. 75
Ailleurs . . . . 2 fr. 50

Nota. Mention de la réquisition de la partie doit être faite au procès-verbal du juge et il n'est rien alloué à défaut de cette mention.

Il est encore alloué au greffier les deux tiers des frais de transport dans les mêmes cas où ils sont alloués aux juges de paix.

Les greffiers des juges de paix ne pourront délivrer d'expéditions entières des procès-verbaux d'apposition, reconnaissance et levée de scellés, qu'autant qu'ils en seront expressément requis par écrit.

Ils seront tenus de délivrer les extraits qui leur seront demandés, quoique l'expédition entière n'ait été ni demandée, ni délivrée.

17. Il sera taxé au greffier du juge de paix :

Pour sa vacation à l'effet de faire la déclaration de l'apposition des scellés sur le registre du greffe du tribunal de première instance, dans les villes où elle est prescrite, les deux tiers d'une vacation du juge de paix. (Pr. 925.)

18. Il lui sera alloué pour chaque opposition aux scellés qui sera formée par déclaration sur le procès-verbal de scellé : (Pr. 926.)

À Paris, 50 c. — Dans les villes où il y a un tribunal de 1re instance, 40 c. — Ailleurs, 40 c.

19. Il ne lui sera rien alloué pour les oppositions formées par le ministère des huissiers, et visées par lui. — Pr. 1039.

20. Il est alloué pour chaque extrait des oppositions aux scellés, à raison, par chaque opposition (Pr. 926), de :

À Paris, 50 c. — Dans les villes où il y a un tribunal de 1re instance, 40 c. — Ailleurs, 40 c.

CHAP. III. — *Taxe des huissiers des juges de paix.*

21. Pour l'original

De chaque citation contenant demande :

À Paris, 1 fr. 50. — Dans les villes où il y a un tribunal de 1re instance, 1 fr. 25. — Ailleurs, 1 fr. 25.

De signification de jugement, (Pr. 16, 19.) .   1 fr. 25

De sommation de fournir caution ou d'être présent à la réception et soumission de la caution ordonnée, (Pr. 17.). . . . . 1 fr. 50

D'opposition au jugement par défaut, contenant assignation à la prochaine audience, (Pr. 20.).   1 fr. 50

De demande en garantie, (Pr. 32.). . . 1 fr. 50

De citation aux témoins, (Pr. 34.) . . . 1 fr. 50

De citation aux gens de l'art et experts, (Pr. 42.) . . . . 1 fr. 50

De citation en conciliation, (Pr. 52.) . . 1 fr. 50

De citation aux membres qui doivent composer le conseil de famille, (C. 406.) . . . . . 1 fr. 50

De notification de l'avis du conseil de famille 1 fr. 50

D'opposition aux scellés, (Pr. 926.) . . . 1 fr. 50

De sommation à la levée des scellés . . 1 fr. 50

Et pour chaque copie des actes ci-dessus énoncés, le quart de l'original.

22. Pour la copie des pièces qui pourra être donnée avec les actes, par chaque rôle d'expédition de vingt lignes à la page et de dix syllabes à la ligne (1) :

À Paris, 25 c. — Dans les villes où il y a un tribunal de première instance, 20 c. — Ailleurs, 20 c.

23. Pour transport, qui ne pourra être alloué qu'autant qu'il y aura plus d'un demi-myriamètre (*une lieue ancienne*) de distance entre la demeure de l'huissier et le lieu où l'exploit devra être posé, aller et retour, par myriamètre, 2 fr.

Il ne sera rien alloué aux huissiers des juges de paix pour *visa* par le greffier de la justice de paix, ou par les maires et adjoints des communes du canton, dans les différents cas prévus par le Code de procédure.

(1) V. Décret du 30 juillet 1862.

CHAP. IV. — *Taxe des témoins, experts et gardiens des scellés.*

24. Il sera taxé au témoin entendu par le juge de paix une somme équivalente à une journée de travail, même à une double journée, si le témoin a été obligé de se faire remplacer dans sa profession ; ce qui est laissé à la prudence du juge. (Pr. 29, 34.)

Il sera taxé au témoin qui n'a pas de profession, 2 fr.

Il ne sera point passé de frais de voyage, si le témoin est domicilié dans le canton où il est entendu.

S'il est domicilié hors du canton et à une distance de plus de deux myriamètres et demi du lieu où il fera sa déposition, il lui sera alloué autant de fois une somme double de journées de travail, ou une somme de 4 fr., qu'il y aura de fois cinq myriamètres de distance entre son domicile et le lieu où il aura déposé.

25. La taxe des experts en justice de paix sera la même que celle des témoins, et il ne leur sera alloué de frais de voyage que dans les mêmes cas. (Pr. 29, 42.)

26. Les frais de garde seront taxés par chaque jour, pendant les douze premiers jours :

À Paris, 2 fr. 50. — Dans les villes où il y a un tribunal de première instance, 2 fr. — Ailleurs, 1 fr. 50.

Ensuite seulement à raison de :

À Paris, 1 fr. — Dans les villes où il a un tribunal de première instance, 80 c. — Ailleurs, 60 c.

LIVRE DEUXIÈME

De la taxe des frais dans les tribunaux inférieurs et dans les cours.

TITRE I. — DE LA TAXE DES ACTES DES HUISSIERS ORDINAIRES.

§ 1er. — *Actes de première classe.*

27. Pour l'original d'un exploit d'appel du jugement de la justice de paix, (Pr. 16, 59, 61, 69, n° 8.)

D'un exploit d'ajournement, même en cas de domicile inconnu en France, et d'affiche à la porte de l'auditoire :

Paris, 2 fr. — Ailleurs, 1 fr. 50. (1).

28. Pour les copies de pièces qui doivent être données avec l'exploit d'ajournement et autres actes, par rôle contenant vingt lignes à la page, et dix syllabes à la ligne, ou évalués sur ce pied : (Pr. 65.)

Paris, 25 c. — Ailleurs, 20 c.

Le droit de copie de toute espèce de pièces et de jugements appartiendra à l'avoué, quand les copies de pièces seront faites par lui ; l'avoué sera tenu de signer les copies de pièces et jugements, et sera garant de leur exactitude.

Les copies seront correctes et lisibles, à peine de rejet de la taxe.

29. Pour l'original d'une sommation d'être présent à la prestation d'un serment ordonné ; (Pr. 121.)

D'une signification de jugement à domicile, (Pr. 147.)

De signification d'un jugement de jonction par un huissier commis ; (Pr. 153.)

De signification d'un jugement par défaut contre partie, par un huissier commis ; (Pr. 156.)

(1) Le tarif de Paris ne peut être réclamé par les huissiers de la banlieue de Paris, *Instr. g. des Sc.*, 14 déc. 1855 ; 11 janv. 1856.

D'opposition au jugement par défaut rendu contre partie; (Pr. 162.)

De sommation aux experts et aux dépositaires des pièces de comparaison, en vérification d'écritures; (Pr. 204.)

De signification aux dépositaires de l'ordonnance, ou du jugement qui porte que la minute de la pièce sera apportée au greffe; (Pr. 223.)

D'assignation aux témoins dans les enquêtes; (Pr. 260, 261.)

D'assignation à la partie contre laquelle se fait l'enquête;

De signification de l'ordonnance du juge-commissaire pour faire prêter serment aux experts; (Pr. 307.)

De la signification de la requête et des ordonnances, pour faire subir interrogatoire sur faits et articles; (Pr. 329.)

De la signification du jugement rendu par défaut contre partie, sur demande en reprise d'instance, ou en constitution de nouvel avoué, par un huissier commis; (Pr. 350.)

De signification du désaveu; (Pr. 355.)

De signification du jugement portant permission d'assigner en règlement de juges, contenant assignation; (Pr. 365.)

Pour l'original d'une demande formée au tribunal de commerce; (Pr. 415.)

D'une sommation de comparaître devant les arbitres ou experts nommés par le tribunal de commerce; (Pr. 429.)

De signification de jugement par défaut du tribunal de commerce par un huissier commis; (Pr. 435.)

Pour l'original d'opposition au jugement par défaut rendu par le tribunal de commerce, contenant les moyens d'opposition et assignation; (Pr. 436, 437.)

De signification des jugements contradictoires; (Pr. 439.)

De l'acte de présentation de caution, avec sommation à jour et heure fixes, de se présenter au greffe pour prendre communication des titres de la caution, et assignation à l'audience, en cas de contestation, pour y être statué; (Pr. 440, 441.)

Original d'un acte d'appel de jugements des tribunaux de première instance et de commerce, contenant assignation et constitution d'avoué; (Pr. 456.)

De signification de jugement à des héritiers collectivement, au domicile du défunt; (Pr. 447.)

D'une réquisition aux tribunaux de juger, en la personne du greffier; (Pr. 507.)

De signification de la requête et du jugement qui admet une prise à partie; (Pr. 514.)

De signification de la présentation de caution, avec copie de l'acte de dépôt au greffe des titres de solvabilité de la caution; (Pr. 518.)

De signification de l'ordonnance du juge commis pour entendre un compte, et sommation de se trouver devant lui, aux jour et heure indiqués, pour être présent à la présentation et affirmation; (Pr. 534.)

D'un exploit de saisie-arrêt ou opposition, contenant énonciation de la somme pour laquelle elle est faite, et des titres, ou de l'ordonnance du juge; (Pr. 557, 558, 559.)

De la dénonciation au saisi de la saisie-arrêt, ou opposition, avec assignation en validité; (Pr. 563.)

De la dénonciation au tiers saisi de la demande en validité formée contre le débiteur saisi; (Pr. 564.)

De l'assignation au tiers saisi pour faire sa déclaration; (Pr. 570.)

D'un commandement, pour parvenir à une saisie-exécution; (Pr. 583, 584.)

De la notification de la saisie-exécution faite hors du domicile du saisi, et en son absence; (Pr. 602.)

D'une assignation en référé à la requête du gardien, qui demande sa décharge; (Pr. 606.)

D'une sommation à la partie saisie, pour être présente au récolement des effets saisis, quand le gardien a obtenu sa décharge;

D'une opposition à vente, à la requête de celui qui se prétendra propriétaire des objets saisis, entre les mains du gardien; (Pr. 608.)

De dénonciation de cette opposition au saisissant et au saisi, avec assignation libellée et l'énonciation des preuves de propriété.

Le gardien ne pourra être assigné;

D'une opposition sur le prix de la vente qui en contiendra les causes; (Pr. 609.)

D'une sommation au premier saisissant de faire vendre; (Pr. 612.)

D'une sommation à la partie saisie, pour être présente à la vente, qui ne serait pas faite au jour indiqué par le procès-verbal de saisie-exécution; (Pr. 614.)

Pour l'original du commandement qui doit précéder la saisie-brandon; (Pr. 626.)

De dénonciation de la saisie-brandon au garde champêtre, gardien de droit à ladite saisie, et qui ne sera pas présent au procès-verbal; (Pr. 628.)

Pour l'original du commandement qui doit précéder la saisie de rentes constituées sur particuliers; (Pr. 636.)

De dénonciation à la partie saisie de l'exploit de saisie de rentes constituées sur particuliers; (Pr. 641.)

D'une sommation aux créanciers, de produire, dans les contributions, et à la partie saisie, de prendre communication des pièces produites et de contredire, s'il y échet; (Pr. 659, 660.)

D'une sommation à la partie saisie, qui n'a point d'avoué constitué, à la requête du propriétaire, de comparaître en référé devant le juge-commissaire, pour faire statuer préliminairement sur son privilège pour raison des loyers à lui dus; (Pr. 661.)

De dénonciation à la partie saisie, qui n'a point d'avoué constitué, de la clôture du procès verbal du juge-commissaire, en contribution, avec sommation d'en prendre communication, et de contredire sur le procès-verbal dans la quinzaine; (Pr. 663.)

Pour l'original d'un commandement tendant à saisie immobilière... (1).

De la notification au greffier de l'appel du jugement qui aura statué sur les nullités proposées en saisie immobilière; (Pr. 734, 736.)

De sommation aux créanciers inscrits de produire dans les ordres; (Pr. 753.)

D'assignation en référé, dans les cas d'urgence, ou lorsqu'il s'agit de statuer sur les difficultés relatives à l'exécution d'un titre exécutoire ou d'un jugement; (Pr. 807.)

De signification d'une ordonnance sur référé; (Pr. 809.)

D'une sommation d'être présent à la consignation de la somme offerte; (C. 1259.)

De dénonciation du procès-verbal de dépôt de la chose ou de la somme consignée, au créancier qui n'était pas présent à la consignation;

De sommation au créancier d'enlever le corps cer-

(1) L'ordonnance du 10 octobre 1841, art. 20, a abrogé expressément les paragraphes 44, 45, 46, 47, 48 et 49 de l'article 29 ci-dessus; mais les paragraphes réellement abrogés sont les paragraphes 48, 49, 50, 51 et 52.

tain, qui doit être livré au lieu où il se trouve; (C. 1264.)

D'un commandement à la requête des propriétaires et principaux locataires de maisons ou biens ruraux, à leurs locataires, sous-locataires et fermiers, pour paiement de loyers ou fermages échus; (Pr. 819.)

De la notification aux créanciers inscrits de l'extrait du titre du nouveau propriétaire, de la transcription et du tableau prescrit par l'article 2183 du Code civil; (C. 2183.)

D'une assignation en sommation à un notaire, et aux parties intéressées, s'il y a lieu, pour avoir expédition d'un acte parfait; (Pr. 829.)

D'un acte non enregistré ou resté imparfait; (Pr. 841.)

Ou d'une seconde grosse; (Pr. 844.)

D'une sommation à la requête de la femme à son mari, de l'autoriser; (Pr. 861.)

D'une demande à domicile. à fin de rectification d'un acte de l'état civil; (Pr. 856.)

D'une demande en séparation de corps; (Pr. 876.)

D'une demande en divorce pour une cause déterminée; (C. 241.)

D'ajournement, pour demander la réformation d'un avis du conseil de famille qui n'a pas été unanime; (Pr. 883.)

De l'opposition formée à la requête des membres d'un conseil de famille, à l'homologation de la délibération; (Pr. 888.)

De sommation aux parties qui doivent être appelées à la vente des meubles dépendants d'une succession; (Pr. 947.)

De sommation aux copartageants de comparaître devant le juge-commissaire; (C. 976.)

De sommation aux parties pour assister à la clôture du procès-verbal de partage chez le notaire; (Pr. 980.)

De sommation à la requête d'un créancier, à l'héritier bénéficiaire de donner caution; (Pr. 992.)

De sommation aux arbitres de se réunir au tiers arbitre pour vider le partage; (Pr. 1018.)

De tout exploit contenant sommation de faire une chose, ou opposition à ce qu'une chose soit faite, protestation de nullité, et généralement de tous actes simples du ministère des huissiers, non compris dans la seconde partie du présent tarif :

Paris, 2 fr. — Ailleurs, 1 fr. 50.

Pour chaque copie, le quart de l'original ;

Indépendamment des copies de pièces qui n'auront pas été faites par les avoués, et qui seront taxées comme il a été dit ci-dessus.

§ 2. — Actes de seconde classe et procès-verbaux.

30. Pour l'original de la récusation du juge de paix, qui en contiendra les motifs, et qui sera signé par la partie ou son fondé de pouvoir spécial, ainsi que la copie; (Pr. 45.)

A Paris, 3 fr. — Dans les villes où il y a un tribunal de première instance, 2 fr. 25. — Ailleurs, 2 fr. 25.

Et pour la copie, le quart.

31. Pour un procès-verbal de saisie-exécution, qui durera trois heures, y compris le temps nécessaire pour requérir, soit le juge de paix, soit le commissaire de police ou les maire et adjoints, en cas de refus d'ouverture de porte : (Pr. 585, 586, 587, 588, 589, 590, 601.)

A Paris, y compris 1 fr. 50 pour chaque témoin, 8 fr. — Ailleurs, y compris 1 fr. pour chaque témoin, 6 francs.

Si la saisie dure plus de trois heures, par chacune des vacations subséquentes aussi de trois heures :

A Paris, y compris 0,80 pour chaque témoin, 5 fr. — Ailleurs, y compris 0,60 pour chaque témoin, 3 fr. 75.

Dans les taxes ci-dessus se trouvent comprises les copies pour la partie saisie et pour le gardien.

32. Vacation du commissaire de police qui aura été requis pour être présent à l'ouverture des portes et des meubles fermant à clef, ou aux maire et adjoints, si ces derniers le requièrent : (Pr. 587.)

A Paris, 5 fr. — Dans les villes où il y a un tribunal de première instance, 3 fr. 75. — Ailleurs, 2 fr. 50.

33. Vacation de l'huissier pour déposer au lieu établi pour les consignations, ou entre les mains du dépositaire qui sera convenu, les deniers comptants qui pourraient avoir été trouvés : (Pr. 590.)

A Paris, 2 fr. — Dans les villes où il y a un tribunal de première instance, 1 fr. 50. — Ailleurs, 1 fr. 50.

34. Les frais de garde seront taxés par chaque jour, pendant les douze premiers jours : (Pr. 596.)

A Paris, 3 fr. — Dans les villes où il y a un tribunal de première instance, 2 fr. — Ailleurs, 1 fr. 50.

Ensuite seulement à raison de de : 1 fr. — 0,80. — 0,60.

35. Pour un procès-verbal de récolement des effets saisis, quand le gardien a obtenu sa décharge : (Pr. 606.)

A Paris, 3 fr. — Dans les villes où il y a un tribunal de première instance, 2 fr. 25. — Ailleurs, 2 fr. 25.

Ce procès-verbal ne contiendra aucun détail, si ce n'est pour constater les effets qui pourraient se trouver en déficit; et l'huissier ne sera point assisté de témoins

Il sera laissé copie du procès-verbal de récolement au gardien qui aura obtenu sa décharge : il remettra la copie de la saisie qu'il avait entre les mains au nouveau gardien, qui se chargera du contenu sur le procès-verbal de récolement.

Pour chacune des copies à donner du procès-verbal de récolement, le quart de l'original.

36. Dans le cas de saisie antérieure et d'établissement de gardien, pour le procès-verbal de récolement sur le premier procès-verbal, que le gardien sera tenu de représenter, et qui, sans entrer dans aucun détail, et contenant seulement la saisie des effets omis, et sommation au premier saisissant de vendre, témoins compris et deux copies, sera taxé: (Pr. 611.)

Paris, 6 fr. — Ailleurs, 4 fr. 50.

Et pour une troisième copie, s'il y a lieu, le quart de l'original.

37. Pour le procès-verbal de récolement qui précédera la vente, et qui ne contiendra aucune énonciation des effets saisis, mais seulement de ceux en déficit, s'il y a lieu, y compris les témoins : (Pr. 616.)

A Paris, 6 fr. — Ailleurs, 4 fr. 50.

Il n'en sera point donné de copie.

38. S'il y a lieu au transport des effets saisis, l'huissier sera remboursé de ses frais sur les quittances qu'il en représentera, ou sur sa simple déclaration, si les voituriers et gens de peine ne savent écrire, ce qu'il constatera par son procès-verbal de vente. (Pr. 617.)

Il sera alloué à l'huissier ou autre officier qui procédera à la vente, pour la rédaction de l'original du placard qui doit être affiché :

A Paris, 1 fr. — Dans les villes où il y a un tribunal de première instance, 1 fr. — Ailleurs, 1 fr.

Pour chacun des placards, s'ils sont manuscrits :

A Paris, 0,50. — Dans les villes où il y a un tribunal de première instance, 0,50. — Ailleurs, 0,50

Et s'il sont imprimés, l'officier qui procédera à la vente en sera remboursé sur les quittances de l'imprimeur et de l'afficheur.

39. Pour l'original de l'exploit qui constatera l'apposition des placards, dont il ne sera point donné de copie :

A Paris, 3 fr. — Dans les villes où il y a un tribunal de première instance, 2 fr. 25. — Ailleurs, 2 fr. 25.

Il sera passé en outre la somme qui aura été payée pour l'insertion de l'annonce de la vente dans un journal, si la vente est faite dans une ville où il s'en imprime.

Pour chaque vacation de trois heures à la vente, le procès-verbal compris, il sera taxé à l'huissier, dans les lieux où les huissiers sont autorisés à la faire :

A Paris, 8 fr. — Dans les villes où il y a un tribunal de première instance, 5 fr. — Ailleurs, 4 fr.

Et à Paris, où les ventes sont faites par les commissaires-priseurs, il sera alloué à l'huissier, pour requérir le commissaire-priseur, une vacation de 2 fr.

40. En cas d'absence de la partie saisie, son absence sera constatée, et il ne sera nommé aucun officier pour la représenter. (Pr. 623.)

41. Dans le cas de publication sur les lieux où se trouvent les barques, chaloupes et autres bâtiments, prescrite par l'article 620 du Code, et dans le cas d'exposition de la vaisselle d'argent, bagues et joyaux, ordonnée par l'article 621, il sera alloué à l'huissier, pour chacune des deux premières publications ou expositions : (Pr. 620, 621.)

A Paris, 6 fr. — Dans les villes où il y a un tribunal de première instance, 4 fr. — Ailleurs, 4 fr.

La troisième publication ou exposition est comprise dans la vacation de vente.

A Paris, et dans les villes où il s'imprime des journaux, les vacations pour publications et expositions ne pourront être allouées aux huissiers, attendu qu'il doit y être suppléé par l'insertion dans un journal.

Si l'expédition du procès-verbal de vente est requise par l'une des parties, il sera alloué à l'huissier ou autre officier qui aura procédé à la vente, par chaque rôle d'expédition, contenant vingt-cinq lignes à la page et dix à douze syllabes à la ligne :

A Paris, 1 fr. — Dans les villes où il y a un tribunal de première instance, 50 c. — Ailleurs, 40 c.

42. Pour la vacation de l'huissier ou autre officier qui aura procédé à la vente, pour faire taxer ses frais par le juge sur la minute de son procès-verbal : (Pr. 657.)

A Paris, 3 fr. — Dans les villes où il y a un tribunal de première instance, 2 fr. — Ailleurs, 1 fr. 50.

Et pour consigner les deniers provenant de la vente :

A Paris, 2 fr. — Dans les villes où il y a un tribunal de première instance, 2 fr. — Ailleurs, 1 fr. 50.

43. Pour un procès-verbal de saisie-brandon, contenant l'indication de chaque pièce, sa contenance et sa situation, deux au moins de ses tenants et aboutissants, et la nature des fruits, quand il n'y sera pas employé plus de trois heures : (Pr. 627.)

A Paris, 6 fr. — Dans les villes où il y a un tribunal de première instance, 5 fr. — Ailleurs, 4 fr.

Et quand il y sera employé plus de trois heures pour chacune des autres vacations, aussi de trois heures :

A Paris, 5 fr. — Dans les villes où il y a un tribunal de première instance, 4 fr. — Ailleurs, 3 fr.

L'huissier ne sera point assisté de témoins.

44. Pour les copies à délivrer à la partie saisie, au maire de la commune et au garde champêtre ou autre gardien, par chacune, le quart de l'original. (Pr. 628.)

Nota. Le surplus des actes sera taxé comme en saisie-exécution. (T. 38 et s.)

45. Il sera alloué pour frais de garde, soit au garde champêtre, soit à tout autre gardien qui pourrait être établi, aux termes de l'article 628, pour chaque jour, savoir :

Au garde champêtre :

Partout, 75 c.

Et à tout autre que le garde champêtre :

Partout, 1 fr. 25.

46. Pour un exploit de saisie du fonds d'une rente constituée sur particulier, contenant assignation au tiers saisi en déclaration affirmative devant le tribunal : (Pr. 637.)

A Paris, 4 fr. — Dans les villes où il y a un tribunal de première instance, 3 fr. — Ailleurs, 3 fr.

Pour la copie, le quart.

Nota. La dénonciation des placards et tous les autres actes seront taxés comme en saisie immobilière. (T. 49, 50.)

47, 48, 49, 50. — *Abrogés par l'ordonnance du 10 octobre 1841, art. 20.*

51, 52 à 58. — *Abrogés par l'arrêté du 24 mars 1849.*

59. Pour l'original d'un procès-verbal d'offres contenant le refus ou l'acceptation du créancier : (Pr. 813.)

A Paris, 3 fr. — Dans les villes où il y a un tribunal de première instance, 2 fr. 25. — Ailleurs, 2 fr. 25.

Pour la copie, le quart.

60. D'un procès-verbal de consignation de la somme ou de la chose offerte : (Civ. 1249.)

A Paris, 5 fr. — Dans les villes où il y a un tribunal de première instance, 4 fr. — Ailleurs, 4 fr.

Pour chaque copie à laisser au créancier, s'il est présent, et au dépositaire, le quart.

61. Les procès-verbaux de saisie-gagerie sur locataires et fermiers, (Pr. 819, 822, 825.)

Et ceux de saisie des effets du débiteur forain,

Seront taxés comme ceux de saisie-exécution, ainsi que tout le reste de la poursuite. (T. 31.)

62. Pour un procès-verbal tendant à saisie-revendication, s'il y a refus de portes, ou opposition à la saisie, contenant assignation en référé devant le juge, y compris les témoins : (Pr. 829.)

A Paris, 5 fr. — Dans les villes où il y a un tribunal de première instance, 4 fr. — Ailleurs, 4 fr.

Pour la copie, le quart.

Le procès-verbal de saisie-revendication sera taxé comme celui de saisie-exécution. (T. 31.)

63. — *Abrogé par l'ordonnance du 10 octobre 1841, art. 20.*

64. Pour un procès-verbal de réitération de la cession par le débiteur failli à la maison commune, s'il n'y a pas de tribunal de commerce : (Pr. 901.)

A Paris, 4 fr. — Dans les villes où il y a un tribunal de première instance, 3 fr. — Ailleurs, 3 fr.

65. Pour un procès-verbal d'extraction de la prison du débiteur failli, à l'effet de faire la réitération de sa cession de biens, indépendamment du procès-verbal de ladite réitération : (Pr. 902.)

A Paris, 6 fr. — Dans les villes où il y a un tribunal de première instance, 5 fr. — Ailleurs, 5 fr.

Le procès-verbal d'apposition de placards... — (Ce paragraphe est abrogé par l'article 20, Ord. 10 oct. 1841.)

Pour chaque original de protêt, intervention à protêt, et sommation d'intervenir, assistants et copie compris :

A Paris, 2 fr. — Dans les villes où il y a un tribunal de première instance, 1 fr. 50. — Ailleurs, 1 fr. 50.
Pour l'original d'un protêt avec perquisition, assistants et copie compris :
A Paris, 5 fr. — Dans les villes où il y a un tribunal de première instance, 4 fr. — Ailleurs, 4 fr.
(*V. Décr.* 23 mars 1848.)

§ 3. Dispositions générales relatives aux huissiers.

66. Il ne sera rien alloué aux huissiers pour transport jusqu'à un demi-myriamètre. (Pr. 62.)
Il leur sera alloué, au delà d'un demi-myriamètre, pour frais de voyage, qui ne pourra excéder une journée de cinq myriamètres (*dix lieues anciennes*), savoir : au delà d'un demi-myriamètre et jusqu'à un myriamètre, pour aller et retour :
A Paris, 4 fr. — Dans les villes où il y a un tribunal de première instance, 4 fr. — Ailleurs, 4 fr.
Au delà d'un myriamètre, il sera alloué par chaque demi-myriamètre, sans distinction, 2 fr. (1).
Il sera taxé pour *visa* de chacun des actes qui y sont assujettis :
A Paris, 1 fr. — Dans les villes où il y a un tribunal de première instance, 75 c. — Ailleurs, 75 c.
En cas de refus de la part du fonctionnaire public qui doit donner le *visa*, et dans le cas où l'huissier sera obligé, à raison de ce refus, de requérir le *visa* du procureur de la République, le droit sera double.
Les huissiers qui seront commis pour donner des ajournements, faire des significations de jugements, et tous autres actes, ou procéder à des opérations, ne pourront prendre de plus forts droits que ceux énoncés au présent tarif, à peine de restitution et d'interdiction, quels que soient la cour et le tribunal auxquels ils sont attachés.
Les huissiers qui auront omis de mettre au bas de l'original et de chaque copie des actes de leur ministère la mention du coût d'icelui, pourront, indépendamment de l'amende portée par l'article 67 du Code de procédure, être interdits de leurs fonctions sur la réquisition d'office des procureurs généraux et impériaux (*procureurs de la République*).

TITRE II. — DES AVOUÉS DE PREMIÈRE INSTANCE.

CHAP. Ier. — *Matières sommaires.*

67. Les dépens, dans ces matières, seront liquidés, tant en demandant qu'en défendant, savoir :
Pour l'obtention d'un jugement par défaut contre partie ou avoués, y compris les qualités et la signification à avoué, s'il y a lieu, quand la demande n'excédera pas 1.000 fr. :
Paris. . . . . 7 fr. 50
Ressort, les trois quarts.
Et quand elle excédera 1,000 francs jusqu'à 5,000 francs . . . . 10 fr. »
Et quand elle excédera 5,000 francs . . 15 fr. »
Et pour l'obtention d'un jugement contradictoire ou définitif, quand la demande n'excédera pas 1,000 francs . . . . 15 fr. »
Et quand elle excédera 1,000 francs jusqu'à 5,000 francs . . . . 20 fr. »
Quand elle excédera 5,000 francs . . 30 fr. »
Nota. Si la valeur de l'objet de la contestation est

indéterminée, le juge allouera l'une des sommes ci-dessus indiquées.
S'il y a lieu à enquête ou à visite et estimation d'experts, ordonnée contradictoirement, et s'il est intervenu aussi jugement contradictoire, sur l'enquête ou le rapport d'experts, il sera alloué un demi-droit.
Et en outre, pour copie des procès-verbaux d'enquête et d'expertise, par chaque rôle :
Paris, 0 fr. 15.
Ressort, les trois quarts.
S'il y a plus de deux parties en cause, et si elles ont des intérêts contraires, il sera alloué un quart en sus des droits ci-dessus à l'avoué qui aura suivi contre chacune des autres parties.
S'il y a lieu à un interrogatoire sur faits et articles, il sera passé à l'avoué de la partie à la requête de laquelle il aura été subi, un demi-droit ; et en outre, pour copie du procès-verbal d'interrogatoire, par chaque rôle d'expédition :
Paris, 0 fr. 15.
Ressort, les trois quarts.
Il sera passé à l'avoué qui lèvera le jugement rendu contradictoirement, pour dressé des qualités et de signification de jugement à avoué, le quart du droit accordé pour l'obtention du jugement contradictoire.
Il ne sera alloué aucun honoraire aux avocats dans ces sortes de causes.
Si l'avoué est révoqué, ou si les pièces lui sont retirées, il lui sera alloué, savoir :
S'il y a eu constitution d'avoué avant l'obtention d'un jugement par défaut, moitié du droit accordé pour faire rendre un jugement par défaut ;
Et s'il a été obtenu un premier jugement par défaut ou un jugement interlocutoire, indépendamment de l'émolument pour ces jugements, moitié du droit accordé pour obtenir un jugement contradictoire.
Mais ces droits ne seront acquis, et ils ne pourront être exigés que lorsqu'il y aura eu constitution d'avoué dans le premier cas, ou qu'il y aura été formé opposition au premier jugement par défaut, et que l'avoué qui aura obtenu le premier jugement aura suivi l'audience sur le débouté d'opposition.
Au moyen de la fixation ci-dessus, il ne sera passé aucun autre honoraire pour aucun acte et sous aucun prétexte. Il ne sera alloué en outre que les simples déboursés (2).

CHAP. II. — *Matières ordinaires.*

§ 1er. — Droit de consultation.

68. Pour la consultation sur toute demande principale, intervention, tierce opposition et requête civile, tant en demandant qu'en défendant, sans qu'il puisse être passé plus d'un droit par chaque avoué et par cause, et sans que l'intervention d'un appelé en garantie puisse y donner lieu, le droit ne pourra être exigé qu'autant qu'il aura été obtenu un jugement par défaut contre partie, ou qu'il y aura eu constitution d'avoué, et y compris la procuration sous signature privée ou par devant notaire, indépendamment des déboursés : (Pr. 59, 61, 75, etc.)
Paris, 10 fr. — Ressort, 7 fr. 50.
69. Il ne sera alloué aucun émolument à l'avoué, dans le cas où il comparaîtrait au bureau de conciliation pour sa partie.

(1) Il ne sera alloué qu'un seul droit de transport pour la totalité des actes que l'huissier aura faits dans une même course et dans le même temps. Art. 35 du décret du 14 juin 1813.

(2) Le décret du 30 mars 1808, prescrit le dépôt et la signification de conclusions ; il y a donc lieu, en matière sommaire, d'admettre en taxe 3 fr. pour dressé et dépôt des conclusions — et un émolument pour la signification (art. 71).

§ 2. Actes de première classe.

70. Pour l'original d'une constitution d'avoué; (Pr. 75.)

Pour un acte d'avoué à avoué pour suivre l'audience (156 et 158), sans qu'il puisse en être passé plus d'un seul pour chaque jugement par défaut, interlocutoire ou contradictoire, (Pr. 79, 82 *et passim.*)

Les avoués seront tenus de se présenter au jour indiqué par les jugements préparatoires ou de remise, sans qu'il soit besoin d'aucune sommation. (P. 452.)

Pour l'original d'un acte de déclaration de production par le demandeur en instruction par écrit, contenant le nombre des rôles dont la requête est composée; (Pr. 96, 104.)

Idem de la part du défendeur; (Pr. 97.)

De la signification de l'ordonnance du président, portant nomination d'un autre rapporteur, en cas de décès, démission ou impossibilité de faire le rapport en délibéré ou instruction par écrit; (Pr. 110.)

D'une sommation d'être présent au retrait des pièces, après les jugements sur délibéré ou en instruction par écrit; (*Résultat de l'article* 115.)

D'une sommation d'avoué à avoué, pour être présent à la prestation d'un serment ordonné; (Pr. 121.)

D'une sommation d'avoué à avoué, pour être réglé sur une opposition aux qualités. (Pr. 145.)

De la déclaration au demandeur originaire de la part du défendeur, qu'il a formé une demande en garantie; (Pr. 179.)

De la dénonciation au demandeur originaire de la demande en garantie; (Pr. 179.)

•De la sommation de communiquer les pièces signifiées ou employées dans la cause; (Pr. 188.)

De la signification de la requête et de l'ordonnance portant que l'avoué qui retient des pièces sera tenu de les remettre; (Pr. 191.)

De la signification de l'acte de dépôt au greffe de la pièce dont l'écriture est déniée; (Pr. 191.)

De la sommation de comparaître devant le juge commis en vérification d'écritures, pour être présent au serment des experts et à la représentation des pièces de comparaison; (Pr. 204.)

De la sommation pour être présent à la confection d'un corps d'écriture; (Pr. 206.)

De la signification de l'acte de dépôt au greffe d'une pièce arguée de faux; (Pr. 219.)

De la sommation pour être présent à la réquisition d'apport au greffe de la minute de la pièce arguée de faux; (Pr. 221.)

De la signification de l'ordonnance portant que la minute de la pièce arguée de faux sera apportée au greffe; (Pr. 224.)

De la signification de l'acte de dépôt au greffe de la pièce arguée de faux, avec sommation d'être présent au procès-verbal qui sera dressé de son état; (Pr. 225.)

De la signification des procès-verbaux d'enquête; (Pr. 286.)

De la signification de l'ordonnance du juge commis pour faire une descente sur les lieux, contenant la désignation des jour, lieu et heure, et sommation d'y être présent; (Pr. 297.)

De la signification du procès-verbal du juge-commissaire qui a fait une descente sur les lieux; (Pr. 299.)

De la sommation contenant indication des jour et heure choisis par les experts, si la partie n'était pas présente à la prestation de leur serment; (Pr. 315.)

De la signification du rapport des experts; (Pr. 321.)

De la signification de l'interrogatoire sur faits et articles; (Pr. 335.)

De la notification du décès d'une partie; (Pr. 344.)

De la signification d'un désaveu; (Pr. 354, 355.)

De la signification de l'acte à fin de renvoi d'un tribunal à un autre des pièces y annexées et du jugement intervenu; (Pr. 372.)

De la signification de l'arrêt intervenu sur l'appel d'un jugement qui aura rejeté une récusation, ou du certificat du greffier de la cour d'appel, contenant que l'appel n'est pas jugé, et indication du jour où il doit l'être; (Pr. 396.)

De la sommation de se trouver devant le président, et voir déclarer la taxe des frais exécutoire, en cas de désistement de la demande; (Pr. 403.)

De la sommation d'être présent à la présentation et affirmation d'un compte; (Pr. 534.)

De la signification de la déclaration affirmative et du dépôt des pièces contenant constitution d'avoué; (Pr. 574.)

D'un acte contenant dénonciation d'opposition formée sur le débiteur entre les mains d'un tiers saisi; (Pr. 575.)

De la signification de l'état détaillé des effets mobiliers saisis et arrêtés entre les mains d'un tiers saisi; (Pr. 578.)

De la sommation à la requête des créanciers du mari, à l'avoué de la femme poursuivant sa séparation de biens, de leur communiquer la demande et les pièces justificatives; (Pr. 871 (1).)

De l'acte de sommation, aux avoués des copartageants de se trouver, soit devant le juge-commissaire, soit devant le notaire pour procéder aux opérations du partage (*Titre des Partages*) :

Paris, 1 fr. — Ressort, 0 fr. 75.

Pour les copies de chacun des actes ci-dessus énoncés, indépendamment des copies de pièces, le quart.

§ 3. — Actes de deuxième classe.

71. Acte de production nouvelle en instruction par écrit, contenant l'état des pièces; (Pr. 102.)

Sommation à la partie adverse de déclarer si elle veut ou non se servir d'une pièce produite, avec déclaration que dans le cas où elle s'en servirait, le demandeur s'inscrira en faux; (Pr. 215.)

Déclaration de la partie sommée, signée d'elle ou du fondé de sa procuration spéciale et authentique, dont il sera donné copie, qu'elle entend ou non se servir de la pièce arguée de faux; (Pr. 216.)

Acte contenant articulation succincte des faits dont une partie demandera à faire preuve; (Pr. 252.)

Acte contenant réponse au précédent et dénégation ou reconnaissance des faits;

Acte contenant la justification des reproches par écrit. (Pr. 282.)

Acte en réponse;

Acte contenant offre de prouver les reproches contre les témoins non justifiés par écrit, et désignation des témoins à entendre sur les reproches; (Pr. 289.)

Acte en réponse;

Acte contenant les moyens de récusation contre les experts; (Pr. 309.)

Acte contenant réponse aux moyens de récusation; (Pr. 311.)

Acte contenant les moyens et conclusions des demandes incidentes; (Pr. 337.)

(1) L'ordonnance du 10 octobre 1841 (art. 20) a abrogé le paragraphe 37 de cet article.

Acte servant de réponse aux demandes incidentes;
Acte de reprise d'instance. (Pr. 347.)
Acte de désistement et d'acceptation de désistement; (Pr. 402.)
Acte de présentation de caution; (Pr. 518.)*
Acte de déclaration d'acceptation de caution; (Pr. 519.)
Acte de contestation de la caution offerte; (Pr. 520.)
Acte d'offres sur la déclaration des dommages-intérêts; (Pr. 524.)
Acte contenant demande en rectification d'un acte de l'état civil; (Pr. 856.)
Acte servant de réponse;
Tous ces actes seront taxés pour l'original :
Paris, 5 fr. — Ressort, 3 fr. 75.
Et pour chaque copie, indépendamment des copies de pièces, le quart.

§ 4. — Des requêtes et défenses qui peuvent être grossoyées, et des copies de pièces.

72. Pour l'original ou grosse des requêtes servant de défenses aux demandes, contenant vingt-cinq lignes à la page et douze syllabes à la ligne : (Pr. 77.)
Paris, 2 fr. — Ressort, 1 fr. 50.
Les copies de pièces qui seront données avec les défenses, ou qui pourront être signifiées dans les causes, seront taxées, à raison du rôle de vingt-cinq lignes à la page et de douze syllabes à la ligne, ou évaluées sur ce pied :
Paris, 0 fr. 30. — Ressort, 0 fr. 25.
Les copies de tous actes ou jugements, qui seront signifiées avec les exploits des huissiers, appartiendront à l'avoué, si elles ont été faites par lui, à la charge de les certifier véritables et de les signer.
73. Pour l'original ou grosse des requêtes, contenant réponse aux défenses dans la forme ci-dessus, pour chaque rôle :
Paris, 2 fr. — Ressort, 1 fr. 50.
Des requêtes en instruction par écrit, terminées par l'état des pièces; (Pr. 96,) 1 fr. 50.
Idem servant de réponse à celles en instruction par écrit, avec état des pièces au soutien; (Pr. 97,) 1 fr. 50.
Idem en réponse aux productions de nouvelles pièces, qui ne pourront excéder six rôles. (Pr. 103.)
74. Dans les instructions par écrit, les grosses et les copies de toutes les requêtes porteront la déclaration du nombre de rôles dont elles sont composées, à peine de rejet de la taxe. (Pr. 104.)
75. Pour la grosse de la requête d'opposition au jugement par défaut contenant les moyens par chaque rôle : (Pr. 161.)
Paris, 2 fr. — Ressort, 1 fr. 50.
Si les moyens ont été fournis avant le jugement par défaut, la requête d'opposition, sans les moyens, ne sera passée que pour un rôle, *idem*.
Idem pour la grosse de la requête, qui ne pourra excéder deux rôles, tendant à ce que l'étranger demandeur soit tenu de fournir caution. (Pr. 166.)
Idem de celle en réponse, qui ne pourra non plus excéder deux rôles.
Idem de la requête pour proposer un déclinatoire qui ne pourra excéder six rôles. (Pr. 168.)
Idem de la réponse.
Idem de la requête en nullité de la demande ou du jugement, qui ne pourra non plus excéder six rôles. (Pr. 173.)
Idem de la réponse.
Idem de la requête pour demander délai pour déli-

bérer et faire inventaire, qui ne pourra aussi excéder six rôles. (Pr. 174.)
Idem à la réponse.
Idem de la requête pour soutenir qu'il n'y a. lieu d'appeler garant, qui ne pourra excéder six rôles. (Pr. 180.)
Idem de la réponse.
Idem de la requête d'opposition à l'ordonnance portant contrainte de remettre les pièces, qui ne pourra excéder deux rôles. (Pr. 192.)
Idem de la réponse.
Idem de la requête contenant les moyens de faux. (Pr. 229.)
Idem de la requête contenant réponse aux moyens de faux. (Pr. 230.)
Idem de la requête d'intervention. (Pr. 339.)
Idem de la requête en réponse à l'intervention.
Idem de la requête contenant contestation sur la demande en reprise d'instance, qui ne pourra excéder six rôles. (Pr. 348.)
Idem de la réponse.
Idem de la requête servant de moyens contre un désaveu. (Pr. 354.)
Et réponse.
Idem de la requête contre la demande à fin de renvoi d'un tribunal à un autre, pour cause de parenté ou alliance. (Pr. 373.)
Et pour la réponse.
Idem de la requête en péremption d'instance, qui ne pourra excéder six rôles. (Pr. 400.)
Idem de la réponse.
Idem de la requête de tierce opposition. (Pr. 475.)
Et réponse.
Idem de la requête civile incidente. (Pr. 493.)
Et réponse.
Idem de la requête contenant défense du juge pris à partie. (Pr. 514.)
Et réponse.
Idem pour la grosse d'un compte dont le préambule ne pourra excéder six rôles; (Pr. 531.)
Il ne sera fait qu'une seule grosse.
Idem pour la grosse de la requête du tiers saisi, qui demandera son renvoi devant son juge, en cas que sa déclaration affirmative soit contestée : cette requête ne pourra excéder deux rôles; (Pr. 570.)
Et réponse.
Idem de la requête pour demander incidemment la validité ou la nullité d'offres réelles; (Pr. 815.)
Et réponse.
Idem de la requête à fin de se faire autoriser à compulser un acte, qui ne pourra excéder six rôles; (Pr. 847.)
Et réponse.
Idem de la requête d'intervention des créanciers du mari dans les demandes en séparation de biens; (Pr. 871.)
Et réponse (1).
Il sera taxé pour chacun des rôles des requêtes ci-dessus énoncées :
Paris, 2 fr. — Ressort, 1 fr. 50.
Et pour chaque copie, par rôle, le quart.
Le nombre des rôles de requête en réponse ne pourra jamais excéder celui fixé pour la requête en demande.

(1) L'ordonnance du 10 octobre 1841 (art. 20) a abrogé un paragraphe de l'article 75, ainsi conçu : « *Idem* de la requête des conclusions motivées contenant demande en entérinement du rapport des experts, en partage et licitations. (Pr. 972.) — Et réponse. »

Nota. Il ne sera passé aucuns frais d'impression des requêtes et défenses, même autorisées.

§ 5. — Requêtes qui ne peuvent être grossoyées, et copies d'actes.

76. Requête pour faire nommer un autre rapporteur en instuction par écrit ou sur délibéré ; (Pr. 110.)

Pour faire commettre un huissier à l'effet de signifier un jugement par défaut contre partie ; (Pr. 156.)

Pour faire contraindre un avoué à remettre les pièces qu'il a prises en communication ; (Pr. 191.)

Pour obtenir l'ordonnance du juge-commissaire en vérification d'écritures, à l'effet de sommer la partie adverse de comparaître à jour et heure certains, pour convenir des pièces de comparaison ; (Pr. 199.)

A fin d'obtenir l'ordonnance du commissaire en vérification d'écritures pour sommer les experts de prêter serment et les dépositaires de représenter les pièces de comparaison ; (Pr. 204.)

Au juge-commissaire en inscription de faux incident, pour faire ordonner l'apport de la minute de la pièce arguée par le dépositaire : (Pr. 221.)

Au juge commis pour procéder à une enquête, à l'effet d'obtenir son ordonnance, indiquant le jour et l'heure pour lesquels les témoins seront assignés ; (Pr. 259.)

Au juge commis pour faire une descente sur les lieux, à l'effet d'obtenir son ordonnance, portant l'indication des jour, lieu et heure ; (Pr. 297.)

Au juge-commissaire pour demander son ordonnance, à l'effet de faire prêter serment aux experts convenus ou nommés d'office ; (Pr. 307.)

En cas du désistement de la demande pour obtenir l'ordonnance du président, à fin de rendre la taxe de frais exécutoire ; (Pr. 403.)

Au juge commis pour entendre un compte, à l'effet d'obtenir l'ordonnance fixant le jour et l'heure de la présentation ; (Pr. 534.)

A fin de permission de vendre les meubles saisis-exécutés, dans un lieu plus avantageux que celui indiqué par la loi ; (Pr. 617.)

Pour faire commettre un huissier, à l'effet de signifier le jugement portant contrainte par corps ; (Pr. 780.)

A fin d'assigner extraordinairement en référé, si le cas requiert célérité ; (Pr. 808.)

A fin de saisir-gager à l'instant les meubles et effets garnissant les maisons et fermes ; (Pr. 819.)

A fin de permission de saisir les effets de son débiteur forain, trouvés en la commune qu'habite le créancier ; (Pr. 822.)

A fin de faire commettre un huissier pour notifier le titre du nouveau propriétaire aux créanciers inscrits ; (Pr. 832) (1).

Au juge-commissaire en partage et licitation, à l'effet d'obtenir son ordonnance pour citer les autres parties à comparaître par devant lui ; (Pr. 976.)

Au procureur impérial pour faire désigner trois jurisconsultes, sans l'avis desquels le tuteur du mineur ne pourra transiger ; (C. 467.)

Les requêtes ci-dessus énoncées ne seront point grossoyées et seront taxées :
Paris, 2 fr. — Ressort, 1 fr. 50.
La vacation pour demander l'ordonnance du prési-

(1) L'ordonnance du 10 octobre 1841 (art. 20) a abrogé un paragraphe de l'article 76, ainsi conçu : « A fin de faire commettre un huissier à l'effet de notifier la réquisition de surenchère. »

dent ou du juge-commissaire et se la faire délivrer, est comprise dans la taxe.

77. Requête contenant demande pour abréger les délais dans les cas qui requièrent célérité ; (Pr. 72.)

Pour obtenir permission de saisir et arrêter, entre les mains d'un tiers, ce qu'il doit au débiteur, quand il n'y a pas de titre ; (Pr. 558.)

Pour avoir permission de saisir et arrêter la portion que le juge déterminera dans des sommes ou pensions données ou léguées pour aliments, et ce, pour créances postérieures aux dons et legs ; (Pr. 582.)

A l'effet d'obtenir, pour le témoin assigné, un sauf-conduit qui ne pourra être accordé que sur les conclusions du ministère public, et qui réglera sa durée ; (Pr. 782.)

A l'effet de demander la nullité de l'emprisonnement d'un débiteur détenu pour dettes ; (Pr. 795.)

Pour demander la liberté d'un débiteur détenu pour dettes, dans tous les cas prévus par l'article 800 ; (Pr. 800.)

Pour assigner le geôlier qui refuse de recevoir la consignation de la dette ; (Pr. 802.)

Pour demander la liberté faute de consignation d'aliments ; (Pr. 803.)

Pour demander la permission de saisir-revendiquer, contenant la désignation des effets ; (Pr. 826, 827.)

Idem pour faire commettre un notaire à l'effet de représenter les absents présumés, dans les inventaires, comptes, partages et liquidations dans lesquels ils sont intéressés ; (Pr. 928, 931 ; C. 113.)

Pour faire autoriser à la vente du mobilier d'une succession ; (Pr. 946.)

A fin d'être autorisé, sans attribution de qualité, à faire procéder à la vente d'effets mobiliers dépendant d'une succession ; (Pr. 986.)

Pour faire nommer un curateur au bénéfice d'inventaire ; (Pr. 996.)

Pour faire nommer un curateur à une succession vacante ; (Pr. 998.)

Idem à l'effet de faire nommer un tiers-arbitre ; (Pr. 1017.)

Ces requêtes seront taxées :
Paris, 3 fr. — Ressort, 2 fr. 25.
Les requêtes ci-dessus ne seront point grossoyées,
Et la vacation pour prendre l'ordonnance est comprise dans la taxe.

78. Requête à fin d'obtenir permission d'assigner en règlement de juges ; (Pr. 364.)

Requête civile principale ; (Pr. 483, 492.)

A fin de permission de faire délivrer expédition ou copie d'un acte parfait, non enregistré, ou même resté imparfait, ou pour se faire délivrer une seconde grosse ; (Pr. 839, 841, 844, 854.)

A fin de réformation d'un acte de l'état civil ; (Pr. 855.)

A l'effet de faire pourvoir à l'administration des biens d'une personne présumée absente ; (Pr. 859.)

Pour avoir permission de faire enquête pour constater l'absence ; (C. 113.)

A fin d'envoi en possession provisoire des biens d'un absent ; (Pr. 860.)

De la femme, à l'effet de citer son mari à la chambre du conseil, pour déduire les causes de son refus de l'autoriser ; (Pr. 861.)

De la femme, en cas d'absence présumée ou déclarée du mari, ou en cas d'interdiction, pour se faire autoriser ; (Pr. 863, 864.)

De la femme qui se pourvoit en séparation de biens ; (Pr. 865.)

6

A fin d'homologation de l'avis d'un conseil de famille : (Pr. 885; C. 467.)

Pour demander l'envoi en possession du legs universel ; (C. 1008.)

Du créancier pour obtenir la permission de faire apposer un scellé ; (Pr. 909.)

Idem pour demander l'homologation d'un acte de notoriété, délivré par le juge de paix sur la déposition de sept témoins, pour suppléer à un acte de naissance; (C. 70-71.)

Ces requêtes ne peuvent être grossoyées, et l'émolument pour prendre les ordonnances et communiquer au ministère public est compris dans la taxe, qui sera de :

Paris, 7 fr. 50. — Ressort, 5 fr. 50.

79. Requête pour avoir permission de faire interroger sur faits et articles, contenant les faits; (Pr. 325.)

Cette requête ne sera point signifiée ni la partie appelée avant le jugement qui admettra ou rejettera la demande à fin de faire interroger ; elle ne sera notifiée qu'avec le jugement et l'ordonnance du juge commis pour faire subir l'interrogatoire ;

De l'époux qui se pourvoit en séparation de corps, contenant sommairement les faits : (Pr. 875.)

De l'époux qui se pourvoit en divorce pour cause déterminée, contenant les détails des faits ; (C. 236.)

Contenant demande à fin d'interdiction, le détail des faits et l'indication des témoins; (Pr. 890.)

Ces requêtes ne peuvent être grossoyées, et l'émolument pour prendre les ordonnances et communiquer au ministère public est compris dans la taxe :

Paris, 15 fr. — Ressort, 12 fr.

§ 6. — Plaidoiries et assistance aux jugements.

80. Pour honoraires de l'avocat qui aura plaidé la cause contradictoirement : (Pr. 76 et s.)

Paris, 15 fr. — Ressort, 10 fr.

81. Pour assistance de l'avoué à l'audience, à l'effet de demander acte de sa constitution, en cas d'abréviation des délais :

Paris, 1 fr. 50. — Ressort, 1 fr.

82. Assistance et plaidoirie au jugement par défaut : (Pr. 149.)

Paris, 3 fr. — Ressort, 2 fr. 45.

Pour l'honoraire de l'avocat qui aura pris le jugement par défaut :

Paris, 5 fr. — Ressort, 4 fr.

Quand le jugement par défaut aura été pris par un avocat, le droit d'assistance de l'avoué ne sera que de :

Paris, 1 fr. — Ressort, 0 fr. 75.

83. Pour assistance de chaque avoué à tout jugement portant remise de cause ou indication de jour, sans que les jugements puissent être levés, ni qu'il soit signifié de qualités ou donné d'avenir : (Pr. 87.)

Paris, 3 fr. — Ressort, 2 fr. 25.

84. Pour assistance et observations des avoués aux jugements qui ordonneront une instruction par écrit; (Pr. 93, 95.)

Paris, 5 fr. — Ressort, 4 fr.

85. Pour assistance aux jugements sur délibéré ou instruction par écrit, y compris les notes qu'ils pourront fournir : (Pr. 113.)

Paris, 5 fr. — Ressort, 4 fr.

86. Pour assistance des avoués à chaque journée de plaidoirie qui précède les jugements interlocutoires et définitifs contradictoires, quand les causes sont plaidées par les parties elles-mêmes ou par des avocats : (Pr. 116.)

Paris, 3 fr. — Ressort, 2 fr. 25.

Et quand les avoués plaideront eux-mêmes :

Paris, 10 fr. — Ressort, 6 fr.

§ 7. Qualités et significations des jugements.

87. Pour l'original des qualités contenant les noms, professions et demeures des parties, leurs conclusions et les points de fait et de droit, sans que les motifs des conclusions puissent y être insérés, ni qu'on puisse rappeler, dans les points de fait et de droit, les moyens des parties, savoir : pour celles d'un jugement par défaut : (Pr. 142.)

Paris, 3 fr. 75. — Ressort, 2 fr. 80.

Pour celles d'un jugement contradictoire sur plaidoirie ou délibéré :

Paris, 7 fr. 50. — Ressort, 5 fr. 50.

Et celles d'un jugement en instruction par écrit :

Paris, 10 fr. — Ressort, 7 fr. 50.

88. Pour chaque copie qui ne pourra être signifiée que dans le cas où le jugement serait contradictoire, le quart; (Pr. 142.)

89. Pour signification de tout jugement à avoué ou à domicile, par chaque rôle d'expédition ; (Pr. 156, 157.)

Paris, 0 fr. 30. — Ressort, 0 fr. 25.

§ 8. — Des vacations.

90. Vacation pour mettre la cause au rôle ;

Pour communiquer les pièces de la cause au ministère public et les retirer, le tout ensemble; (Pr. 83.)

Pour produire et retirer les pièces dans les causes où il a été ordonné un délibéré; (Pr. 94.)

Pour produire au greffe des pièces nouvelles en instruction par écrit; (Pr. 102.)

Pour prendre en communication les pièces nouvelles produites en instruction par écrit; (Pr. 103.)

Pour prendre le certificat du greffier, constatant que la partie adverse n'a pas produit en instruction par écrit dans les délais fixés ; (Pr. 107.)

Pour requérir le greffier, après que toutes les parties ont produit en instruction par écrit ou après l'expiration des délais, de remettre les pièces au rapporteur ; (Pr. 109.)

Pour former opposition à des qualités, le droit ne sera passé qu'autant que le président aura ordonné une réformation; (Pr. 144.)

Pour faire régler les qualités des jugements en cas d'opposition ; (Pr. 145.)

Pour faire la mention, sur le registre tenu au greffe, de l'opposition au jugement par défaut, ou de l'appel de tout jugement, quand il y aura dans les jugements des dispositions qui doivent être exécutées par des tiers; (Pr. 163, 164, 549.)

Pour consigner l'amende en requête civile, ou sur appel dans toutes les causes, à l'exception des matières sommaires; (Pr. 471, 494.)

Pour la retirer; (Pr. 504.)

Pour donner certificat contenant la date de la signification, au domicile de la partie condamnée, du jugement qui prononce une mainlevée, la radiation d'inscription hypothécaire, un paiement ou autre chose à faire par un tiers ou contre lui; (Pr. 548.)

Pour requérir du greffier le certificat qu'il n'existe contre le jugement énoncé ci-dessus ni opposition ni appel portés sur le registre tenu au greffe.

Pour faire viser par le greffier la demande en partage et licitation. (Pr. 967.)

Paris, 1 fr. 50. — Ressort, 1 fr. 45.

91. Vacation pour donner et prendre communication des pièces de la cause, à l'amiable, sur récépissé ou par la voie du greffe, et le rétablissement entre les mains de l'avoué, ou le retrait du greffe, le tout ensemble; (Pr. 77, 189.)

Pour produire au greffe dans les causes où il a été ordonné une instruction par écrit; (Pr. 96.)

Pour prendre communication au greffe de la production du demandeur en instruction par écrit, et le rétablissement de cette production, le tout ensemble; — (Pr. 97.)

Pour retirer les pièces du greffe dans les instructions par écrit; — (Pr. 115.)

Pour faire déposer au greffe les pièces arguées de faux; (Pr. 219, 220.)

Pour requérir l'ordonnance du juge commis à l'effet de procéder à une enquête et signer le procès-verbal d'ouverture; (Pr. 259.)

Pour faire la déclaration au greffe des experts convenus; — (Pr. 306.)

Pour être présent à la prestation de serment des experts devant le juge-commissaire. (Pr. 307, 315.)

Pour faire faire la mention, en marge de l'acte de désaveu, du jugement qui l'aura rejeté; (Pr. 361.)

Pour déposer au greffe les titres de solvabilité de la caution présentée; (Pr. 518.)

Pour prendre communication au greffe des titres de solvabilité de la caution; (Pr. 519.)

Pour faire faire au greffe la soumission d'une caution; (Pr. 519 522.)

Pour déposer au greffe, ou donner en communication sur récépissé à l'amiable, les pièces justificatives de la déclaration des dommages et intérêts, et les retirer, le tout ensemble; (Pr. 523.)

Pour prendre communication à l'amiable sur récépissé, ou au greffe, des pièces justificatives de la déclaration de dommages et intérêts, et les rétablir, le tout ensemble;

Pour requérir des fonctionnaires publics, tiers saisis, le certificat du montant de ce qu'ils doivent à la partie saisie; (Pr. 569.)

Pour assister au greffe la femme qui fait sa renonciation à la communauté, en cas de séparation de biens; (Pr. 874.)

Pour prendre l'ordonnance du tribunal qui permet de citer l'époux défendeur en divorce; (C. 240.)

Pour assister au greffe la femme qui renonce à la communauté après décès, ou l'héritier qui renonce à la succession, ou qui ne l'accepte que sous bénéfice d'inventaire; (Pr. 997; C. 793, 794.)

Pour demander l'ordonnance d'*exequatur* d'une décision arbitrale; (Pr. 1020.)

Paris, 3 fr. — Ressort, 2 fr. 25.

92. Vacation pour déposer au greffe une pièce dont l'écriture est déniée, et assistance au procès-verbal dressé par le greffier de l'état de ladite pièce; (Pr. 196.)

Idem pour prendre communication de ladite pièce, et assistance au procès-verbal dressé par le greffier; (Pr. 198.)

Idem devant le juge-commissaire pour convenir de pièces de comparaison; (Pr. 199.)

Pour être présent au serment des experts, à la représentation des pièces de comparaison, et faire les réquisitions et observations par chaque vacation; (Pr. 204, 207.)

A la confection du corps d'écriture fait par le défendeur, s'il est ainsi ordonné; (Pr. 206.)

Pour former une inscription de faux incident au greffe; (Pr. 218.)

Pour requérir du juge-commissaire son ordonnance à l'effet de faire apporter au greffe la pièce arguée de faux, dont il y a minute; (Pr. 221.)

Au procès-verbal de l'état des pièces arguées de faux; (Pr. 226.)

De l'avoué du demandeur, pour prendre, en tout état de cause, communication de la pièce arguée de faux; (Pr. 228.)

A l'audition des témoins, par trois heures; (Pr. 270.)

En cas de descente sur les lieux, par trois heures; (Pr. 297.)

Des avoués aux rapports d'experts s'ils en sont expressément requis par leurs parties, pour ne les répéter que contre elles, et sans qu'elles puissent entrer en taxe; (Pr. 317.)

Pour former un désaveu au greffe, contenant les moyens, conclusions et constitution d'avoués; (Pr. 353.)

Pour former par acte au greffe la demande à fin de renvoi d'un tribunal à un autre, pour parenté et alliance; (Pr. 370.)

Pour faire au greffe l'acte contenant les moyens de récusation contre un juge; (Pr. 384.)

Pour interjeter appel au greffe du jugement qui aura rejeté la récusation, avec énonciation des moyens et dépôt de pièces au soutien;

Pour mettre en ordre les pièces d'un compte à rendre, les coter et les parapher; (Pr. 532, 536.)

Il sera passé une vacation pour cinquante pièces; deux pour cent, et ainsi de suite;

A la présentation et affirmation du compte; (Pr. 534.)

Pour requérir du juge-commissaire exécutoire de l'excédent de la recette sur la dépense dans les comptes présentés; (Pr. 535.)

Pour prendre en communication les pièces justificatives du compte et les rétablir, le tout ensemble; (Pr. 536.)

Pour fournir des débats sur le procès-verbal du juge-commissaire; (Pr. 538.)

Par chaque vacation de trois heures, dont le nombre sera fixé et arbitré par le juge-commissaire;

Idem pour fournir soutènements et réponses; (Pr. 538.)

Par chaque vacation de trois heures, dont le nombre sera fixé et arbitré par le juge-commissaire;

Pour faire au greffe une déclaration affirmative sur saisie-arrêt, contenant les causes et le montant de la dette, les payements à compte, si aucuns ont été faits, l'acte ou les causes de libération, et les saisies-arrêts formées entre les mains du tiers saisi et le dépôt au greffe des pièces justificatives, le tout ensemble; (Pr. 573, 574.)

Pour assistance au compulsoire et dires au procès-verbal, par chaque vacation; (Pr. 850.)

Pour faire et remettre l'extrait de la demande en séparation de biens qui doit être inséré dans les tableaux de l'auditoire du tribunal où se poursuit la séparation et du tribunal de commerce, des chambres des avoués de première instance et des notaires, et le faire insérer dans un journal, le tout ensemble; (Pr. 866, 867, 868.)

Pour faire insérer l'extrait du jugement qui aura prononcé la séparation de biens, dans les mêmes tableaux et dans un journal, le tout ensemble; (Pr. 872.)

Pour faire insérer l'extrait du jugement qui prononcera la séparation de corps, dans les mêmes tableaux et dans un journal, le tout ensemble; (Pr. 880.)

Pour assister à huis clos les époux dans le cas de demande en divorce, représenter les pièces, faire les observations et indiquer les témoins; (C. 242, 243.)

Pour assister à la délibération du conseil de famille qui suit la demande en interdiction et avant l'interrogatoire; (Pr. 892.)

Idem pour faire l'extrait du jugement qui prononcera une interdiction ou une nomination de conseil, le faire insérer dans le tableau de l'auditoire et des études des notaires de l'arrondissement et dans un journal, le tout ensemble; (C. 501.)

Le jugement d'interdiction ou de nomination de conseil ne sera point signifié aux notaires de l'arrondissement; l'extrait en sera remis au secrétaire de leur chambre, qui en donnera récépissé, et qui le communiquera à ses collègues, qui seront tenus d'en prendre note, et de l'afficher dans leurs études;

Pour déposer au greffe le bilan, les livres et les titres actifs, s'il y en a, du débiteur qui demande à être admis au bénéfice de cession; (Pr. 898.)

Pour faire l'extrait du jugement qui admet à la cession de biens, et le faire insérer au tableau du tribunal de commerce, ou du tribunal de première instance, qui en fait les fonctions, dans le lieu des séances de la maison commune et dans un journal, le tout ensemble; (Pr. 903.)

Vacation au partage, soit devant le juge-commissaire, soit devant le notaire commis par lui, par trois heures. (Pr. 976, 977, 982.)

Les vacations devant le notaire n'entreront point en frais de partage; elles ne pourront être répétées que contre la partie qui aura requis l'assistance de l'avoué; (Pr. 977).

Paris, 6 fr. — Ressort, 4 fr. 50.

93. Vacation en référé contradictoire : (Pr. 806).

Paris, 5 fr. — Ressort, 3 fr. 75.

Et par défaut :

Paris, 3 fr. — Ressort, 2 fr. 25.

94. Vacation pour requérir une apposition de scellés; (Pr. 929.)

Idem à l'apposition de scellés, par trois heures; (Pr. 911.)

En référé, lors de l'apposition, ou dans le cours de la levée; (Pr. 916, 918, 920, 921, 922.)

Pour en requérir la levée; (Pr. 931.)

A chaque vacation de trois heures, à la reconnaissance et levée; (Pr. 932, 933.)

Pour requérir la levée des scellés sans description; (Pr. 940.)

A la reconnaissance et levée sans description :

Paris, 6 fr. — Ressort, 4 fr. 50.

§ 9. — Poursuite de Contribution.

95. Vacation pour requérir sur le registre tenu au greffe la nomination d'un juge-commissaire, devant lequel il sera procédé à une contribution : (Pr. 658.)

Paris, 5 fr. — Ressort, 3 fr. 75.

S'il se présente deux ou plusieurs requérants en même temps au greffe, ils se retireront devant le président du tribunal, qui décidera sur-le-champ celui dont la réquisition sera reçue. Il n'y aura ni appel, ni opposition contre la décision; il n'en sera point dressé procès-verbal, et il ne sera alloué aucune vacation aux avoués pour s'être transportés devant le président.

96. Pour la requête au juge-commissaire à l'effet d'obtenir son ordonnance pour sommer les opposants de produire, et la partie saisie de prendre communication des pièces produites et de contredire s'il y échet,

et la vacation pour obtenir l'ordonnance du commissaire, le tout ensemble : (Pr. 659.)

Paris, 3 fr. — Ressort, 2 fr. 25.

97. Pour l'acte de production des titres contenant demande en collocation, et même à fin de privilège et constitution d'avoué, y compris la vacation pour produire : (Pr. 660, 661.)

Paris, 10 fr. — Ressort, 7 fr. 50.

Il ne sera point signifié.

98. Pour la sommation, à la requête du propriétaire, à l'avoué de la partie saisie, si elle en a constitué un, et au plus ancien de ceux des opposants, pour comparaître en référé par-devant le juge-commissaire à l'effet de faire statuer préliminairement sur son privilège pour raison des loyers à lui dus : (Pr. 661.)

Paris, 1 fr. — Ressort, 0 fr. 75.

Et pour chaque copie le quart.

Vacation en référé devant le juge-commissaire qui statuera sur le privilège réclamé pour loyers dus, par défaut :

Paris, 3 fr. — Ressort, 2 fr. 25.

Et contradictoirement :

Paris, 5 fr. — Ressort, 3 fr. 75.

99. Pour l'acte de dénonciation de la clôture du procès-verbal de contribution du juge-commissaire, aux avoués des créanciers produisant et de la partie saisie, si elle en a un, avec sommation d'en prendre communication et de contredire sur le procès-verbal dans la quinzaine : (Pr. 663.)

Paris, 1 fr. — Ressort, 0 fr. 75.

Et pour chaque copie le quart.

Le procès-verbal du juge-commissaire ne sera ni levé ni signifié, et il ne sera enregistré que lors de la délivrance des mandements aux créanciers.

100. Vacation pour prendre communication de l'état de contribution et contredire sur le procès-verbal du juge-commissaire, sans qu'il puisse en être passé plus d'une, sous quelque prétexte que ce soit : (Pr. 663.)

Paris, 5 fr. — Ressort, 3 fr. 75.

Il ne sera fait aucun dire s'il n'y a lieu à contredire.

Il sera alloué à l'avoué du poursuivant autant de demi-droits de vacation pour prendre communication de l'état de contribution et contredire, qu'il y aura de créanciers produisants :

Paris, 2 fr. 50. — Ressort, 1 fr. 88.

101. Vacation pour requérir la délivrance du mandement au créancier utilement colloqué, et être présent à l'affirmation de la créance devant le greffier; l'avoué signera le procès-verbal : (Pr. 665, 671.)

Paris, 2 fr. — Ressort, 1 fr. 50.

Nota. Les mandements collectivement contiendront la totalité du procès-verbal du juge-commissaire. Si on délivrait, indépendamment des mandements, une expédition entière, ce serait un double emploi.

En cas de contestations, les dépens de ces contestations seront taxés comme dans les autres matières, suivant leur nature sommaire ou ordinaire.

§ 10. — Poursuite de saisie immobilière (1).

102. Vacation pour faire transcrire le procès-

(1) Les articles 102 à 120 ont été abrogés par l'ordonnance du 10 octobre 1841 (art. 20), en tant qu'ils concernent les saisies immobilières, les surenchères sur aliénation volontaire, les ventes d'immeubles de mineurs et de biens dotaux, les ventes sur licitation, les ventes d'immeubles dépendant d'une succession bénéficiaire ou vacante, ou provenant d'un débiteur failli ou qui a fait cession.

verbal de saisie immobilière au bureau de la conservation des hypothèques et au greffe du tribunal où doit se faire la vente, par chacune : (Pr. 677, 680.)
Paris, 6 fr. — Ressort, 4 fr. 50.

103. Pour faire enregistrer au bureau de la conservation des hypothèques la dénonciation faite à la partie saisie de la saisie immobilière : (Pr. 681.)
Paris, 6 fr. — Ressort, 4 fr. 50.

104. Pour l'extrait de la saisie immobilière, qui doit être inséré dans un tableau placé à cet effet dans l'auditoire : (Pr. 682.)
Paris, 6 fr. — Ressort, 4 fr. 50.

105. Pour l'extrait pareil à celui prescrit par l'article 682, qui doit être inséré dans un journal ; (Pr. 683.)
Il sera passé autant de droits à l'avoué qu'il y aura eu d'insertions prescrites par le Code :
Paris, 2 fr. — Ressort, 1 fr. 50.
Pour faire légaliser la signature de l'imprimeur par le maire, s'il y a lieu :
Paris, 2 fr. — Ressort, 1 fr. 50.

106. Pour l'extrait de la saisie immobilière qui doit être imprimé et placardé, et qui servira d'original et ne pourra être grossoyé : (Pr. 684, 686.)
Paris, 6 fr. — Ressort, 4 fr. 50.
Il ne sera passé qu'un droit à l'avoué, attendu qu'aux termes de l'article 703, il ne doit entrer en taxe qu'une seule impression de placards, et que les additions, lors des appositions subséquentes, doivent être manuscrites.

107. Vacation pour se faire délivrer l'extrait des inscriptions : (Pr. 695.)
Paris, 6 fr. — Ressort, 4 fr. 50.

108. Vacation pour faire enregistrer à la conservation des hypothèques la notification du placard faite aux créanciers inscrits : (Pr. 696.)
Paris, 6 fr. — Ressort, 4 fr. 50.

109. Pour la grosse du cahier des charges, contenant vingt-cinq lignes à la page, et douze syllabes à la ligne : (Pr. 697.)
Paris, 2 fr. — Ressort, 1 fr. 50
Il ne sera signifié de copie ni à la partie saisie ni aux créanciers inscrits, attendu que cette grosse doit être déposée au greffe, quinzaine avant la première publication, et que toute partie intéressée a la faculté d'en prendre communication.

110. Il ne sera fait qu'une seule grosse, et il n'en sera point remis à l'huissier audiencier pour les publications : l'huissier publiera, sur la note qui lui sera remise par le greffier, et le greffier constatera les publications, qui seront d'ailleurs signées par le juge.
Vacation pour déposer au greffe le cahier des charges :
Paris, 3 fr. — Ressort, 2 fr. 45.

111. À chaque publication des charges, avec les dires qui pourront avoir lieu : (Pr. 699, 700.)
Paris, 3 fr. — Ressort, 2 fr. 45.
Il ne sera point signifié d'acte de remise de la publication du cahier des charges, attendu que les parties intéressées peuvent se présenter à la première publication et connaître les jours auxquels les publications subséquentes auront lieu ; que d'ailleurs l'apposition des placards et l'insertion dans un journal, annonçant les adjudications préparatoires et définitives, les instruiront suffisamment.

112. Vacation à l'adjudication préparatoire : (Pr. 702.)
Paris, 6 fr. — Ressort, 4 fr. 50.

113. Vacation à l'adjudication définitive : (Pr. 706,)
Paris, 15 fr. — Ressort, 12 fr.

Indépendamment des émoluments ci-dessus fixés, il sera alloué à l'avoué poursuivant, sur le prix des biens dont l'adjudication sera faite au-dessus de 2,000 fr., savoir :

Depuis 2,000 fr., jusqu'à 10,000 fr. 1 » p. 100
Sur la somme excédant 10,000 fr., jusqu'à 50,000 fr. . . . . » 1/2 p. 100
Sur la somme excédant 50,000 fr., jusqu'à 100,000 fr. . . . . » 1/4 p. 100
Et sur l'excédent de 100,000 fr., indéfiniment . . . . 1/8 de 1 » p. 100

En cas d'adjudication par lots de biens compris dans la même poursuite, dans l'état où elle se trouvera lors des adjudications, la totalité des prix des lots sera réunie pour fixer le montant de la remise.
Il ne sera passé que trois quarts de la remise aux avoués des tribunaux de département.

114. Vacation pour enchérir : (Pr. 707.)
Paris, 7 fr. 50. — Ressort, 5 fr. 63.
Pour enchérir et se rendre adjudicataire :
Paris, 15 fr. — Ressort, 11 fr. 25.
Pour faire la déclaration de command :
Paris, 6 fr. — Ressort, 4 fr. 50.
Nota Les vacations pour enchérir ou pour la déclaration de command sont à la charge de l'enchérisseur ou de l'adjudicataire.

115. Vacation pour faire au greffe la surenchère du quart au moins du prix principal de l'adjudication en saisie immobilière : (Pr. 710.)
Paris, 15 fr. — Ressort, 11 fr. 25.

116. Pour l'acte de dénonciation de la surenchère aux avoués de l'adjudicataire, du poursuivant et de la partie saisie, si elle en a constitué, contenant avenir à la prochaine audience : (Pr. 711.)
Paris, 1 fr. — Ressort, 0 fr. 75.
Pour chaque copie, le quart.

117. Pour la requête d'avoué à avoué, contenant demande à fin de réunion de poursuite de saisies immobilières de biens différents, portées devant le même tribunal, par chaque rôle : (Pr. 719.)
Paris, 2 fr. — Ressort, 1 fr. 50.
Pour la copie, le quart.
Pour la requête en défense à cette même demande :
Paris, 2 fr. — Ressort, 1 fr. 50.
Pour la copie, le quart.

118. Pour l'acte de dénonciation de la plus ample saisie au premier saisissant, à la requête du plus ample saisissant, avec sommation de se mettre en état : (Pr. 720.)
Paris, 3 fr. — Ressort, 2 fr. 25.
Pour la copie, le quart.

119. Pour l'acte contenant demande en subrogation à la poursuite, soit faute par le premier saisissant de s'être mis en état sur la plus ample saisie, soit en cas de collusion, soit par négligence de la part du poursuivant : (Pr. 721, 722.)
Paris, 5 fr. — Ressort, 3 fr. 75.
Pour la copie, le quart.
Pour l'acte en réponse :
Paris, 5 fr. — Ressort, 3 fr. 75.
Pour la copie, le quart.

120. Vacation pour faire viser par le greffier l'exploit d'intimation sur l'appel du jugement en vertu duquel il a été procédé à la saisie immobilière : (Pr. 726.)
Paris, 2 fr. — Ressort, 1 fr. 50.

121. *Idem* pour déposer au greffe les titres justificatifs d'une demande en distraction d'objets immobiliers saisis : (Pr. 728.)

Paris, 3 fr. — Ressort, 2 fr. 45.

122. Pour la requête d'avoué à avoué contenant demande en distraction, par chaque rôle : (Pr. 727.)
Paris, 2 fr. — Ressort, 1 fr. 50.
Pour la copie, le quart.
Requête en réponse, par chaque rôle :
Paris, 2 fr. — Ressort, 1 fr. 50.
Pour la copie, le quart.

123. Pour la requête d'avoué à avoué contenant demande en décharge de l'adjudication préparatoire de la part de l'adjudicataire, en cas de demande en distraction de tout ou partie de l'objet saisi immobilièrement, par chaque rôle, sans cependant qu'elle puisse excéder le nombre de trois rôles : (Pr. 729.)
Paris, 2 fr. — Ressort, 1 fr. 50.
Pour la copie, le quart.
Pour la réponse :
Paris, 2 fr. — Ressort, 1 fr. 50.
Pour la copie, le quart.

124. Requête d'avoué à avoué de la part de la partie saisie, contenant moyens de nullité contre la procédure antérieure à l'adjudication préparatoire, par chaque rôle : (Pr. 733.)
Paris, 2 fr. — Ressort, 1 fr. 50.
Pour la copie, le quart.
Pour la réponse :
Paris, 2 fr. — Ressort, 1 fr. 50.
Pour la copie, le quart.

125. Requête d'avoué à avoué de la part de la partie saisie, contenant ses moyens contre les procédures postérieures à l'adjudication préparatoire : (Pr. 735.)
Paris, 2 fr. — Ressort, 1 fr. 50.
Pour la copie, le quart.
Pour la requête en réponse :
Paris, 2 fr. — Ressort, 1 fr. 50.
Pour la copie, le quart

126. Vacation pour requérir le certificat du greffier, constatant que l'adjudicataire n'a point justifié de l'acquit des conditions exigibles de l'adjudication : (Pr. 738.)
Paris, 3 fr. — Ressort, 2 fr. 25.

127. Requête non grossoyée et non signifiée, sur le consentement de toutes les parties intéressées, pour demander, après saisie immobilière, que l'immeuble saisi soit vendu aux enchères par-devant notaires ou en justice : (Pr. 747.)
Paris, 6 fr. — Ressort, 4 fr. 50.

128. Les émoluments des avoués pour dresser le cahier des charges, en faire le dépôt au greffe, et pour les publications, les extraits à placarder et à insérer dans les journaux, les adjudications préparatoires et définitives, seront réglés et taxés comme en saisie immobilière, lorsqu'il s'agira :
1° De saisie de rentes constituées sur particuliers ; (Pr. 636.)
2° De surenchère sur aliénation volontaire ; (Pr. 832.)
3° De vente d'immeubles de mineurs, et des biens dotaux dans le régime dotal ; (Pr. 954.)
4° De vente sur licitation ; (Pr. 972.)
5° Et de vente d'immeubles dépendant d'une succession bénéficiaire ou vacante, ou provenant d'un débiteur failli ou qui a fait cession. (Pr. 988, 1001.)

129. La remise proportionnelle sur le prix de l'adjudication sera divisée en licitation, ainsi qu'il suit :
Moitié appartiendra à l'avoué poursuivant.
La seconde moitié sera partagée par égales portions entre tous les avoués qui ont occupé dans la licitation, y compris l'avoué poursuivant, qui aura sa part comme les autres dans cette seconde moitié.

L'article 972 prescrivant en licitation la signification du cahier des charges par un simple acte aux avoués des colicitants, cet acte sera taxé comme un acte simple, et la copie du cahier des charges, comme celle de requête d'avoué à avoué.

Dans tous les cahiers des charges, il est expressément défendu d'y stipuler d'autres et plus grands droits au profit des avoués que ceux énoncés au présent tarif ; et s'il est inséré quelque clause pour les exhausser, elle sera réputée non écrite.

§ 11. — Poursuite d'ordre.

130. Vacation pour requérir, sur le registre tenu au greffe, la nomination, par le président du tribunal, d'un juge-commissaire devant lequel il sera procédé à l'ordre : (Pr. 750.)
Paris, 6 fr. — Ressort, 4 fr. 50.
Si deux ou plusieurs avoués se présentent en même temps au greffe pour faire la même réquisition, ils se retireront sur-le-champ, sans sommation, devant le président du tribunal, qui décidera quelle est la réquisition qui doit être admise, sans dresser aucun procès-verbal ; il ne sera reçu ni appel ni opposition contre la décision du président, et il ne sera alloué aucune vacation aux avoués.

131. Requête au jugement-commissaire à l'effet d'obtenir son ordonnance portant que les créanciers inscrits seront tenus de produire, et vacation pour se faire délivrer l'ordonnance, le tout ensemble : (Pr. 752.)
Paris, 3 fr. — Ressort, 2 fr. 25.
Vacation pour se faire délivrer, par le conservateur des hypothèques, l'extrait des inscriptions :
Paris, 6 fr. — Ressort, 4 fr. 50.

132. Sommation d'avoué à avoué aux créanciers inscrits qui ne ont constitué, de produire dans le mois : (Pr. 753.)
Paris, 1 fr. — Ressort, 0 fr. 75 c.
Et pour chaque copie, le quart.

133. Acte de production des titres contenant demande en collocation et constitution d'avoué, y compris la vacation pour produire : (Pr. 754.)
Paris, 20 fr. — Ressort, 15 fr.
Il ne sera point signifié.

134. Dénonciation par acte d'avoué à avoué, aux créanciers produisants et à la partie saisie, de la confection de l'état de collocation, avec sommation d'en prendre communication, et de contredire, s'il y échet, sur le procès-verbal du commissaire, dans le délai d'un mois : le procès-verbal ne sera ni levé ni signifié, et il ne sera enregistré que lors de la délivrance des mandements : (Pr. 755.)
Paris, 3 fr — Ressort, 2 fr. 25.
Et pour chaque copie, le quart.

135. Vacation pour prendre communication des productions et contredire sur le procès-verbal du commissaire, sans qu'il puisse être passé plus d'une vacation dans le même ordre, sous quelque prétexte que ce soit :
Paris, 10 fr. — Ressort, 7 fr. 50.
Il sera passé à l'avoué poursuivant une demi-vacation par chaque production, pour en prendre communication et contredire, s'il y a lieu :
Paris, 5 fr. — Ressort, 3 fr. 75.

136. Pour la dénonciation aux créanciers inscrits et à la partie saisie des productions faites après les délais dans les ordres et sommation d'en prendre communication et de contredire s'il y a lieu : (Pr. 757.)

Paris, 3 fr. — Ressort, 2 fr. 25.

Pour chaque copie, le quart.

137. Vacation pour faire rayer une ou plusieurs inscriptions en vertu du même jugement : (Pr. 759.)

Paris, 6 fr. — Ressort, 4 fr. 50.

Vacation pour requérir et se faire délivrer le mandement ou bordereau de collocation :

Paris, 5 fr — Ressort, 3 fr. 75.

Nota. Les bordereaux de collocation et l'ordonnance de mainlevée des inscriptions non utilement colloquées, contenant nécessairement la totalité du procès-verbal du juge-commissaire, l'expédition entière serait un double emploi : elle ne sera ni levée, ni signifiée.

138. Requête pour demander la subrogation à la poursuite d'ordre; elle ne sera point grossoyée : (Pr. 779.)

Paris, 3 fr. — Ressort, 2 fr. 25.

139. Vacation pour la faire insérer au procès-verbal du juge-commissaire :

Paris, 1 fr. 50. — Ressort, 1 fr. 15.

Signification de la requête au poursuivant par acte d'avoué à avoué.

Paris, 1 fr. — Ressort. 0 fr. 75.

Pour la copie, le quart.

Acte servant de réponse :

Paris, 1 fr. — Ressort, 0 fr. 75.

Pour la copie, le quart.

§ 12. — Actes particuliers.

140. Pour la consultation de trois avocats exerçant depuis dix ans, qui doit précéder la requête civile principale ou incidente : (Pr. 495.)

Paris, 72 fr. — Ressort, 72 fr.

141. Pour la déclaration de dommages et intérêts, par article : (Pr. 523.)

Paris, 0 fr. 60. — Ressort, 0 fr. 45.

Pour la copie signifiée, par chaque article :

Paris, 0 fr. 15. — Ressort, 0 fr. 12.

142. Pour chaque apostille de l'avoué défendeur sur la déclaration de dommages et intérêts : (*Arg. de l'art.* 524.)

Paris, 0 fr. 60. — Ressort, 0 fr. 45.

143. Composition de l'extrait de l'acte de vente, ou donation, qui doit être dénoncé aux créanciers inscrits par l'acquéreur ou donataire : (C. 2183.)

Paris, 15 fr. — Ressort, 11 fr. 75.

Et en outre, par chaque inscription extraite,

Paris, 1 fr. — Ressort, 75 c.

Les copies de cet extrait et des inscriptions seront taxées comme les copies de pièces.

144. Il sera taxé aux avoués par chaque journée de campagne, à raison de cinq myriamètres pour un jour, lorsque leur présence sera autorisée par la loi ou requise par leurs parties, y compris les frais de transport et de nourriture :

Paris, 30 fr. — Ressort, 22 fr. 50.

145. Quand les parties seront domiciliées hors de l'arrondissement du tribunal, il sera passé à leurs avoués, pour frais de port de pièces et de correspondances, par chaque jugement définitif :

Paris, 10 fr. — Ressort, 7 fr. 50.

Et par chaque interlocutoire,

Paris, 5 fr. — Ressort, 3 fr. 75.

146. Lorsque les parties feront un voyage, et qu'elles se seront présentées au greffe, assistées de leur avoué, pour y affirmer que le voyage a été fait

dans la seule vue du procès, il leur sera alloué, quels que soient leur état et leur profession, pour frais de voyage, séjour et retour, trois francs pour chaque myriamètre de distance entre leur domicile et le tribunal où le procès sera pendant, et à l'avoué pour vacation au greffe,

Paris, 1 fr. 50. — Ressort, 1 fr. 15.

Il ne sera passé en taxe qu'un seul voyage en première instance, et un seul en cause d'appel. La taxe pour la partie sera la même en l'un et l'autre cas.

Cependant, si la comparution d'une partie avait été ordonnée par jugement, et qu'en définitive les dépens lui fussent adjugés, il lui sera alloué pour cet objet une taxe égale à celle d'un témoin.

Chap. III. — *Avoués de la cour d'appel de Paris.*

147. Les émoluments des avoués de la cour d'appel seront taxés au même prix et dans la même forme que ceux des avoués du tribunal de première instance de Paris, avec une augmentation sur chaque espèce de droits, savoir : dans les matières sommaires, du double, et dans les matières ordinaires, du double pour le droit de consultation, ainsi que pour le port de pièces, lorsque les parties seront domiciliées hors de l'arrondissement du tribunal de première instance de Paris, et pour les autres droits, d'une moitié seulement de ceux attribués aux avoués de première instance.

Néanmoins, dans les demandes de condamnation de frais d'un avoué contre sa partie, il ne sera alloué que moitié du droit ci-dessus fixé pour les matières sommaires.

148. Les frais des demandes à fin de défenses contre les jugements mal à propos qualifiés en dernier ressort, ou dont l'exécution provisoire a été mal à propos ordonnée, hors les cas prévus par la loi, ainsi que ceux des demandes à fin d'exécution provisoire des jugements non qualifiés ou mal à propos qualifiés en premier ressort, et de ceux qui n'auraient pas prononcé l'exécution provisoire dans les cas où elle devait l'être, seront liquidés comme en matière sommaire. (Pr. 457, 458, 459.)

149. Il en sera de même des frais faits sur les appels d'ordonnance de référés (Pr. 809.)

150. Les requêtes en prise à partie, et celles de pourvoi contre un jugement qui a statué sur une demande en rectification d'un acte de l'état civil, quand il n'y a d'autre partie que le demandeur en rectification, seront taxées 15 fr. (Pr. 858.)

Chap. IV. — *Dispositions communes aux avoués des cours et des tribunaux.*

151. Tous les avoués seront tenus d'avoir un registre qui sera coté et paraphé par le président du tribunal auquel ils seront attachés, ou par un des juges du siège, qui sera par lui commis, sur lequel registre ils inscriront eux-mêmes, par ordre de date et sans aucun blanc, toutes les sommes qu'ils recevront de leurs parties.

Ils représenteront ce registre toutes les fois qu'ils en seront requis, et qu'ils formeront des demandes en condamnation de frais; et faute de représentation ou de tenue régulière, ils seront déclarés non recevables dans leurs demandes.

Le tarif ne comprend que l'émolument net des avoués et autres officiers; les déboursés seront payés en outre.

Les officiers ne pourront exiger de plus forts droits

que ceux énoncés au présent tarif, à peine de restitution, dommages et intérêts, et d'interdiction, s'il y a lieu.

Il ne sera passé aux juges de paix, aux experts, aux avoués, aux notaires, et à tous officiers ministériels, que trois vacations par jour, quand ils opéreront dans le lieu de leur résidence: deux par matinée, et une seule l'après-dîner.

CHAP. V. — Des huissiers audienciers.

§ 1er. — Des tribunaux de première instance.

152. Pour chaque appel de cause sur le rôle et lors des jugements par défaut, interlocutoires et définitifs, sans qu'il soit alloué aucun droit pour les jugements préparatoires et de simples remises :
Paris, 30 c. — Trib. du ressort, 25 c.
153, 154, 155. — *Abrogés par l'ordonnance du 10 octobre 1842, art. 20.*
156. Pour signification de toute espèce, d'avoué à avoué, sans aucune distinction, à l'ordinaire,
Paris, 0,30. — Tribunaux du ressort, 0,25.
Pour significations extraordinaires, c'est-à-dire à une autre heure que celle où se font les significations ordinaires suivant l'usage du tribunal :
Paris, 1 fr.
Nota. Ces significations doivent être faites à heure datée; et à défaut de date, elles ne seront taxées que comme significations ordinaires : elles ne sont passées en taxe, comme extraordinaires, qu'à Paris seulement.
Les huissiers audienciers, quoiqu'ils soient commis pour faire des significations ou autres opérations, ne pourront exiger autres ni plus forts droits que les huissiers ordinaires; et ils seront obligés de se conformer à toutes les dispositions du Code, comme tous les autres huissiers; mais les frais de transport des huissiers de la cour d'appel commis par elle seront, dans ce cas, alloués suivant la taxe, quelle que soit la distance.

§ 2. — Des huissiers audienciers de la Cour d'appel de Paris.

157. Pour l'appel des causes sur le rôle, ou lors des arrêts par défaut, interlocutoires et définitifs, à la charge d'envoyer des bulletins aux avoués pour toutes les remises de causes qui seront ordonnées :
1 fr. 25.
Il ne sera passé aucun droit d'appel pour les simples remises de causes et les jugements préparatoires.
158. Pour significations de toute espèce, d'avoué à avoué, sans aucune distinction :
A l'ordinaire, 0,75. — A l'extraordinaire ou à heure datée, 1 fr. 50.

CHAP. VI. — Des experts, des dépositaires de pièces, et des témoins.

159. Il sera taxé aux experts, par chaque vacation de trois heures, quand ils opéreront dans les lieux où ils sont domiciliés ou dans la distance de deux myriamètres; savoir, dans le département de la Seine : (Pr. 320.)
Pour les artisans ou laboureurs, 4 fr.
Pour les architectes et autres artistes, 8 fr.
Dans les autres départements :
Aux artisans et laboureurs, 3 fr.
Aux architectes et autres artistes, 6 fr.

160. Au delà de deux myriamètres, il sera alloué par chaque myriamètre, pour frais de voyage et nourriture, aux architectes et autres artistes, soit pour aller, soit pour revenir :
A ceux de Paris, 6 fr. — A ceux des départements, 4 fr. 50.
161. Il leur sera alloué pendant leur séjour, à la charge de faire quatre vacations par jour, savoir :
A ceux de Paris, 32 fr. — A ceux des départements, 24 fr.
Nota. La taxe sera réduite dans le cas où le nombre de quatre vacations n'aurait pas été employé.
S'il y a lieu à transport d'un laboureur au delà de deux myriamètres, il sera alloué 3 fr. par myriamètre pour aller, et autant pour le retour, sans néanmoins qu'il puisse rien être alloué au delà de cinq myriamètres.
162. Il sera encore alloué aux experts deux vacations, l'une pour leur prestation de serment, l'autre pour le dépôt de leur rapport, indépendamment de leurs frais de transport s'ils sont éloignés de deux myriamètres de distance du lieu où siège le tribunal; il leur sera accordé par myriamètre, en ce cas, le cinquième de leur journée de campagne.
Au moyen de cette taxe, les experts ne pourront rien réclamer, ni pour frais de voyage et de nourriture, ni pour s'être fait aider par des écrivains ou par des toiseurs et porte-chaînes, ni sous quelque autre prétexte que ce soit; ces frais, s'ils ont eu lieu, restant à leur charge.
Le président, en procédant à la taxe de leurs vacations, en réduira le nombre s'il lui paraît excessif.
163. Il sera taxé aux experts en vérification d'écritures, et en cas d'inscription de faux incident, par chaque vacation de trois heures, indépendamment de leurs frais de voyage, s'il y a lieu :
Paris, 8 fr. — Tribunaux du ressort, 6 fr.
164. Il ne leur sera rien alloué pour prestation de serment ni pour dépôt de leur procès-verbal, attendu qu'ils doivent opérer en présence du juge ou du greffier, et que le tout est compris dans leurs vacations. (Pr. 208, 232).
165. Il leur sera alloué pour frais de voyage, s'ils sont domiciliés à plus de deux myriamètres du lieu où se fait la vérification :
Paris, 32 fr. — Tribunaux du ressort, 24 fr.
A raison de cinq myriamètres par journée; et au moyen de cette taxe, ils ne pourront rien réclamer pour frais de transport et de nourriture.
166. Il sera taxé aux dépositaires qui devront représenter les pièces de comparaison en vérification d'écritures ou arguées de faux, en inscription de faux incident, indépendamment de leurs frais de voyage, par chaque vacation de trois heures devant le juge-commissaire ou le greffier, savoir : (Pr. 201, 204, 205, 221, 225.)

1° Aux greffiers	1° des Cours d'appel,	12 fr.
	2° des Cours d'assises,	12 fr.
	3° des tribunaux de première instance,	10 fr.
2° Aux notaires	1° de Paris,	9 fr.
	2° des départements,	6 fr. 75.
3° Aux avoués	1° des Cours d'appel,	8 fr.
	2° des tribunaux de première instance,	6 fr.
4° Aux huissiers	1° de Paris,	5 fr.
	2° des départements,	4 fr.

5° Aux autres fonctionnaires publics ou autres particuliers, s'ils le requièrent, 6 fr.
167. Il sera taxé au témoin, à raison de son état

et de sa profession, une journée pour sa déposition ; et s'il n'a pas été entendu le premier jour pour lequel il aura été cité, dans le cas prévu par l'article 267, il lui sera passé deux journées, indépendamment des frais de voyage, si le témoin est domicilié à plus de deux myriamètres du lieu où se fait l'enquête.

Le *maximum* de la taxe du témoin sera de 10 fr., et le *minimum* de 2 fr.

Les frais de voyage sont fixés à 3 fr. par myriamètre pour l'aller et le retour.

CHAP. VII. — Des notaires.

I. — **168.** Il sera taxé aux notaires, pour tous les actes indiqués par le Code civil et par le Code judiciaire,

Pour chaque vacation de trois heures :

1° Aux compulsoires faits en leur étude ; (Pr. 849).

2° Devant le juge, en cas que le transport devant lui ait été requis ; (Pr. 852).

3° A tout acte respectueux et formel, pour demander le conseil du père ou de la mère, ou celui des aïeuls ou aïeules, à l'effet de contracter mariage ; (C. 151, 152, 153, 154).

4° Aux inventaires contenant estimation des biens meubles et immeubles des époux qui veulent demander le divorce par consentement mutuel ; (Pr. 279.)

5° Aux procès-verbaux qu'ils doivent dresser de tout ce qui aura été dit et fait devant le juge, en cas de demande en divorce par consentement mutuel ; (C. 291, 284, 285.)

6° Aux inventaires après décès ; (Pr. 941 et s.)

7° En référé devant le président du tribunal, s'il s'élève des difficultés, ou s'il est formé des réquisitions pour l'administration de la communauté, ou de la succession, ou pour les autres objets ; (Pr. 944.)

8° A tous les procès-verbaux qu'ils dresseront en tous autres cas, et dans lesquels ils seront tenus de constater le temps qu'ils y auront employé ; (Pr. 977, 978 et s.)

9° Au greffe, pour y déposer la minute du procès-verbal des difficultés élevées dans les partages, contenant les dires des parties : (Pr. 977.)

A Paris, 9 fr.

Dans les villes où il y a un tribunal de première instance, 6 fr. — Ailleurs, 4 fr.

169. Dans tous les cas où il est alloué des vacations aux notaires, il ne leur sera rien passé pour les minutes de leurs procès-verbaux.

II. — **170.** Quand les notaires seront obligés de se transporter à plus d'un myriamètre de leur résidence, indépendamment de leur journée, il leur sera alloué, pour tous frais de voyage et nourriture, par chaque myriamètre, un cinquième de leurs vacations, et autant pour le retour.

Et par journée, qui sera comptée à raison de cinq myriamètres, aussi pour l'aller et le retour, quatre vacations.

III. — **171.** Il sera passé au notaire pour la formation des comptes que les copartageants peuvent se devoir de la masse générale de la succession, des lots et des fournissements à faire à chacun des copartageants, une somme correspondante au nombre des vacations que le juge arbitrera avoir été employées à la confection de l'opération.

IV. — **172.** — *Abrogé par l'ordonnance du 10 octobre 1841, art. 20.*

V. — **173.** — Tous les autres actes du ministère des notaires, notamment les partages et ventes volontaires qui auront lieu par devant eux, seront taxés

par le président du tribunal de première instance de leur arrondissement, suivant leur nature et les difficultés que leur rédaction aura présentées, et sur les renseignements qui lui seront fournis par les notaires et les parties (1).

VI. — **174.** Les expéditions de tous les actes reçus par les notaires, y compris celles des inventaires et de tous procès-verbaux, contiendront vingt-cinq lignes à la page et quinze syllabes à la ligne, et leur seront payées par chaque rôle :

A Paris, 3 fr. — Dans les villes où il y a un tribunal de première instance, 2 fr. — Ailleurs 1 fr. 50.

VII. — **175.** Les notaires seront tenus de prendre à leur chambre de discipline et de faire afficher dans leurs études l'extrait des jugements qui auront prononcé des interdictions contre des particuliers, ou qui leur auront nommé des conseils, sans qu'il soit besoin de leur signifier les jugements. (C. 501.)

DÉCRET

Relatif à la liquidation des dépens en matière sommaire.

(16 février 1807) (2)

ART. 1er. La liquidation des dépens en matière sommaire sera faite par les arrêts et jugements qui les auront adjugés : à cet effet, l'avoué qui aura obtenu la condamnation remettra dans le jour, au greffier tenant la plume à l'audience, l'état des dépens adjugés, et la liquidation en sera insérée dans le dispositif de l'arrêt ou jugement.

2. Les dépens dans les matières ordinaires seront liquidés par un des juges qui auront assisté au jugement ; mais le jugement pourra être expédié et délivré avant que la liquidation soit faite.

3. L'avoué qui requerra la taxe remettra au greffier l'état des dépens adjugés, avec les pièces justificatives.

4. Le juge chargé de liquider taxera chaque article en marge de l'état, sommera le total au bas, le signera, mettra le *taxé* sur chaque pièce justificative, et paraphera : l'état demeurera annexé aux qualités.

5. Le montant de la taxe sera porté au bas de l'état des dépens adjugés ; il sera signé du juge qui a procédé, et du greffier. Lorsque ce montant n'aura pas été compris dans l'expédition de l'arrêt ou jugement, il en sera délivré exécutoire par le greffier.

6. L'exécutoire ou le jugement au chef de la liquidation seront susceptibles d'opposition. L'opposition sera formée dans les trois jours de la signification à avoué avec citation ; il y sera statué sommairement, et il ne pourra être interjeté appel de ce jugement que lorsqu'il y aura appel de quelques dispositions sur le fond.

7. Si la partie qui a obtenu l'arrêt ou le jugement néglige de le lever, l'autre partie fera une sommation de le lever dans les trois jours.

8. Faute de satisfaire à cette sommation, la partie

(1) Cet article a abrogé l'article 51, L. 25 vent. an XI.

(2) Aux termes de l'art. 21 de la loi du 26 janvier 1892, les états de frais dressés par les notaires commis doivent faire ressortir distinctement, dans une colonne spéciale et pour chaque déboursé, le montant des droits de toute nature payés au Trésor, à peine d'une amende de 10 francs, en principal, pour chaque contravention.

qui aura succombé pourra lever une expédition du jugement sans que les frais soient taxés, sauf à l'autre partie à les faire taxer dans la forme ci-dessus prescrite.

9. Les demandes des avoués et autres officiers officiers ministériels, en paiement de frais, contre les parties pour lesquelles ils auront occupé ou instrumenté, seront portées à l'audience, sans qu'il soit besoin de citer en conciliation; il sera donné, en tête des assignations, copie du mémoire des frais réclamés.

TARIF DES FRAIS DE TAXE.

Il ne sera rien alloué aux avoués pour l'état des dépens adjugés en matière sommaire, qu'ils doivent remettre aux greffiers à l'effet d'en faire insérer la liquidation dans l'arrêt ou le jugement.

Pour chaque article entrant en taxe des dépens adjugés en matière ordinaire, il sera alloué 10 centimes.

Au moyen de cette taxe, il ne sera alloué à l'avoué aucune vacation à l'effet de remettre et retirer les pièces justificatives.

Nota. Il ne pourra être fait qu'un article pour chaque pièce de la procédure, tant pour l'avoir dressée que pour l'original, copie et signification et tous les droits qui en résultent.

Chaque article sera divisé en deux parties : la première comprendra les déboursés, y compris le salaire des huissiers; et la seconde, l'émolument net de l'avoué; en conséquence, les états seront formés sur deux colonnes, l'une des déboursés, l'autre de l'émolument de l'avoué.

Pour la sommation à l'avoué de la partie qui a obtenu la condamnation de dépens, de lever le jugement :
Paris, 1 fr. — Ressort, 0 fr. 75.
Et pour la copie le quart.

Pour l'original de l'acte contenant opposition, soit à un exécutoire de dépens, soit au chef du jugement qui les a liquidés, avec sommation de comparaître à la chambre du conseil pour être statué sur ladite opposition :
Paris, 1 fr. — Ressort, 0 fr. 75.
Et pour chaque copie, le quart.

Pour assistance et plaidoirie à la chambre du conseil :
Paris, 7 fr. 50. — Ressort, les trois quarts.

Pour les qualités et signification à avoué du jugement qui interviendra, s'il n'y a qu'une partie, le tout ensemble :
Paris, 5 fr. — Ressort, 4 fr.

S'il y a plusieurs avoués, pour chacune des autres copies tant des qualités que du jugement :
Paris, 1 fr. — Ressort, 0 fr. 75.

Il ne sera passé aucun autre droit pour la taxe des frais.

DÉCRET

Qui rend commun à plusieurs cours d'appel et tribunaux le tarif des frais et dépens de ceux de Paris, et en fixe la réduction pour les autres.

(16 février 1807)

ART. 1er. Le tarif des frais et dépens en la cour d'appel de Paris, décrété aujourd'hui, est rendu commun aux cours d'appel de Lyon, Bordeaux, Rouen et *Bruxelles*, Toulouse. (Décr. 30 avril 1862.)

Toutes les sommes portées en ce tarif seront réduites d'un dixième pour la taxe des frais et dépens dans les autres cours d'appel.

2. Le tarif des frais et dépens décrété pour le tribunal de première instance et pour les justices de paix, établis à Paris, est rendu commun aux tribunaux de première instance et aux justices de paix établis à Lyon, Bordeaux, Rouen et *Bruxelles*, Marseille, Toulouse, Lille, Nantes; (Décrets 12 juin 1856, 30 avril 1862, et 13 déc. 1862.)

Toutes les sommes portées en ce tarif seront réduites d'un dixième dans la taxe des frais et dépens pour les tribunaux de première instance et pour les justices de paix établis dans les villes où siège une cour d'appel ou dans les villes dont la population excède trente mille âmes.

3. Dans tous les autres tribunaux de première instance et justice de paix de l'Empire, le tarif des frais et dépens sera le même que celui décrété pour les tribunaux de première instance et les justices de paix du ressort de la cour d'appel de Paris, autres que ceux établis dans cette capitale.

4. Le tarif des frais de taxe décrété également ce-jourd'hui pour le ressort de la cour d'appel de Paris est aussi déclaré commun à tout l'Empire : en conséquence, dans tous les chefs-lieux de cour d'appel, les droits de taxe seront perçus comme à Paris : et partout ailleurs, ils seront perçus comme dans le ressort de la cour d'appel de Paris.

DÉCRET

Concernant les droits de greffe.

(12 juillet 1808)

ART. 1er. Les actes qui seront assujettis sur la minute aux droits de greffe, de rédaction et de transcription, sont ceux ci-après désignés :

1° Acceptation de succession sous bénéfice d'inventaire ;

Acte de voyage ;

Consignation de sommes au greffe, dans les cas prévu par l'article 301 du Code de procédure civile, et autres déterminés par les lois ;

Déclarations affirmatives et autres faites au greffe, à l'exception de celles à la requête du ministère public ;

Dépôts de registres, répertoires et autres titres ou pièces, fait au greffe, de quelque nature et pour quelque cause que ce soit ; dépôt de signature et paraphe des notaires, conformément à l'article 49 de la loi du 25 ventôse an XI ;

Enquêtes ;

Interrogatoires sur faits et articles;

Procès-verbaux, actes et rapports faits ou rédigés par le greffier ;

Publication de contrats de mariage, divorces, jugements de séparation, actes et dissolutions de société, et de tous autres actes, prescrite par les Codes il ne sera perçu aucun droit de dépôt pour la remise au greffe desdits actes;

Récusation de juges ;

Renonciation à une communauté de biens ou à une succession ;

Soumission de caution ;

Transcription et enregistrement sur les registres du greffe, d'oppositions et autres actes désignés par les

Codes (à l'exception de la transcription de saisie immobilière, dont il sera parlé ci-après; le droit ne sera dû qu'autant qu'il sera délivré expédition de la transcription.

Il sera payé, pour chacun des actes ci-dessus, 1 fr. 25.

Les enquêtes seront, en outre, assujetties à un droit de 50 c. pour chaque déposition de témoins, ainsi qu'il est réglé par l'article 5 de la loi du 21 ventôse an VII.

2° Adjudications faites en justice ;

Dépôt de l'état, certifié par le conservateur des hypothèques, de toutes les inscriptions existantes et qui, aux termes de l'article 752 du Code de procédure civile, doit être annexé au procès-verbal.

Dépôt de titres de créance pour la distribution de deniers par contribution ou par ordre ;

Mandements sur contribution, ou bordereaux de collocation ;

Radiation de saisie immobilière ;

Surenchère faite au greffe ;

Transcription au greffe de la saisie immobilière : (L. 2 juin 1841.)

Il sera payé pour chacun de ces actes, savoir :

3 fr. pour la transcription de la saisie;

Même droit pour le dépôt de l'état des inscriptions existantes ;

1 fr. 50 pour le dépôt de titres de créance, et ce, pour chaque production ;

Même droit pour chaque acte de surenchère et de radiation de saisie ;

Pour la réduction des adjudications, un demi pour cent sur les cinq premiers mille, et 25 c. pour 100 fr. sur ce qui excédera 5,000 francs;

Sur chaque mandement ou bordereau de collocation délivré, 25 c. par 100 fr. du montant de la créance colloquée.

2. Les actes de dépôts seront transcrits, à la suite les uns des autres, sur un registre en papier timbré, coté et paraphé par le président du tribunal.

Les actes de décharge de ces mêmes dépôts seront portés sur le registre en marge de l'acte de dépôt, et soumis au même droit de rédaction et de transcription.

3. Le droit de rédaction, en cas de revente à la folle enchère, n'est dû que sur ce qui excède la première adjudication.

Il n'est exigible, pour les licitations, que sur la valeur de la part acquise par le colicitant, s'il reste adjudicataire.

Dans aucun cas, la perception ne pourra être au-dessous du droit fixe de 1 fr. 25 c. déterminé, pour les moindres actes, par l'article 5 de la loi du 21 ventôse an VII.

4. Lorsque, par suite d'appel, une adjudication sera annulée, il y aura lieu de restituer le droit proportionnel de rédaction.

Le droit fixe de rédaction et de transcription et celui d'expédition, étant le salaire de la formalité, ne seront, dans aucun cas, restituables.

5. Le droit de mise au rôle et celui d'expédition continueront d'être perçus comme le prescrit la loi du 21 ventôse an VII.

Les référés qui sont l'objet du titre XVI du livre V du Code de procédure civile ne sont pas assujettis au droit de mise au rôle.

6. Les prescriptions établies par l'article 61 de la loi du 22 frimaire an VII sont applicables aux droits de greffe comme à ceux d'enregistrement.

ORDONNANCE

Concernant les indemnités auxquelles ont droit les juges, officiers du ministère public et greffiers qui se transportent à plus de cinq kilomètres de leur résidence, dans le cas prévu par l'article 496 du Code civil.

(4 août 1824)

ART. UNIQUE. Les juges, officiers du ministère public et greffiers qui, dans le cas prévu par l'article 496 du Code civil, se transporteront à plus de 5 kilomètres de leur résidence, auront droit aux indemnités déterminées par les articles 88 et 89 du règlement du 18 juin 1811, suivant les distinctions établies dans ces articles en ce qui concerne les distances.

ORDONNANCE

Portant règlement sur les frais et émoluments à percevoir par les greffiers de la justice de paix.

(17 juillet 1825)

ART. 1er. Aucuns frais ni émoluments ne pourront être perçus par les greffiers de justice de paix que sur des états dressés par eux, qui seront vérifiés et visés par le juge de paix.

Ces états seront écrits au bas de l'expédition délivrée par le greffier.

A défaut d'expédition, il sera fait un état séparé.

2. Les greffiers de justice de paix tiendront un registre sur lequel ils inscriront, par ordre de date et sans aucun blanc, toutes les sommes qu'ils recevront pour les actes de leur ministère.

Les déboursés et les émoluments seront inscrits dans des colonnes séparées.

3. Le registre mentionné en l'article précédent sera coté et paraphé par le juge de paix (1).

Il sera tenu sous la surveillance de ce magistrat, qui, à chaque trimestre, et plus souvent s'il le juge convenable, le vérifiera, l'arrêtera, et en dressera un procès-verbal dans lequel il consignera ses observations.

Ce procès-verbal sera envoyé à notre procureur près le tribunal de première instance, qui en rendra compte au procureur général près la cour royale.

4. Pourront nos procureurs, quand ils l'auront reconnu nécessaire, procéder, par eux-mêmes ou leurs substituts, à la vérification prescrite par l'article 3.

5. En cas d'infraction aux règles prescrites par la présente ordonnance, il en sera fait rapport à notre garde des sceaux, pour être pris à l'égard des contrevenants telle mesure qu'il appartiendra.

6. Si les greffiers ou leurs commis reçoivent, sous quelque prétexte que ce soit, d'autres ou plus forts droits que ceux qui leurs ont attribués par les lois et les règlements, il est enjoint aux juges de paix d'en informer nos procureurs. Il en sera pareillement fait rapport à notre garde des sceaux.

Les contrevenants seront, selon la gravité des circonstances, destitués de leur emploi, traduits devant la police correctionnelle pour être condamnés aux

(1) Est exempt de la formalité du timbre le registre prescrit par cet article. Ce registre ne peut former titre, ni être produit en justice. — *Circ. g. des Sc.,* 20 janv. 1827.

amendes déterminées par les lois, ou poursuivis extraordinairement en vertu de l'article 174 du Code pénal, sans préjudice, dans tous les cas, de la restitution des sommes indûment perçues, et des dommages intérêts quand il y aura lieu.

ORDONNANCE

Relative au tarif des dépens pour les procédures qui s'instruisent au Conseil d'Etat.

(18 janvier 1826)

Art. 1er. Les dépens continueront d'être réglés au Conseil d'Etat conformément aux tarifs établis par l'ordonnance du 28 juin 1738 (2e partie, tit. XVI, art. 22) et par celle du 12 septembre 1739, en tant que ces tarifs s'appliquent à la procédure actuelle, ainsi qu'il suit :

DÉPENS D'AVOCAT.

N° 1. Pour frais de ports de lettres et paquets, Lorsque la partie demeurera à Paris, ou n'en sera pas éloignée de plus de 5 myriamètres, 5 fr. Lorsqu'elle demeurera à une distance plus éloignée dans le ressort de la cour royale de Paris, ou dans l'un des ressorts des cours royales d'Orléans, Rouen, Amiens, Douai, Nancy, Metz, Dijon et Bourges, 10 fr.

N° 2. Le droit de consultation (*Tarif de 1738, alinéa* 7; *Règl. du* 22 *juillet* 1806, *art.* 1er.) 10 fr. Lorsqu'elle demeurera dans tout autre lieu (*Tarif de* 1738, *alinéa* 2, 3 et 4; *Règl. du* 22 *juillet* 1806, *art.* 4.) 15 fr.

N° 3. Le droit de présentation ou de dépôt et enregistrement. (*Tarif de* 1738, *alinéa* 9; *Règl. du* 22 *juillet* 1806, *art.* 2.) 6 fr.

N° 4. Le droit de communication (*Tarif de* 1738, *alinéa* 27; *Règl. du* 22 *juillet* 1806, *art.* 8.) 3 fr.

N° 5. Chaque rôle des requêtes présentées au conseil, contenant vingt-cinq lignes à la page et douze syllabes à la ligne (*Tarif de* 1738, *alinéa* 14; *Règl. du* 22 *juillet* 1806, *art.* 46.) 2 fr.

N° 6. Le mis au net par rôle (*Tarif de* 1738, *alinéa* 15; *Règl. du* 22 *juillet* 1806, *art.* 46.) 0 fr. 50.

N° 7. La copie desdites requêtes, chaque rôle (*Tarif de* 1738, *alinéa* 16; *Règl du* 22 *juillet* 1806, *art.* 47.) 0 fr. 25.

N° 8. Pour la comparution d'un avocat à un procès-verbal d'interrogatoire et autres qui peuvent être faits dans le cours de l'instance (*Tarif de* 1738, *alinéa* 16; *Règl. du* 22 *juillet* 1806, *art.* 4.) 3 fr.

N° 9. Pour la copie de l'ordonnance royale, signifiée aux avocats de l'instance, chaque rôle (*Tarif de* 1738, *alinéa* 22; *Règl. du* 22 *juillet* 1806, *art.* 28.) 0 fr. 50.

N° 10. Chaque signification de requête ou d'ordonnance pendant le cours d'une instance (*Tarif de* 1738, *alinéa* 25; *Règl. du* 22 *juillet* 1806, *art.* 28 et 47.) 1 fr.

N° 11. La vacation au retrait du greffe des productions de l'instance, après le jugement d'icelle (*Tarif de* 1738, *alinéa* 28; *Règl. du* 11 *juin* 1706, *art.* 27.) 3 fr.

N° 12. Le dressé de chaque article passé en taxe 0 fr. 25.

Les articles indûment divisés et dont le taxateur aura fait la réunion ne seront comptés que pour un

seul article (*Tarif de* 1738, *alinéa* 38; *Règl. du* 22 *juillet* 1806, *art* 43.)

N° 13. La vacation à la taxe (*Tarif de* 1738, *alinéa* 40; *Règl. du* 22 *juillet* 1806, *art.* 43.) 4 fr.

FRAIS DE GREFFE.

N° 14. Pour l'enregistrement de chaque requête au greffe (*Tarif de* 1739, *art.* 1er. *alinéa* 18; *Règl. du* 22 *juillet* 1806, *art.* 2.) 3 fr.

N° 15. L'ordonnance de *comittitur* d'un rapporteur. 3 fr.

Cette ordonnance ne pourra être expédiée ni notifiée (*Tarif de* 1739, *art.* 1er, *alinéa* 3; *Règl.* du 11 juin 1806, art. 28; *Règl. du* 22 *juillet* 1806, *art.* 2 ; *Ord. du* 23 *août* 1815, *art.* 15.)

N° 16. Expédition des ordonnances du garde des sceaux (*Tarif de* 1738 *art.* 2, *alinéa* 7; *Règl. du* 22 *juillet* 1806, *art.* 4, 9, 12, 14, 15, 18, 20, 21, 25 et 26.) 4 fr.

N° 17. Tout certificat délivré par le greffier (*Tarif de* 1739, *art.* 1er, *alinéa* 21.) 4 fr.

N° 18. La signature de l'expédition d'une ordonnance royale (*Tarif de* 1739, *art.* 1er, *alinéa* 2; *Règl. du* 11 *juin* 1806, *art.* 35.) 12 fr.

N° 19. La signature de l'exécutoire des dépens (*Tarif de* 1739, *art.* 2, *alinéa* 7; *Règl. du* 22 *juillet* 1806, *art.* 43.) 4 fr.

N° 20 Chaque rôle d'expédition du greffe, de quelque nature qu'elles soient, à raison de vingt-cinq lignes à la page et de douze syllabes à la ligne (*Tarif de* 1739, *art.* 1er, *alinéa* 16 ; *Règl. de* 1738, 2e *partie, tit. XIII, art.* 7 ; *Règl. du* 11 *juin* 1806, *art.* 35.) 0 fr. 50.

N° 21. Le retrait des pièces (*Tarif de* 1739, *art.* 1er, *alinéa* 19 ; *Règl. du* 11 *juin* 1806, *art.* 27.) 4 fr.

2. Il ne sera employé dans la liquidation des dépens aucuns frais de voyage, séjour ou retour des parties, ni aucuns frais de voyage d'huissier, au delà d'une journée.

3. La liquidation et la taxe des dépens seront faites au comité du contentieux par le maître des requêtes rapporteur.

4. La taxe sera rendue exécutoire par notre garde des sceaux, et, dans le cas où il serait empêché, par le conseiller d'Etat, vice-président du comité du contentieux.

5. L'opposition à la taxe sera recevable dans les trois jours de la signification de l'exécutoire.

Elle sera jugée par notre garde des sceaux, conformément à l'article 43 du règlement du 22 juillet 1806.

ORDONNANCE

Contenant le tarif des frais et dépens pour tous les actes qui seront faits en vertu de la loi du 7 juillet 1833 (1), *sur l'expropriation pour cause d'utilité publique.*

(18 septembre 1833)

CHAP. 1er. — *Des huissiers.*

Art. 1er. Il sera alloué à tous huissiers 1 fr. pour l'original :

1° De la notification de l'extrait du jugement d'expropriation aux personnes désignées dans les articles 15 et 22 de la loi du 7 juillet 1833; (L. 3 mai 1841.)

(1) Remplacé par la loi du 3 mai 1841.

2° De la signification de l'arrêt de la Cour de cassation (art. 20 et 42 de ladite loi);

3° De la dénonciation de l'extrait du jugement d'expropriation aux ayants droit mentionnés aux articles 21 et 22;

4° De la notification de l'arrêté du préfet qui fixe la somme offerte pour indemnités (art. 23);

5° De l'acte contenant acceptation des offres faites par l'administration, avec signification, s'il y a lieu, des autorisations requises (art. 24, 25 et 26);

6° De l'acte portant convocation des jurés et des parties, avec notification aux parties d'une expédition de l'arrêt par lequel la cour royale a formé la liste du jury (art. 31 et 33);

7° De la notification au juré défaillant de l'ordonnance du directeur du jury qui l'a condamné à l'amende (art. 32);

8° De la notification de la décision du jury, revêtue de l'ordonnance d'exécution (art. 41);

9° De la sommation d'assister à la consignation dans le cas où il n'y aura pas eu d'offres réelles (art. 54);

10° De la sommation au préfet pour qu'il soit procédé à la fixation de l'indemnité (art. 55);

11° De l'acte contenant réquisition par le propriétaire de la consignation des sommes offertes, dans le cas où cette réquisition n'a pas été faite par l'acte même d'acceptation (art. 59);

12° Et généralement de tous actes simples auxquels pourra donner lieu l'expropriation.

2. Il sera alloué à tous huissiers 1 fr. 50 pour l'original :

1° De la notification du pourvoi en cassation formé, soit contre le jugement d'expropriation, soit contre la décision du jury (art. 20, 42);

2° De la dénonciation, faite au directeur du jury par le propriétaire ou l'usufruitier, des noms et qualités des ayants droit mentionnés au paragraphe 1er de l'article 21 de la loi précitée (art. 21, 22);

3° De l'acte par lequel les parties intéressées font connaître leurs réclamations (art. 18, 21, 39, 52, 54);

4° De l'acte d'acceptation des offres de l'administration, avec réquisition de consignation (art. 24, 59);

5° De l'acte par lequel la partie qui refuse les offres de l'administration indique le montant de ses prétentions (art. 17, 24, 28, 53);

6° De l'opposition formée par un juré à l'ordonnance du magistrat directeur du jury, qui l'a condamné à l'amende (art. 32);

7° De la réquisition du propriétaire tendant à l'acquisition de la totalité de son immeuble (art. 50);

8° De la demande à fin de rétrocession des terrains non employés à des travaux d'utilité publique (art. 60, 61);

9° De la demande tendant à ce que l'indemnité d'une expropriation déjà commencée soit réglée conformément à la loi du 7 juillet 1833 (art. 68);

10° Enfin, de tous actes qui, par leur nature, pourront être assimilés à ceux dont l'énumération précède.

3. Il sera alloué à tous huissiers pour l'original :

1° Du procès-verbal d'offres réelles, contenant le refus ou l'acceptation des ayants droit et sommation d'assister à la consignation (art. 53), 2 fr. 25.

2° Du procès-verbal de consignation, soit qu'il y ait eu ou non offres réelles (art. 49, 53, 54), 4 fr.

4. Il sera alloué pour chaque copie des exploits ci-dessus le quart de la somme fixée pour l'original.

5. Lorsque les copies de pièces dont la notification a lieu en vertu de la loi seront certifiées par l'huissier, il lui sera payé trente centimes par chaque rôle évalué à raison de vingt-huit lignes à la page, et quatorze à seize syllabes à la ligne (art. 57).

6. Les copies des pièces déposées dans les archives de l'administration qui seront réclamées par les parties dans leur intérêt pour l'exécution de la loi, et qui seront certifiées par les agents de l'administration, seront payées à l'administration sur le même taux que les copies certifiées par les huissiers.

7. Il sera alloué à tous huissiers cinquante centimes pour visa de leurs actes, dans le cas où cette formalité est prescrite.

Ce droit sera double, si le refus du fonctionnaire qui doit donner le visa oblige l'huissier à se transporter auprès d'un autre fonctionnaire.

8. Les huissiers ne pourront rien réclamer pour le papier des actes par eux notifiés, ni pour l'avoir fait viser pour timbre.

Ils emploieront du papier d'une dimension égale au moins à celle des feuilles assujetties au timbre de soixante-dix centimes.

Chap. II. — Des greffiers.

9. Tous extraits ou expéditions délivrés par les greffiers, en matière d'expropriation pour cause d'utilité publique, seront portés sur papier d'une dimension égale à celle des feuilles assujetties au timbre d'un franc vingt-cinq centimes.

Ils contiendront vingt-huit lignes à la page et quatorze à seize syllabes à la ligne.

10. Il sera alloué aux greffiers quarante centimes pour chaque rôle d'expédition ou d'extrait.

11. Il sera alloué aux greffiers, pour la rédaction du procès-verbal des opérations du jury spécial, cinq francs pour chaque affaire terminée par décision du jury rendue exécutoire.

Néanmoins cette allocation ne pourra jamais excéder quinze francs par jour, quel que soit le nombre des affaires; et, dans ce cas, ladite somme de quinze francs sera répartie également entre chacune des affaires terminées le même jour.

12. L'état des dépens sera rédigé par le greffier. Celle des parties qui requerra la taxe devra, dans les trois jours qui suivront la décision du jury, remettre au greffier toutes les pièces justificatives.

Le greffier paraphera chaque pièce admise en taxe, avant de la remettre à la partie.

13. Il sera alloué au greffier dix centimes pour chaque article de l'état des dépens, y compris le paraphe des pièces.

14. L'ordonnance d'exécution du magistrat directeur du jury indiquera la somme des dépens taxés et la proportion dans laquelle chaque partie devra les supporter.

15. Au moyen des droits ci-dessus accordés aux greffiers, il ne leur sera alloué aucune autre rétribution à aucun titre, sauf les droits de transport dont il sera parlé ci-après; et ils demeureront chargés :

1° Du traitement des commis-greffiers, s'il était besoin d'en établir pour le service des assises spéciales;

2° De toutes les fournitures de bureau nécessaires pour la tenue de ces assises;

3° De la fourniture du papier des expéditions ou extraits, qu'ils devront aussi faire viser pour timbre.

Chap. III. — Des indemnités de transport.

16. Lorsque les assises spéciales se tiendront

ailleurs que dans la ville où siège le tribunal, le magistrat directeur du jury aura droit à une indemnité fixée de la manière suivante :

S'il se transporte à plus de cinq kilomètres de sa résidence, il recevra pour tous frais de voyage, de nourriture et de séjour, une indemnité de neuf francs par jour.

S'il se transporte à plus de deux myriamètres, l'indemnité sera de douze francs par jour.

17. Dans le même cas, le greffier ou son commis assermenté recevra six ou huit francs par jour, suivant que le voyage sera de plus de cinq kilomètres ou de plus de deux myriamètres, ainsi qu'il est dit dans l'article précédent.

18. Les jurés qui se transporteront à plus de deux kilomètres du lieu où se tiendront les assises spéciales, pour les descentes sur les lieux autorisées par l'article 37 de la loi du 7 juillet 1833, recevront, s'ils en font la demande formelle, une indemnité qui sera fixée, pour chaque myriamètre parcouru, en allant et revenant, à deux francs cinquante centimes. Il ne leur sera rien alloué pour toute autre cause que ce soit, à raison de leurs fonctions, si ce n'est dans le cas de séjour forcé en route, comme il est dit ci-après, article 24.

19. Les personnes qui seront appelées pour éclairer le jury, conformément à l'article 37 précité, recevront, si elles le requièrent, savoir :

Quand elles ne seront pas domiciliées à plus d'un myriamètre du lieu où elles doivent être entendues, pour indemnité de comparution, un franc cinquante centimes.

Quand elles seront domiciliées à plus d'un myriamètre, pour indemnité de voyage, lorsqu'elles ne seront pas sorties de leur arrondissement, un franc par myriamètre parcouru en allant et revenant; et lorsqu'elles seront sorties de leur arrondissement, un franc cinquante centimes.

Dans le cas où l'indemnité de voyage est allouée, il ne doit être accordé aucune taxe de comparution.

20. Les personnes appelées devant le jury, qui reçoivent un traitement quelconque à raison d'un service public, n'auront droit qu'à l'indemnité de voyage, s'il y a lieu et si elles le requièrent.

21. Les huissiers qui instrumenteront dans les procédures en matière d'expropriation pour cause d'utilité publique recevront, lorsqu'ils seront obligés de se transporter à plus de deux kilomètres de leur résidence, un franc cinquante centimes pour chaque myriamètre parcouru en allant et en revenant, sans préjudice de l'application de l'article 35 du décret du 14 juin 1813.

22. Les indemnités de transport ci-dessus établies seront réglées par myriamètre et demi-myriamètre. Les fractions de huit ou neuf kilomètres seront comptées pour un myriamètre, et celles de trois à huit kilomètres pour un demi-myriamètre.

23. Les distances seront calculées d'après le tableau dressé par les préfets, conformément à l'article 93 du décret du 18 juin 1811.

24. Lorsque les individus dénommés ci-dessus seront arrêtés dans le cours du voyage par force majeure, ils recevront en indemnité, pour chaque jour de séjour forcé, savoir :

Les jurés, deux francs cinquante centimes;

Les personnes appelées devant le jury et les huissiers, un franc cinquante centimes.

Ils seront tenus de faire constater par le juge de paix, et, à son défaut, par l'un des suppléants ou par le maire, et à son défaut par l'un de ses adjoints, la cause du séjour forcé en route, et d'en représenter le certificat à l'appui de leur demande en taxe.

25. Si les personnes appelées devant le jury sont obligées de prolonger leur séjour dans le lieu où se fait l'instruction, et que ce lien soit éloigné de plus d'un myriamètre de leur résidence, il leur sera alloué, pour chaque journée, une indemnité de deux francs.

26. Les indemnités des jurés et des personnes appelées pour éclairer le jury seront acquittées comme frais urgents par le receveur de l'enregistrement, sur un simple mandat du magistrat directeur du jury, lequel mandat devra, lorsqu'il s'agira d'un transport, indiquer le nombre des myriamètres parcourus, et, dans tous les cas, faire mention expresse de la demande d'indemnité.

27. Seront également acquittées par le receveur de l'enregistrement les indemnités de déplacement que le magistrat directeur du jury et son greffier pourront réclamer, lorsque la réunion du jury aura lieu dans une commune autre que le chef-lieu judiciaire de l'arrondissement. Le paiement sera fait sur un état certifié et signé par le magistrat directeur du jury, indiquant le nombre des journées employées au transport, et la distance entre le lieu où siège le jury et le chef-lieu judiciaire de l'arrondissement.

28. Dans tous les cas, les indemnités de transport allouées au magistrat directeur du jury et au greffier resteront à la charge, soit de l'administration, soit de la compagnie concessionnaire qui aura provoqué l'expropriation, et ne pourront entrer dans la taxe des dépens.

CHAP. IV. — *Dispositions générales.*

29. Il ne sera alloué aucune taxe aux agents de l'administration autorisés par la loi du 7 juillet 1833 à instrumenter concurremment avec les huissiers.

30. Le greffier tiendra exactement note des indemnités allouées aux jurés et aux personnes qui seront appelées pour éclairer le jury, et en portera le montant dans l'état de liquidation des frais.

31. L'administration de l'enregistrement se fera rembourser de ses avances, comprises dans la liquidation des frais, par la partie qui sera condamnée aux dépens, en vertu d'un exécutoire délivré par le magistrat directeur du jury, et selon le mode usité pour le recouvrement des droits dont la perception est confiée à cette administration.

Quant aux indemnités de transport payées au magistrat directeur du jury et au greffier, et qui, suivant l'article 28 ci-dessus, ne pourront entrer dans la taxe des dépens, elle en sera remboursée, soit par l'administration, soit par la compagnie concessionnaire qui aura provoqué l'expropriation.

ARRÊTÉ

Du tribunal de commerce de la Seine, contenant règlement sur les rétributions auxquelles les agréés peuvent prétendre pour les actes de leur ministère.

(28 juin 1839)

Le tribunal, après en avoir délibéré :

Considérant que les arrêtés des 10 juin 1813 et 26 juin 1816, relatifs aux droits de présentation des agréés, sont insuffisants et tombés en désuétude;

Considérant qu'il est utile, dans l'intérêt des justiciables, de fixer par un règlement les rétributions auxquelles les agréés peuvent prétendre pour tous les actes de leur ministère,

Arrête, par forme de police intérieure :

A l'avenir, les droits de présentation, vacations, rédaction d'actes, seront réglés comme suit : les agréés seront en droit d'exiger de leurs clients, en outre de leurs débours justifiés :

Quatre francs pour l'inscription d'une cause au plumitif et leur présentation à l'audience en demandant;

Trois francs pour chaque présentation en défendant;

Trois francs pour vacation à la levée d'un jugement.

Sous aucun prétexte, les agréés ne pourront prétendre davantage, et aucun client ne pourra se refuser à les payer d'après cette taxe.

Il n'est dû dans toutes les affaires portées aux audiences sommaires qu'une seule présentation; seulement, dans le cas où une remise aura été demandée par la partie, ordonnée par le tribunal, et que l'affaire sera terminée par un jugement contradictoire définitif, il pourra être accordé un nouveau droit de présentation, soit en demandant, soit en défendant.

Dans tous les cas, il ne pourra être exigé au delà de trois présentations dans une même affaire, soit qu'elle ait été continuée aux audiences sommaires, soit qu'elle ait été renvoyée au grand rôle, et quel que soit d'ailleurs le nombre de remises demandées, ou accordées, ou ordonnées.

Mais, dans toute affaire portée aux audiences sommaires où, après plusieurs remises, il y aura jugement par défaut ou jugement de renvoi devant un juge-commissaire ou un arbitre rapporteur, et sans plaidoirie, il ne sera dû qu'une seule présentation de *quatre* francs en demandant, et de *trois* francs en défendant.

Indépendamment du droit de présentation ci-dessus fixé, MM. les agréés pourront prétendre et réclamer de leurs clients des honoraires pour les causes susceptibles de plaidoirie et de développement.

La fixation de ces honoraires ne pouvant être faite par règlement, puisqu'elle dépend de la nature et de l'importance de l'affaire, du plus ou moins de soin et de travail qu'elle aura exigé, elle reste abandonnée à la discrétion de MM. les agréés, à leur loyauté et à leur modération.

En cas de contestation, le tribunal décidera.

La fixation des honoraires dans les faillites confiées à leurs soins continuera à être faite par le juge-commissaire et soumise à l'approbation du président.

Outre les émoluments ci-dessus fixés pour les affaires portées à l'audience, les agréés recevront, pour droits de vacation et rédaction d'actes et requêtes, ceux déterminés ci-après : La vacation aux enquêtes, soumission de caution, dépôts de jugement de séparations, d'actes d'autorisation de faire le commerce pour les émancipés et pour les femmes, à la distribution des causes du grand rôle, à l'insertion dans les journaux de l'extrait d'un acte de société, y compris la rédaction de l'extrait, est fixée à *trois* francs par vacation.

Le droit pour la levée d'un rapport est fixé, comme celui pour la levée d'un jugement, à *trois* francs.

Toute requête en nomination d'experts;

D'arbitres-juges;

De placement de cause au grand rôle;

D'autorisation d'assigner à bref délai;

De saisir conservatoirement;

De délivrance d'une deuxième grosse;

D'obtention de sauf-conduit;

D'autorisation de juge-commissaire pour cause quelconque;

D'homologation de concordat,

Sera taxée à *trois* francs quand la requête aura été répondue;

La requête à fin de commettre un juge pour faire vérification de livres, ne sera taxée que *un* franc *cinquante* centimes.

Le présent arrêté sera affiché dans les deux salles d'audience du tribunal; ampliation en sera transmise à la chambre des agréés, pour être transcrite sur le registre de ses délibérations; il est obligatoire pour tous les agréés, et en cas d'infraction de la part de l'un d'eux, le tribunal se réserve de prendre telles mesures qu'il jugera convenable.

ORDONNANCE

Contenant le tarif des frais et dépens relatifs aux ventes judiciaires de biens immeubles.

(10 octobre 1841)

TITRE Ier. — DISPOSITIONS COMMUNES A TOUT LE ROYAUME.

CHAP. Ier. — *Greffiers des tribunaux de première instance.*

Art. 1er. Il est alloué aux greffiers des tribunaux de première-instance:

Pour la communication sans déplacement, tant du cahier des charges que du procès-verbal d'expertise, 15 francs.

Ce droit sera dû, soit qu'il y ait, soit qu'il n'y ait pas d'expertise. Toutefois, si l'expertise a été ordonnée en matière de licitation, le droit sera réduit à 12 fr.

Il sera perçu lors du premier dépôt au greffe, soit du procès-verbal d'expertise, soit du cahier des charges.

CHAP. II. — *Conservateurs des hypothèques* (1).

2. Il est alloué aux conservateurs des hypothèques, pour :

La transcription de chaque procès-verbal de saisie immobilière et de chaque exploit de dénonciation de ce procès-verbal au saisi (art. 677 et 678 du Code de procédure civile), par rôle d'écriture du conservateur contenant vingt-cinq lignes a la page et dix-huit syllabes à la ligne, 1 franc.

L'acte du conservateur contenant son refus de transcription, en cas de précédente saisie (Pr. 680), 1 fr.

Chaque extrait d'inscription ou certificat qu'il n'en existe aucune (arg. de l'article 692 du Code de procédure civile), 1 franc.

La mention des deux notifications prescrites par les articles 691 et 692 du Code de procédure civile (Pr. 693), 1 franc.

La radiation de la saisie immobilière (Pr. 693), 1 fr.

La mention du jugement d'adjudication (Pr. 716), 1 franc.

La mention du jugement de conversion (Pr. 748), 1 franc.

(1) Modifié par les décrets des 24 novembre 1855, 9 juin 1866.

TITRE II. — DISPOSITIONS POUR LE RESSORT DE LA COUR
ROYALE DE PARIS.

CHAP. Ier. — *Huissiers.*

§ 1er. — Huissiers ordinaires.

3. *Actes de première classe.*

Il est alloué aux huissiers ordinaires : (Pr. 673.)
Pour l'original du commandement tendant à saisie
immobilière :
Paris, 2 francs. — Ressort, 1 fr. 50.
Pour chaque copie, le quart de l'original ;
Pour droit de copie du titre, par rôle contenant
vingt lignes à la page et dix syllabes à la ligne ou
évalué sur ce pied :
Paris, 0,25. — Ressort (1), 0,20.
Pour l'original de l'assignation en référé : (Pr. 681.)
De la demande en nullité de bail ; (Pr. 684.)
De l'acte d'opposition entre les mains des fermiers
ou locataires, ou de la simple sommation aux mêmes ;
(Pr. 685.)
De la signification aux créanciers inscrits de l'acte
de consignation faite par l'acquéreur en cas d'aliéna-
tion, qui peut avoir lieu après saisie immobilière,
sous la condition de consigner ; (Pr. 687.)
De la sommation à la partie saisie et aux créanciers
inscrits de prendre communication du cahier des
charges ; (Pr. 691, 692.)
De la signification du jugement d'adjudication ; (Pr.
716.)
De la demande en résolution qui doit être formée
avant l'adjudication et notifiée au greffe ; (Pr. 717.)
De l'exploit d'ajournement ; (Pr. 718.)
De la demande en distraction de tout ou partie des
objets saisis immobilièrement contre la partie qui n'a
pas avoué en cause ; (Pr. 725.)
De l'acte d'appel qui doit être en même temps notifié au greffier du tribunal et visé par lui ; (Pr. 732.)
De la signification du bordereau de collocation avec
commandement ; (Pr. 735.)
De la signification des jour et heure de l'adjudica-
tion sur folle enchère ; (Pr. 736.)
De la sommation à faire à l'ancien et au nouveau
propriétaire, et s'il y a lieu, au créancier surenché-
risseur ; (Pr. 837.)
De l'avertissement qui doit être donné au subrogé
tuteur ; (Pr. 962.)
De la demande en partage ; (Pr. 969.)
Et généralement de tous actes simples non compris
dans l'article suivant :
Paris, 2 francs. — Ressort, 1 fr. 50.
Pour chaque copie, le quart de l'original.
4. *Procès-verbaux et actes de seconde classe.*
Pour un procès-verbal de saisie immobilière auquel
il n'aura été employé que trois heures : (Pr. 675.)
Paris, 6 francs. — Ressort, 5 francs.
Et cette somme sera augmentée, par chacune des va-
cations subséquentes qui auront pu être employées,
de :
Paris, 5 francs. — Ressort, 4 francs.
L'huissier ne se fera pas assister de témoins.
Pour la dénonciation de la saisie immobilière à la
partie saisie : (Pr. 677.)
Paris, 2 fr. 50. — Ressort, 2 francs.
Pour la copie de ladite dénonciation, le quart.
Pour l'original de l'acte contenant réquisition d'un

(1) Le droit de copie du titre doit être attribué aux huissiers
exclusivement. — *Circ. y. des Sc.*, 20 août 1842.

créancier inscrit, à fin de mise aux enchères et adj
dication publique de l'immeuble aliéné par son déb
teur : (Pr. 832 ; C. 2185.)
Paris, 5 francs. — Ressort, 4 francs.
Et pour la copie, le quart.
L'original et la copie de cette réquisition seront s
gnés par le requérant ou par son fondé de procur
tion spéciale.
Pour le procès-verbal d'apposition de placards da
toutes les ventes judiciaires, y compris le salaire
l'afficheur : (Pr. 699, 704, 709, 735, 741, 743, 836, 93
972, 988, 997.)
Paris, 8 francs. — Ressort, 6 francs.
5. Il ne sera rien alloué aux huissiers pour tran
port jusqu'à un demi-myriamètre.
Il leur sera alloué au delà d'un demi-myriamètr
pour frais de voyage qui ne pourra excéder une jou
née de cinq myriamètres (dix lieues anciennes
savoir : au delà d'un demi-myriamètre et jusqu'à u
myriamètre, pour aller et retour :
Paris, 4 francs. — Ressort, 4 francs.
Au delà d'un myriamètre, il sera alloué par chaqu
demi-myriamètre, sans distinction, 2 francs.
Il sera taxé pour visa de chacun des actes qui y so
assujettis :
Paris, 1 franc. — Ressort, 0,75.

§ 2. — Huissiers audienciers des tribunaux de première
instance.

6. Il est alloué aux huissiers audienciers des tribu
naux de première instance :
Pour la publication du cahier des charges : (P
694.)
Paris, 1 fr. — Ressort, 0 fr. 75.
Lors de l'adjudication, y compris les frais de boug
que les huissiers disposeront et allumeront eux
mêmes : (Pr. 705, 706.)
Paris, 5 fr. — Ressort, 3 fr. 75.
Ce droit sera alloué à raison de chaque lot adjug
quelle qu'en soit la composition, sans qu'il puisse êtr
exigé sur un nombre de lots supérieur à six.
Lorsque, après l'ouverture des enchères, l'adjud
cation n'aura pas lieu, il sera alloué aux huissiers,
compris les frais de bougie, et quel que soit le nomb
des lots :
Paris, 5 fr. — Ressort, 3 fr. 75.

CHAP. II. — *Avoués de première instance.*

§ 1er. — Emoluments spéciaux à chaque nature de vente.

7. *Saisie immobilière.*
Il est alloué aux avoués de première instance, pou
chacune des vacations suivantes :
Vacation à faire transcrire la saisie immobilière c
l'exploit de dénonciation : (Pr. 678.)
Vacation pour se faire délivrer l'extrait des inscrip
tions ; (Pr. 692.)
Vacation à l'examen de l'état d'inscription et pou
préparer la sommation au vendeur de l'immeubl
saisi ; (Pr. 692.)
Vacation à la mention aux hypothèques de la noti
fication prescrite par les articles 691 et 692 du Cod
de procédure civile ; (Pr. 693.)
Vacation à la mention sommaire du jugemen
d'adjudication en marge de la transcription de la sai
sie ; (Pr. 716.)
Vacation à la mention sommaire du jugement de
conversion en marge de la transcription de la saisie
(Pr. 748.)

Paris, 6 fr. — Ressort, 4 fr. 50.

Pour vacation à la publication, compris les dires qui pourront avoir lieu : (Pr. 695.)

Paris, 3 fr. — Ressort, 2 fr. 45.

Pour l'acte de la dénonciation de la plus ample saisie au premier saisissant, à la requête du plus ample saisissant, avec sommation de se mettre en état : (Pr. 720.)

Paris, 3 fr. — Ressort, 2 fr. 25.

Pour la copie, le quart.

Vacation pour déposer au greffe les titres justificatifs d'une demande en distraction d'objets immobiliers saisis : (Pr. 726.)

Paris, 3 fr. — Ressort, 2 fr. 45.

Requête non grossoyée et non signifiée, sur le consentement de toutes les parties intéressées, pour demander, après saisie immobilière, que l'immeuble saisi soit vendu aux enchères par-devant notaire ou en justice ; (Pr. 745.)

A chaque avoué signataire de la requête :

Paris, 6 fr. — Ressort, 4 fr. 50.

8. *Surenchère sur aliénation volontaire.*

Requête pour faire commettre un huissier : (Pr. 832.)

Paris, 2 fr. — Ressort, 1 fr. 50.

Vacation pour faire au greffe la soumission de la caution et déposer les titres justificatifs de sa solvabilité.

Paris, 3 fr. — Ressort, 2 fr. 25.

Vacation pour prendre communication des pièces justificatives de la solvabilité de la caution :

Paris, 3 fr. — Ressort, 2 fr. 25.

9. *Vente de biens de mineurs.*

Requête à fin d'homologation de l'avis du conseil de famille pour aliéner les immeubles des mineurs : (Pr. 954.)

Paris, 7 fr. 50. — Ressort, 5 fr. 50.

Vacation à prendre communication de la minute du rapport des experts : (Pr. 956.)

Paris, 6 fr. — Ressort, 4 fr. 50.

Requête pour demander l'entérinement du rapport :

Paris, 7 fr. 50. — Ressort, 5 fr. 50.

Il sera alloué aux avoués, sans distinction de résidence, dans le cas où l'expertise n'aura pas lieu, à raison des soins et démarches nécessaires pour la fixation de la mise à prix : 25 fr. (1).

Sans préjudice du supplément de remise proportionnelle accordé par l'article 11 de la présente ordonnance,

Vacation à prendre communication du cahier des charges, au cas de renvoi devant notaire : (Pr. 954.)

Paris, 6 fr. — Ressort, 4 fr. 50.

Requête pour obtenir l'autorisation de vendre au-dessous de la mise à prix : (Pr. 963.)

Paris, 7 fr. 50. — Ressort, 5 fr. 50.

Ces émoluments seront les mêmes lorsqu'il s'agira de ventes d'immeubles dépendant d'une succession bénéficiaire, d'immeubles dotaux, ou provenant, soit d'une succession vacante, soit d'un débiteur failli, qui a fait cession.

10. *Partages et licitations.*

Requête à fin de remplacement du juge ou du notaire commis : (Pr. 969.)

Paris, 3 fr. — Ressort, 2 fr. 25.

Vacation à prendre communication du procès-verbal d'expertise : (Pr. 971.)

Paris, 6 fr. — Ressort, 4 fr. 50.

Acte de conclusions d'avoué à avoué pour demander l'entérinement du rapport :

Paris, 7 fr. 50. — Ressort, 5 fr. 50.

Pour chaque copie, le quart.

Il sera alloué aux avoués, sans distinction de résidence, dans le cas où l'expertise n'aura pas lieu, à raison des soins et démarches nécessaires pour la fixation de la mise à prix en cas de vente, ou pour l'estimation et la composition des lots, en cas de partage en nature, 25 fr.

Sans préjudice du supplément de remise proportionnelle accordé par l'article 11 de la présente ordonnance. Aucune remise proportionnelle ne sera due toutefois dans les cas de partage en nature.

Sommation de prendre communication du cahier des charges : (Pr. 975.)

Paris, 1 fr. — Ressort, 0 fr. 75.

Pour chaque copie, le quart.

Vacation à prendre communication du cahier des charges, au greffe, pour chaque avoué colicitant :

En l'étude du même notaire pour l'avoué poursuivant et pour chaque avoué colicitant :

Paris, 6 fr. — Ressort, 4 fr. 50.

Acte de conclusion d'avoué à avoué pour obtenir l'autorisation de vendre au-dessous de la mise à prix :

Paris, 7 fr. 50. — Ressort, 5 fr. 50.

Pour chaque copie, le quart.

§ 2. — Émoluments communs aux différentes ventes.

11. Pour la grosse du cahier des charges, qui ne sera signifiée dans aucun cas, par rôle contenant 25 lignes à la page et douze syllabes à la ligne : (Pr. 690.)

Paris, 2 fr. — Ressort, 1 fr. 50.

Vacation pour déposer au greffe le cahier des charges :

Paris, 3 fr. — Ressort, 2 fr. 45.

Pour l'extrait qui doit être inséré dans le journal désigné par les cours royales : (Pr. 696.)

Paris, 2 fr. — Ressort, 1 fr. 50.

Il sera passé autant de droit à l'avoué qu'il y aura eu d'insertions prescrites par le Code.

Pour obtenir l'ordonnance tendant à faire l'insertion extraordinaire : (Pr. 697.)

Paris, 2 fr. — Ressort, 1 fr. 50.

Cette vacation ne sera allouée qu'autant que l'autorisation aura été obtenue.

Pour faire faire l'insertion extraordinaire :

Paris, 2 fr. — Ressort, 1 fr. 50.

Pour faire légaliser la signature de l'imprimeur par le maire : (Pr. 698.)

Paris, 2 fr. — Ressort, 1 fr. 50.

Pour l'extrait qui doit être imprimé et placardé, et qui servira d'original et ne pourra être grossoyé : (Pr. 699.)

Paris, 6 fr. — Ressort, 4 fr. 50.

L'avoué poursuivant aura droit à cette allocation toutes les fois que de nouvelles appositions de placards auront été nécessaires.

Vacation à l'adjudication : (Pr. 702.) (2)

Paris, 15 fr. — Ressort, 12 fr.

Ce droit sera alloué à raison de chaque lot adjugé, quelle qu'en soit la composition, sans que ce droit

(1) Cette somme n'est due qu'à l'avoué poursuivant, — Cir. g. des Sc., 20 août 1842.

(2) Ce droit n'est dû qu'à l'avoué poursuivant, qui ne peut réclamer qu'un seul droit, quel que soit le nombre des lots. Cir. g. M. Sc. du 20 août 1842.

puisse être exigé sur un nombre de lots supérieurs à six.

Néanmoins la somme provenant de la réunion de tous les droits alloués sera répartie également entre tous les adjudicataires, quel qu'en soit le nombre.

Indépendamment des émoluments ci-dessus fixés, il sera alloué à l'avoué poursuivant, sur le prix des biens dont l'adjudication sera faite au-dessus de 2,000 fr., savoir :

Depuis 2,000 fr. jusqu'à 10,000 fr.. 1 p. 0/0;

Sur la somme excédant 10,000 fr. jusqu'à 50,000 fr., 1/2 p. 0/0;

Sur la somme excédant 50,000 fr. jusqu'à 100,000 fr., 1/4 p. 0/0.

Et sur l'excédent de 100,000 fr. indéfiniment, 1/8 de 1 p. 0/0

En cas d'adjudication par lots de biens compris dans la même poursuite, en l'état où elle se trouvera lors de l'adjudication, la totalité du prix des lots sera réunie pour fixer le montant de la remise.

Le montant de la remise sera calculé sur le prix de chaque lot, séparément, lorsque les lots seront composés d'immeubles distincts.

Cette remise, lorsque le tribunal n'aura pas ordonné l'expertise dans les cas où elle est facultative, sera :

Depuis 2,000 fr. jusqu'à 10,000 fr., de 1 1/2 p. 0/0;

Sur la somme excédant 10,000 jusqu'à 100,000 r., de 1 p. 0/0

Sur l'excédent de 100,000 fr. jusqu'à 300,000 fr.. de 1/2 p. 0/0,

Et sur l'excédent de 300,000 fr., indéfiniment, de 1/4 p. 0/0.

La remise proportionnelle sur le prix de l'adjudication sera divisée, en licitation, ainsi qu'il suit :

Moitié appartiendra à l'avoué poursuivant;

La seconde moitié sera partagée par égales portions entre tous les avoués qui ont occupé dans la licitation, y compris l'avoué poursuivant, qui aura sa part comme les autres dans cette seconde moitié.

Vacation au jugement de remise : (Pr. 703.)

Paris, 6 fr. — Ressort, 4 fr. 90.

Vacation pour enchérir : (Pr. 706.)

Paris, 7 fr. 50. — Ressort, 5 fr. 63.

Vacation pour enchérir et se rendre adjudicataire : (Pr. 707.)

Paris, 15 fr. — Ressort, 11 fr. 25.

Vacation pour faire la déclaration de command : (Pr. 707.)

Paris, 6 fr. — Ressort, 4 fr. 50.

Les vacations pour enchérir, ou pour les déclarations de command, sont à la charge de l'enchérisseur ou de l'adjudicataire.

12. Vacation pour faire au greffe la surenchère du sixième au moins du prix principal de l'adjudication : (Pr. 708.)

Paris, 15 fr. — Ressort, 11 fr. 25.

Pour acte de la dénonciation de la surenchère contenant avenir :

Paris, 1 fr. — Ressort, 0 fr. 75.

Pour chaque copie, le quart.

Vacation pour requérir le certificat du greffier ou du notaire, constatant que l'adjudicataire n'a pas justifié de l'acquit des conditions exigibles de l'adjudication : (Pr. 734-964.)

Paris, 3 fr. — Ressort, 2 fr. 25.

Les émoluments des avoués pour le dépôt de l'acte tenant lieu du cahier des charges, pour les extraits à placarder ou à insérer dans les journaux, pour enchérir, se rendre adjudicataire et faire la déclaration de command, par suite de la surenchère autorisée par

l'article 708, ou de la folle enchère, seront taxés comme il est dit dans l'article 11 : le droit de remise proportionnelle sur l'excédent produit par la surenchère ou la folle enchère sera alloué à l'avoué qui les aura poursuivies.

Les autres incidents des ventes judiciaires ne pourront donner lieu à d'autres et plus forts droits que ceux établis pour les matières sommaires.

13. Les copies de pièces, qui appartiendront à l'avoué, seront taxées à raison de vingt-cinq lignes à la page et de douze syllabes à la ligne :

Paris, 0 fr. 30. — Ressort, 0 fr. 25.

Chap. III. — Des notaires.

14. Dans les cas où les tribunaux renverront des ventes d'immeubles par devant les notaires, ceux-ci auront droit, pour la grosse du cahier des charges, par rôle contenant vingt-cinq lignes à la page et douze syllabes à la ligne :

Paris, 2 fr. — Ressort, 1 fr. 50 (1).

Ils auront droit, en outre, sur les prix des biens vendus jusqu'à 10,000 fr., à 1 p. 0/0;

Sur la somme excédant 10,000 fr. jusqu'à 50,000 fr. à 1/2 p. 0/0;

Sur la somme excédant 50,000 fr. jusqu'à 100,000 fr., à 1/4 p. 0/0;

Et sur l'excédent de 100,000 fr. indéfiniment, à 1/8 de 1 p. 0/0.

Moyennant les allocations ci-dessus, les notaires sont chargés de la rédaction du cahier des charges, de la réception des enchères, et de l'adjudication ; ils ne pourront rien exiger pour les minutes de leurs procès-verbaux d'adjudication.

Les avoués restent chargés de l'accomplissement des autres actes de la procédure ; ils auront droit aux émoluments fixés pour ces actes, et, lorsque l'expertise est facultative et n'aura pas été ordonnée, les avoués auront droit en outre à la différence entre la remise allouée pour ce cas par l'article 11 de la présente ordonnance, et la remise fixée par le paragraphe 2 du présent article.

Chap. IV. — Des experts.

15. Il sera taxé aux experts, par chaque vacation de trois heures, quand ils opéreront dans les lieux où ils sont domiciliés ou dans la distance de deux myriamètres, savoir : dans le département de la Seine : (Pr. 955, 956.)

Pour les artisans ou laboureurs, 4 fr.:

Pour les architectes et autres artistes, 8 fr.

Dans les autres départements,

Aux artisans et laboureurs, 3 fr.;

Aux architectes et autres artistes, 6 fr.

Au delà de deux myriamètres, il sera alloué par chaque myriamètre, pour frais de voyage et nourriture, aux architectes et autres artistes, soit pour aller, soit pour revenir :

Paris, 6 fr. — Départements, 4 fr. 50.

Il leur sera alloué pendant leur séjour, à la charge de faire quatre vacations par jour, savoir :

Paris, 32 fr. — Départements, 24.

La taxe sera réduite dans le cas où le nombre des quatre vacations n'aurait pas été employé.

_____

(1) Les honoraires des notaires pour la minute du cahier des charges sont fixés d'après le nombre de rôles produits par cette minute à raison de vingt-cinq lignes à la page et de douze syllabes à la ligne. — Circ. g. d. Sc. 20 août 1842.

S'il y a lieu à transport d'un laboureur au delà de deux myriamètres, il sera alloué 3 fr. par myriamètre pour aller, et autant pour le retour, sans néanmoins qu'il puisse être rien alloué au delà de cinq myriamètres.

Il sera encore alloué aux experts deux vacations, l'une pour leur prestation de serment, l'autre pour le dépôt de leur rapport, indépendamment de leurs frais de transport, s'ils sont domiciliés à plus de deux myriamètres de distance du lieu où siège le tribunal; il leur sera accordé par myriamètre, en ce cas, le cinquième de leur journée de campagne.

Au moyen de cette taxe, les experts ne pourront rien réclamer, ni pour frais de voyage et de nourriture, ni pour s'être fait aider par des écrivains ou par des toiseurs et porte-chaînes, ni sous quelque autre prétexte que ce soit ; ces frais, s'ils ont eu lieu, restent à leur charge.

Le président, en procédant à la taxe de leurs vacations, en réduira le nombre, s'il lui paraît excessif.

TITRE III. — DISPOSITIONS POUR LES RESSORTS DES AUTRES COURS ROYALES.

16. Le tarif réglé par le titre précédent, pour le tribunal de première instance établi à Paris, sera commun aux tribunaux de première instance établis à Marseille, Lyon, Bordeaux et Rouen (1).

Toutes les sommes portées en ce tarif seront réduites d'un dixième dans la taxe des frais et dépens pour les tribunaux de première instance établis dans les villes où siège une cour royale, ou dans les villes dont la population excède trente mille âmes.

Dans tous les autres tribunaux de première instance, le tarif sera le même que celui qui est fixé pour les tribunaux du ressort de la cour royale de Paris, autre que celui qui est établi dans cette capitale.

Néanmoins le droit fixe de 25 fr. établi par les articles 9 et 10 de la présente ordonnance, et les remises proportionnelles fixées par les articles 11 et 14, seront perçus dans tout le royaume, sans distinction de résidence.

Les dispositions du chapitre IV du titre précédent seront appliquées sans autre distinction, à raison de la résidence, que celle qui se trouve indiquée dans ce chapitre.

TITRE IV. — DISPOSITIONS GÉNÉRALES

17. Tous actes et procédures relatifs aux incidents des ventes immobilières et qui ne sont pas l'objet de dispositions spéciales dans la présente ordonnance, seront taxés comme acte ou procédure en matière sommaire, conformément à l'article 718 du Code de procédure civile, et suivant les règles établies par le dernier paragraphe de l'article 12 qui précède.

Si, à l'occasion d'une procédure de vente judiciaire d'immeubles, il s'élève une contestation qui n'ait pas le caractère d'incident et qui doive être considérée comme matière ordinaire, les actes relatifs à cette contestation seront taxés suivant les règles établies pour les procédures en matière ordinaire.

18. Dans tous les cahiers des charges, il est expressément défendu de stipuler au profit des officiers ministériels d'autres et plus grands droits que ceux

(1) Toulouse, Lille et Nantes. — Décr. 30 avril et 13 déc. 1862.

énoncés au présent tarif, toute stipulation, qu'elle qu'en soit la forme, sera nulle de droit.

19. Outre les fixations ci-dessus, seront alloués les simples déboursés justifiés par pièces régulières.

Le timbre des placards autorisés par les articles 679 et 700 du Code de procédure ne passera en taxe que sur un certificat délivré par le président de la chambre des avoués, constatant que le nombre des exemplaires a été vérifié par lui. (*Ce paragraphe est abrogé par le décret du 15 janvier 1853.*)

20. Sont et demeurent abrogés les numéros 11, 12, 13, 14 et 15 du tableau annexé au décret du 21 septembre 1810 ; les paragraphes 44, 45, 46, 47, 48, 49 de l'article 29 ; les articles 47, 48, 49, 50 et 63 ; les paragraphes 14, 15, 16 et 17 de l'article 78 ; les articles 153, 154, 155, 172 du premier décret du 16 février 1807; la disposition de l'article 65 du même décret, relative à l'apposition des placards ; le paragraphe de l'article 70 applicable à l'acte de signification au cahier des charges ; le paragraphe de l'article 75 applicable aux requêtes contenant demande ou réponse en entérinement du rapport des experts ; le paragraphe de l'article 76 applicable à la commission d'un huissier à l'effet de notifier la réquisition de mise aux enchères.

Sont également abrogées les dispositions des articles 102 à 129, en tant qu'elles concernent les saisies immobilières, les surenchères sur aliénation volontaire, les ventes d'immeubles de mineurs, et de biens dotaux, dans le régime dotal ; les ventes sur licitations, les ventes d'immeubles dépendant d'une succession bénéficiaire ou vacante, ou provenant d'un débiteur failli ou qui a fait cession.

LOI

Sur le tarif des commissaires-priseurs.

(18 juin 1843)

ART. 1er. Il sera alloué aux commissaires-priseurs :

1° Pour droit de prisée, pour chaque vacation de trois heures :

A Paris, Lyon, Bordeaux, Rouen, Toulouse et Marseille, 6 fr. — Ailleurs, 5 fr.

2° Pour assistance aux référés et pour chaque vacation :

A Paris, Lyon, Bordeaux, Rouen, Toulouse et Marseille, 5 fr. — Ailleurs, 4 fr.

3° Pour tous droits de vente, non compris les déboursés pour y parvenir et en acquitter les droits, non plus que la rédaction des placards, 6 p. 100 sur le produit des ventes sans distinction de résidence.

Il pourra, en outre, être alloué une ou plusieurs vacations sur la réquisition des parties, constatée par procès-verbal du commissaire-priseur, à l'effet de préparer les objets mis en vente.

Ces vacations extraordinaires ne seront passées en taxe qu'autant que le produit de la vente s'élèvera à 3,000 francs.

Chacune de ces vacations de trois heures donnera droit aux émoluments fixés par le numéro 1er du présent article.

4° Pour expédition ou extrait des procès-verbaux de vente, s'ils sont requis, outre le timbre, et pour chaque rôle de vingt-cinq lignes à la page et de quinze syllabes à la ligne : 1 fr. 50.

Pour consignation à la caisse, s'il y a lieu :
A Paris, Lyon, Bordeaux, Rouen, Toulouse et Marseille, 6 fr. — Ailleurs, 5 fr.

Pour assistance à l'essai et au poinçonnage des matières d'or et d'argent :
A Paris, Lyon, Bordeaux, Rouen, Toulouse et Marseille, 6 fr. — Ailleurs, 5 fr.

Pour paiement des contributions, conformément aux dispositions des lois des 5-18 août 1791 et 12 novembre 1808 :
A Paris, Lyon, Bordeaux, Rouen, Toulouse et Marseille. 4 fr. — Ailleurs. 3 fr.

2. L'état des vacations, droits et remises alloués aux commissaires-priseurs, sera délivré sans frais aux parties. Si la taxe est requise, elle sera faite par le président du tribunal de première instance ou par un juge délégué.

3. Toutes perceptions, directes ou indirectes, autres que celles autorisées par la présente loi, à quelque titre et sous quelque dénomination qu'elles aient lieu, sont formellement interdites.

En cas de contravention, l'officier public pourra être suspendu ou destitué, sans préjudice de l'action en répétition de la partie lésée et des peines prononcées par la loi contre la concussion.

4. Il est également interdit aux commissaires-priseurs de faire aucun abonnement ou modification à raison des droits ci-dessus fixés, si ce n'est avec l'Etat et les établissements publics.

Toute contravention sera punie d'une suspension de quinze jours à six mois. En cas de récidive, la destitution pourra être prononcée.

5. Il y aura, entre les commissaires-priseurs d'une même résidence, une bourse commune dans laquelle entrera la moitié des droits proportionnels qui leur seront alloués sur chaque vente.

Néanmoins les commissaires-priseurs attachés aux monts-de-piété, et les commissaires-priseurs du domaine, feront leurs versements à la bourse commune conformément aux traités passés entre eux et les autres commissaires-priseurs. Ces traités seront soumis à l'homologation du tribunal de première instance, sur les conclusions du procureur du roi.

6. Toute convention entre les commissaires-priseurs, qui aurait pour objet de modifier directement ou indirectement le taux fixé par l'article précédent, est nulle de plein droit, et les officiers qui auraient concouru a cette convention encourront les peines prononcées par l'article 4 ci-dessus.

7. Les fonds de la bourse commune sont affectés comme garantie principale au paiement des deniers produits par les ventes; ils seront saisissables.

8. La répartition des émoluments de la bourse commune sera faite tous les deux mois, par portions égales, entre les commissaires-priseurs.

9. Les commissaires-priseurs de Paris continueront à être régis par les dispositions de l'arrêté du 29 germinal an IX, relativement à leur chambre de discipline.

Les dispositions de cet arrêté pourront être étendues par ordonnance royale, rendue dans la forme des règlements d'administration publique, aux chambres de discipline qui seraient instituées dans d'autres localités.

10. Toutes les dispositions contraires à la présente loi sont et demeurent abrogées.

LOI

Portant suppression des droits et vacations accordés aux juges de paix, et fixation du traitement de ces magistrats et de leurs greffiers.

(21 juin 1845)

Art. 1er. Les droits et vacations accordés aux juges de paix sont supprimés; il ne leur sera alloué d'indemnité de transport que quand ils se rendront à plus de cinq kilomètres du chef-lieu de canton.

ORDONNANCE

Qui détermine le montant de l'indemnité de transport établie au profit des juges de paix par la loi du 21 juin 1845.

(6 décembre 1845) (1)

Art. 1er. L'indemnité établie au profit des juges de paix par l'article 1er de la loi du 21 juin 1845 est fixée :

En cas de transport à plus de cinq kilomètres du chef-lieu de canton, à 5 fr. — En cas de transport à plus d'un myriamètre, à 6 fr.

Si les opérations durent plus d'un jour, l'indemnité est fixée, suivant la distance, à 5 ou 6 francs par jour.

DÉCRET

Relatif aux protêts.

(23 mars 1848)

Art. 1er. Provisoirement, et jusqu'à ce qu'il en soit autrement ordonné, le tarif actuel est modifié comme il suit :

NOUVEAU TARIF (2)

Protêt simple.	Émoluments.	Déboursés.	Total.
Original et copie . . . . }	1 60	"	fr. c.
Droit de copie de l'effet sur l'original et la copie.	0 75		
Transcription sur le répertoire . . }		1 20	5 83
Timbre du protêt.	"	1 20	
Timbre du registre.	"	0 40	
Enregistrement	"	1 88	
Protêt à deux domiciles ou avec un besoin.			
Le protêt simple	"	"	5 83
Pour le second domicile ou le besoin }	1 "	"	1 60
Timbre.	"	0 60	
			7 43
Protêt de deux effets.			
Le protêt simple	"	"	5 83
Émoluments pour le second effet .	0 50	"	0 70
Timbre.	"	0 20	
			6 53

(1) Cette ordonnance n'a pas modifié le décret du 16 février 1807 en ce qui concerne les droits et vacations des greffiers des juges de paix. — Instr. g. d. Sc., 23 mars 1846. — V. L. 16 nov. 1875.

(2) LL. 2 juill. 1862, art. 1er et 17; 8 juin 1864, art. 3; 23 août 1871; Décr. 24 nov. 1871, art. 4; I.L. 30 déc. 1873, art. 2, n° 1; 19 fév. 1874, art. 2.

Protêt de perquisition.	Émoluments.	Déboursés.	Total.
Original et copie	5 »	»	
Droit de copies	1 25	»	
Des copies du titre	0 50	»	
Visa	1 »	»	
Timbre des copies	»	3 »	
Enregistrement	»	1 88	13 98
Transcription du titre au registre .			
Transcription du procès-verbal de perquisition et du protêt.	0 75	»	
Papier du registre pour la transcription	»	0 60	

Protêt au parquet.

Le protêt simple	5 83	»	
Deuxième copie au parquet	0 60	»	
Troisième au tribunal et droit de la copie de titre	1 50	»	10 13
Visa.	1 »	»	
Timbre	»	1 20	

Intervention.

Original et copie	2 »	»	
Transcription au registre	0 25	»	
Papier du registre	»	0 25	4 38
Enregistrement	»	1 88	

Dénonciation de protêt.

Original	2 »	»	
Copie de l'exploit.	0 50	»	
Copie du billet			
Copie du protêt.	0 75		
Copie d'intervention	0 25	»	7 43
Copie de compte de retour	0 25	»	
Timbre	»	1 80	
Enregistrement	»	1 88	

2. Les actes de protêts seront désormais dressés sans assistance de témoins.

ARRÊTÉ

Qui modifie le tarif relatif aux émoluments des greffiers et des huissiers audienciers près les tribunaux de commerce.

(8 avril 1848) (1)

Le gouvernement provisoire de la République arrête ce qui suit :

Le tarif relatif aux émoluments des greffiers et des huissiers audienciers près le tribunal de commerce est modifié de la manière suivante :

Le papier du plumitif, porté à 50 c. sur chaque expédition, est réduit à (2) 0 fr. 25.

Les droits de rédaction pour les jugements contradictoires expédiés sont réduits de 2 fr. à 1 fr. 50.

Le droit d'appel des causes dû aux huissiers audienciers est réduit de 30 à 0 fr. 20.

Les émoluments du greffier en matière de faillite sont modifiés ainsi qu'il suit :

Sur le procès-verbal de remise à huitaine pour le concordat, au lieu de 4 fr., 3 fr.

Sur le procès-verbal de reddition de compte des syndics, au lieu de 4 fr., 3 fr.

Sur la rédaction, l'impression, l'envoi des lettres aux créanciers, par chaque lettre, au lieu de 20 c., 0 fr. 10.

(1) Abrogé par le décret du 18 juin 1880 en ce qui concerne les dispositions relatives aux émoluments des greffiers des tribunaux de commerce.

(2) Modifié par décrets des 2 déc. 1862 et 24 nov. 1871.

Sur les droits de recherche (L. 21, vent. an VII), au lieu de 50 c., 0 fr. 25.

ARRÊTÉ

Qui modifie le tarif des frais en matière de contrainte par corps.

(24 mars 1849) (3)

DÉCRET

Contenant le tarif des droits alloués aux officiers publics chargés de procéder à des ventes volontaires et aux enchères de fruits et récoltes pendants par racines ou de coupes de bois taillis.

(5 novembre 1851)

ART. 1er. Il est alloué, pour tous droits d'honoraires, non compris les déboursés, à l'officier public chargé de procéder à une vente volontaire et aux enchères de fruits et récoltes pendants par racines ou de coupes de bois taillis, une remise sur le produit de la vente, qui est fixée à 2 p. 100 jusqu'à 10,000 francs, et à 1/4 p. 100 sur l'excédent, sans distinction entre les ventes faites au comptant et celles faites à terme.

En cas d'adjudication par lots, consentie au nom du même vendeur, la remise proportionnelle établie au présent article est calculée sur le prix total des lots réunis.

La remise ne peut, en aucun cas, être inférieure à 6 fr.

2. Lorsque l'officier public qui a procédé à une vente à terme est chargé d'opérer le recouvrement du prix, il a droit à une remise de 1 p. 100 sur le montant des sommes par lui recouvrées.

3. S'il est requis expédition ou extrait des procès-verbaux de vente, il est alloué, outre le timbre, 1 fr. pour chaque rôle de vingt-cinq lignes à la page et de quinze syllabes à la ligne.

4. Pour versement à la caisse des consignations, paiement des contributions ou assistance aux référés, s'il y a lieu, il est alloué :

A Paris, Lyon, Bordeaux, Rouen, Toulouse et Marseille, 4 fr. — Ailleurs, 3 fr.

5. Toutes perceptions directes ou indirectes, autres que celles autorisées par le présent règlement, à quelque titre ou sous quelque dénomination qu'elles aient lieu, sont formellement interdites.

En cas de contravention, l'officier public pourra être suspendu ou destitué, sans préjudice de l'action en répétition de la partie lésée et des peines prononcées par la loi contre la concussion.

6. Il est également interdit aux officiers publics de faire aucun abonnement ou modification à raison des droits ci-dessus fixés, si ce n'est avec l'Etat et les établissements publics.

Toute contravention sera punie d'une suspension de quinze jours à six mois. En cas de récidive, la destitution pourra être prononcée.

(3) La contrainte par corps en matière civile, commerciale et contre les étrangers est supprimée sauf en matière criminelle, correctionnelle et de police. — L. du 22 juillet 1867.

DÉCRET

Qui modifie l'article 19 de l'ordonnance du 10 octobre 1841, contenant le tarif des frais et dépens relatifs aux ventes judiciaires de biens immeubles.

(15 février 1853)

ART. UNIQUE. Le timbre des placards autorisés par les articles 698 et 700 du Code de procédure ne passera en taxe que sur un certificat délivré sans frais par le receveur du timbre ou de l'enregistrement du bureau dans l'arrondissement duquel la vente a eu lieu, constatant que le nombre des exemplaires a été vérifié par lui, et indiquant le montant total des droits de timbre.

La seconde disposition de l'article 10 de l'ordonnance du 17 octobre 1841 est abrogée.

DÉCRET

Portant fixation des émoluments attribués, en matière civile et commerciale, aux greffiers des tribunaux civils de première instance et aux greffiers des cours impériales.

(24 mai 1854)

§ 1er. — Des émoluments des greffiers des tribunaux civils de première instance.

ART. 1er. Les greffiers des tribunaux civils de première instance ont droit aux émoluments suivants (1) :

1o Pour dépôt de copies collationnées des contrats translatifs de propriété, 3 fr.

2o Pour extrait à afficher, 1 fr.

Plus, par chaque acquéreur en sus, lorsqu'il y a des lots distincts (2), 0 fr. 50.

3o Pour soumission de caution avec dépôt de pièces, déclaration affirmative, déclaration de surenchère ou de command, certificats relatifs aux saisies-arrêts sur cautionnement et aux condamnations pour faits de charge, acceptation bénéficiaire, renonciation à communauté ou succession, 2 fr.

4o Pour bordereau ou mandement de collocation, certificat de propriété, 2 fr.

Si le montant du bordereau ou du mandement s'élève à 3,000 francs, ou si le certificat de propriété s'applique à un capital de pareille somme, l'émolument est de 3 fr.

5o Pour opérer le dépôt d'un testament olographe ou mystique, non compris le transport s'il y a lieu, 6 fr.

6o Pour communication des pièces et des procès-verbaux ou états de collocation, dans les procédures d'ordre et de distribution par contribution, quel que soit le nombre des parties, si la somme principale à distribuer n'excède pas 10,000 francs, 5 fr.

Si elle dépasse ce chiffre (3), 10 fr.

(1) Article non applicable aux greffiers des tribunaux de commerce. Ordonnance du 9 octobre 1825. — *Instr. g. des Sc.* 20 déc. 1867.

(2) Dispositions ne concernant que les affaires civiles. Les greffiers des tribunaux de commerce n'ont droit qu'à 7 fr. pour les extraits de jugement à insérer dans les journaux et à afficher en matière de faillite. — *Ord.* 9 oct. 1825; *Instr. g. d. Sc.* 30 déc. 1864.

(3) Aucun droit de communication de pièces n'est alloué aux greffiers dans les *ordres amiables.* — *Circ. g. d. Sc.*, 29 nov. 1860.

L'allocation accordée par l'article 4 de la loi du 22 prairial an VII est supprimée.

7o Pour tout acte, déclaration ou certificat fait ou transcrit au greffe, et qui ne donne pas lieu à un émolument particulier, quel que soit le nombre des parties (4), 1 fr. 50.

8o Pour communication, sans déplacement, de pièces dont le dépôt est constaté par un acte du greffe (5), 1 fr.

Dans les affaires où il y a constitution d'avoué, ce droit ne peut être perçu qu'une fois pour chaque avoué à qui la communication est faite, quel que soit le nombre des parties, et à la charge de justifier d'une réquisition écrite en marge de l'acte de dépôt.

9o Pour recherche des actes, jugements et ordonnances faits ou rendus depuis plus d'une année et dont il n'est pas demandé expédition :

Pour la première année indiquée, 0 fr. 50.

Pour chacune des années suivantes, 0 fr. 25. (L. 21 vent., art. 4.)

10o Pour légalisation, 0 fr. 25.

(Même loi et article précité.)

11o Pour l'insertion au tableau placé dans l'auditoire de chaque extrait d'acte ou du jugement soumis à cette formalité, 0 fr. 50.

12o Pour visa d'exploits, 0 fr. 25.

13o Pour chaque bulletin de distribution et de remise de cause, 0 fr. 10.

14o Pour la mention de chaque acte sur le répertoire prescrit par l'article 49 de la loi du 22 frimaire an VII (6), 0 fr. 10.

2. Lorsque, dans l'exercice de leurs fonctions, les greffiers des tribunaux civils de première instance se transportent à plus de cinq kilomètres de leur résidence, ils reçoivent pour frais de voyage, nourriture et séjour, une indemnité, par jour, de 8 fr.

S'ils se transportent à plus de deux myriamètres, l'indemnité, par jour, est de 10 fr.

3. *Remplacé par le décret du 24 novembre 1871.*

§ 2. — Des greffiers des tribunaux civils qui exercent la juridiction commerciale.

4. Les allocations établies par l'ordonnance des 9-12 octobre 1825, et l'arrêté modificatif du 8 avril 1848, au profit des greffiers des tribunaux de commerce, sont accordées aux greffiers des tribunaux civils de première instance qui exercent la juridiction commerciale; néanmoins, ils n'ont droit à aucun

(4) Aucun émolument n'est dû aux greffiers pour la prestation de serment des officiers de police judiciaire, notamment des gardes-ventes. — *Instr. g. d. Sc.*, 14 juin 1870. — *Idem* pour le serment des garde-pêche. — Il peut être alloué aux greffiers : 1o 50 cent. pour le timbre de la feuille d'audience ou du registre contenant l'acte de prestation de serment : 2o 20 cent. pour la mention faite sur le répertoire. — *Circ. g. d. Sc.*, 22 oct. 1864. — Aucun droit ne peut être perçu par les greffiers pour la transcription sur un registre spécial des commissions des gardes ou brigadiers forestiers. — *Instr. g. d. Sc.*, 19 juin 1858.

(5) Aucun émolument n'est alloué aux greffiers pour le dépôt des registres de l'état civil et des pièces annexées. — *Décis. min. fin.*, 24 sept. 1808.

(6) Un droit de 10 centimes, prévu par cet article est dû aux greffiers pour l'inscription des causes au rôle. — *Circ. g. d. Sc.* 2 juill. 1864. — *Décr.* 24 nov. 1871.

L'allocation de 10 centimes, accordée par le § 14 de l'article 1er pour la mention de chaque acte sur le répertoire prescrit par l'article 49, L. 22 frim. an VII, doit être cumulée avec celle de 15 cent. accordée par le § 3 de l'article 3 aux greffiers comme remboursement de papier timbré. — *Circ. g. d. Sc.* 2 juill. 1864.

émolument dans les cas prévus par l'article 8 du présent tarif.

5. Les dispositions des articles 2, 3 et 4 du présent décret sont applicables aux greffiers des tribunaux civils qui exercent la juridiction commerciale; mais l'allocation, à titre de remboursement, du timbre employé aux feuilles d'audience est fixée, pour chaque jugement, à 0 fr. 50. — *(A 0 fr. 80 par décret du 24 novembre 1871.)*

§ 3. — Des greffiers des cours impériales.

6. Les greffiers des cours impériales ont droit aux émoluments suivants :

1º Pour tout acte fait ou transcrit au greffe, quel que soit le nombre des parties, 3 fr.

2º Pour chaque bulletin de distribution et de remise de la cause, 0 fr. 20.

3º Il leur est alloué une somme double de celle due aux greffiers des tribunaux civils de première instance pour les formalités prévues aux nᵒˢ 8, 9, 10, 11, 12 et 14 de l'article 1ᵉʳ du présent décret.

7. Les greffiers des cours impériales ont droit aux allocations établies par l'article 2 et l'article 3 du présent décret. Leur remise, pour chaque rôle d'expédition, est fixée à quarante centimes, sans diminution des droits de l'État. *(V. Décr. 8 déc. 1872, art. 2.)*

§ 4. — Dispositions générales.

8. Les greffiers n'ont droit à aucun émolument : 1º Pour les minutes des arrêts, jugements et ordonnances, ou pour celles des actes et procès-verbaux reçus ou dressés par les magistrats avec leur assistance ; 2º pour les simples formalités qui n'exigent aucune écriture, ou dont il est seulement fait mention sommaire, soit sur les pièces produites, soit sur les registres du greffe, à l'exception du répertoire prescrit par la loi du 22 frimaire an VII; 3º pour l'accomplissement des obligations qui leur sont imposées, soit à l'effet de régulariser le service des greffes, soit dans un intérêt d'ordre public ou d'administration judiciaire.

9. Les greffiers doivent inscrire, au bas des expéditions qui leur sont demandées, le détail des déboursés et des droits auxquels chaque arrêt, jugement ou acte donne lieu.

A défaut d'expéditions, ils doivent faire cette mention sur des états signés d'eux, et qu'ils remettent aux parties ou aux avoués (1).

Il leur est alloué pour chaque état un émolument de 0 fr. 10.

Ils portent sur les registres, dont la tenue est prescrite par la loi pour toutes les sommes qu'ils reçoivent.

Les déboursés et les émoluments sont inscrits sur des colonnes séparées.

10. — *Remplacé par l'article 4 du décret du 8 décembre 1862.*

11. Les émoluments déterminés par le présent tarif sont indépendants des droits et remises fixés par les lois des 21 ventôse et 22 prairial an VII, le décret du 12 juillet 1808, et tous décrets, lois, ordonnances et règlements d'administration publique postérieurement publiés.

L'ordonnance du 18 septembre 1833, concernant les expropriations pour cause d'utilité publique, et celle

du 10 octobre 1841, sur les ventes judiciaires, continuent à être exécutées dans toutes leurs dispositions.

12. Il est interdit aux greffiers des cours impériales et des tribunaux civils de première instance, ainsi qu'à leurs commis, de recevoir, sous quelque prétexte que ce soit, d'autres ou plus forts droits que ceux qui leur sont alloués par le présent décret ; ils ne peuvent exiger ni recevoir aucun droit de prompte expédition.

Le contrevenant est, suivant la gravité des circonstances, destitué de son emploi et poursuivi pour l'application des peines prononcées, soit par l'article 23 de la loi du 21 ventôse an VII, soit par l'article 174 du Code pénal, sans préjudice de la restitution des sommes perçues, et de tous dommages et intérêts s'il y a lieu.

13. Le présent règlement est exécutoire à partir du 1ᵉʳ juin 1854.

DÉCRET

Qui rend commun au tribunal de première instance et aux justices de paix de Marseille le tarif des frais et dépens décrété le 16 février 1807, pour le tribunal de première instance et pour les justices de paix de Paris.

(12 juin 1856)

ART. UNIQUE. Le tarif des frais et dépens décrété le 16 février 1807, pour le tribunal de première instance et pour les justices de paix établis à Paris, est rendu commun au tribunal de première instance et aux justices de paix de Marseille.

DÉCRET

Qui rend commun à la cour impériale, au tribunal de première instance et aux justices de paix de Toulouse le tarif des frais et dépens réglé pour la cour impériale, le tribunal de première instance et les justices de paix de Paris.

(30 avril 1862)

ART. 1ᵉʳ. Le tarif des frais et dépens décrété, le 16 février 1807, pour le tribunal de première instance de la Seine et aux justices de paix établies à Paris, est rendu commun à la cour impériale, au tribunal de première instance et aux justices de paix établis à Toulouse.

Le tarif réglé pour le tribunal de première instance de la Seine, touchant les frais et dépens relatifs aux ventes judiciaires de biens immeubles, par le titre II de l'ordonnance du 10 octobre 1841, est également rendu commun au tribunal de première instance de Toulouse.

. . . .

---

(1) En matière commerciale il n'est rien dû pour les états de frais ni pour les mentions au répertoire; le décret du 8 décembre 1862 n'alloue qu'un remboursement de timbre.

DÉCRET

Concernant les allocations aux greffiers des cours impériales, des tribunaux de première instance, des tribunaux de commerce et des justices de paix, ainsi qu'aux huissiers, à titre de remboursement de papier timbré.

(8 décembre 1862)

Art. **1, 2, 3**. — *Remplacés par le décret du 24 novembre 1871.*

4. Les greffiers mentionnés au présent décret ne peuvent écrire, sur les minutes ou feuilles d'audience et sur les registres timbrés, plus de trente lignes à la page et de vingt syllabes à la ligne, sur une feuille au timbre de un franc ; de quarante lignes à la page et de vingt-cinq syllabes à la ligne, lorsque la feuille est au timbre de un franc cinquante centimes, et plus de cinquante lignes à la page et de trente syllabes à la ligne, lorsque la feuille est au timbre de deux francs (1).

Toute contravention est constatée conformément à la loi du 13 brumaire an VII, et punie de l'amende prononcée par l'article 12 de la loi du 16 juin 1824, sans préjudice des droits de timbre à la charge des contrevenants.

5. — *Remplacé par le décret du 24 novembre 1871.*

DÉCRET

Qui rend commun aux tribunaux de première instance et aux justices de paix de Lille et de Nantes le tarif des frais et dépens réglé pour le tribunal de première instance et les justices de paix de Paris.

(13 décembre 1862)

Art. **1er**. Le tarif des frais et dépens décrété, le 16 février 1807, pour le tribunal de première instance de la Seine et pour les justices de paix établies à Paris, est rendu commun aux tribunaux de première instance et aux justices de paix établis à Lille et à Nantes.

Le tarif réglé pour le tribunal de première instance de la Seine, touchant les frais et dépens relatifs aux ventes judiciaires de biens immeubles, par le titre II de l'ordonnance du 10 octobre 1841, est également rendu commun aux tribunaux de première instance de Lille et de Nantes.

. . . .

DÉCRET

Qui fixe le salaire des conservateurs des hypothèques pour la transcription des actes de mutation et des procès-verbaux de saisie immobilière.

(9 juin 1866)

Art. **1er**. A partir du 1er juillet 1866, le salaire alloué aux conservateurs des hypothèques, par les

(1) Disposition applicable aux minutes portées sur des feuilles séparées comme à celles inscrites sur des registres. *Décis. g. d. Sc.* 23 avril 1868.

---

numéros 7 et 11 du tableau annexé au décret du 21 septembre 1810, susvisé, est réduit à cinquante centimes par rôle contenant trente lignes à la page et dix-huit syllabes à la ligne.

. . . .

DÉCRET

Portant augmentation du tarif des greffiers et huissiers.

(24 novembre 1871)

Art. **1er**. Il est alloué aux greffiers des cours d'appel et aux greffiers des tribunaux civils de première instance, comme remboursement du papier timbré :

1° Pour chaque arrêt ou jugement rendu à la requête des parties, ceux de simple remise exceptés, 1 fr. 20 cent.

2° Pour chaque acte porté sur un registre timbré, 60 cent.

3° Pour chaque mention portée sur un registre timbré, 25 cent.

2. Les dispositions de l'article précédent sont applicables aux greffiers des tribunaux spéciaux de commerce et aux greffiers des tribunaux civils qui exercent la juridiction commerciale, mais l'allocation à titre de remboursement du timbre employé aux feuilles d'audience est fixée, pour chaque jugement, ceux de simple remise exceptés, à 80 cent.

3. Il est alloué aux greffiers de justice de paix, à titre de remboursement du papier timbré :

1° Pour chaque jugement porté sur la feuille d'audience, ceux de remise exceptés, 80 cent.

2° Pour chaque jugement de remise, 25 cent.

3° Pour le procès-verbal de conciliation inscrit sur un registre timbré, 60 cent.

4° Pour le procès-verbal sommaire constatant que les parties n'ont pu être conciliées, 30 cent.

5° Pour chaque mention sur un registre timbré, 25 cent.

4. Il est alloué aux huissiers, comme remboursement du papier timbré du registre tenu en exécution de l'article 176 du Code de commerce :

1° Pour protèt simple et intervention, 40 cent.

2° Pour protèt de perquisition, 60 cent.

5. La rétribution due au greffier de la justice de paix, en vertu de l'article 2 de la loi du 2 mai 1855, pour tout droit, par chaque billet d'avertissement avant citation, est fixée à 30 c., y compris l'affranchissement, qui sera dans tous les cas de 15 c., et sans préjudice du remboursement du coût de la feuille de papier timbré exigée par l'article 21 de la loi du 22 août dernier.

LOI

Concernant le traitement des greffiers de justice de paix.

(16 novembre 1875)

Art. **1er**. Le traitement des greffiers de justice de paix est élevé de deux cents francs (200 fr.) à partir du 1er janvier 1876.

2. A partir du 1er janvier 1876, il sera perçu dans les greffes des justices de paix un droit de un franc (1 fr.) en principal, pour l'inscription au rôle de chaque cause portée à l'audience afin d'y recevoir jugement.

Il ne sera accordé aux greffiers de justice de paix aucune remise pour la perception de ce droit, qui sera effectuée conformément aux dispositions des articles 3, 4, 10 et 24 de la loi du 21 ventôse an VII.

DÉCRET

Portant fixation des émoluments attribués aux greffiers des tribunaux de commerce spéciaux, aux greffiers des tribunaux civils qui exercent la juridiction commerciale, et aux greffiers des justices de paix des villes maritimes qui n'ont pas de tribunaux de commerce.

(18 juin 1880)

Art. 1er. Les greffiers des tribunaux de commerce ont droit aux émoluments fixés par les articles suivants :

CHAP. I. — *Jugements.*

2. Il est alloué :

1° Pour tout jugement porté sur la feuille d'audience, ceux de simple police exceptés, 50 cent.

2° Pour tout jugement rendu sur requête ou sur le rapport des juges commissaires des faillites, 50 cent.

3° Pour la rédaction des qualités de tout jugement lorsqu'il est expédié, savoir :

S'il est par défaut, 1 fr.

S'il est contradictoire, 2 fr.

CHAP. II. — *Procès-verbaux.*

3. Il est alloué :

Pour la rédaction d'un procès-verbal de compulsoire, 4 fr.,

Et pour celle d'un procès-verbal d'interrogatoire sur faits et articles, 2 fr.

4. Il est pareillement alloué aux greffiers, pour la rédaction des procès-verbaux ci-après désignés, dressés en matière de faillite :

1° Assemblée des créanciers d'une faillite pour la composition de l'état des créanciers présumés et la nomination des syndics définitifs, 2 fr.

2° Reddition de comptes des syndics provisoires aux syndics définitifs, 3 fr.

3° Vérification et affirmation de créances, que ces opérations soient ou non simultanées, savoir :

Pour chaque créance vérifiée, 50 cent.

Pour chaque renvoi à l'audience, par suite de contredits, 50 cent.

Pour chaque créance affirmée, 15 cent.

4° Assemblée des créanciers dont les créances ont été vérifiées et affirmées, constatant la formation du concordat ou de l'union, 4 fr.

5° Assemblée des créanciers constatant le renvoi à huitaine, 3 fr.

6° Reddition de comptes des syndics au failli au cas de concordat, 4 fr.

7° Reddition de comptes des syndics définitifs aux syndics de l'union, 4 fr.

8° Reddition de compte des syndics aux créanciers, 4 fr.

9° Assemblée des créanciers pour procéder à une délibération non prévue par les dispositions précédentes, 3 fr.

CHAP. III. — *Actes spéciaux aux tribunaux de commerce des villes maritimes.*

5. Il est alloué :

1° Pour la rédaction du rapport d'un capitaine de navire à l'arrivée d'un voyage de long cours ou de grand cabotage, 3 fr.

2° Pour la rédaction d'un rapport à l'arrivée d'un voyage de petit cabotage, de bornage ou navigation fluviale, 2 fr.

3° Pour la déclaration des causes de relâche dans un voyage, 2 fr.

4° Pour la rédaction du rapport du capitaine en cas de naufrage ou d'échouement, 3 fr.

CHAP. IV. — *Formalités et actes divers.*

6. Il est alloué pour l'inscription de chaque cause au rôle, indépendamment de la remise accordée par l'article 19 de la loi du 21 ventôse an VII, un émolument de quinze centimes à la charge des parties, 15 cent.

7. Il est alloué :

1° Pour la rédaction de l'extrait du jugement déclaratif de faillite à afficher et de celui qui doit être adressé au parquet, ensemble 1 fr.

2° Pour la rédaction de l'extrait du jugement fixant ou modifiant l'époque à laquelle a eu lieu la cessation des paiements, 50 cent.

3° Pour la rédaction de l'extrait du jugement et d'une copie de l'avis à insérer dans les journaux, 50 cent.

Pour chaque copie en sus, lorsque l'insertion a lieu dans plusieurs journaux, 15 cent.

4° Pour la rédaction, l'impression et l'envoi de lettres de convocation aux créanciers de la faillite, par chaque lettre de convocation, 20 cent.

5° Pour l'avis à donner au juge de paix, au juge-commissaire et aux syndics, par chaque lettre d'avis, 20 cent.

6° Pour le récépissé à délivrer à chaque créancier de la faillite, en cas de dépôt de titres, 50 cent.

7° Pour communication des pièces, procès-verbaux de renseignements dans les procédures de faillite (un seul droit par chaque faillite, quel que soit le nombre des créanciers, 10 fr.).

8° Pour la tenue du registre de comptabilité des faillites, la communication de ce registre au failli et aux créanciers, l'établissement des relevés trimestriels et leur envoi au procureur général, par trimestre et par faillite, 2 fr.

8. Il est alloué :

1° Pour la rédaction d'un acte constatant le dépôt au greffe des actes de constitution, modification et dissolution de sociétés commerciales, 50 cent.

2° Pour la rédaction d'un acte constatant tout autre dépôt autorisé par la loi, 50 cent.

3° Pour la rédaction du procès-verbal constatant la remise de l'affiche des extraits de contrat de mariage et autres actes soumis à cette formalité, ainsi que des jugements en matière de faillite, 50 cent.

4° Pour la rédaction des certificats délivrés par le greffier, dans les cas prévus par les lois et règlements ou prescrits par jugement, 1 fr.

5° Pour la rédaction de chaque certificat constatant la vérification d'un extrait des livres d'un commerçant, 1 fr.

6º Pour la rédaction de chaque certificat constatant que les livres d'un commerçant ont été cotés et paraphés, 50 cent.

7º Pour l'inscription de ce dernier certificat sur le registre prescrit par l'ordonnance de 1673, titre III, article 4, 25 cent.

8º Pour tout acte, déclaration ou certificat fait ou transcrit au greffe, et qui ne donne pas lieu à un émolument particulier, quel que soit le nombre des parties, 1 fr.

9º Pour communication, sans déplacement des pièces dont le dépôt est constaté par un acte de greffe, 50 cent.

10º Pour la rédaction du procès-verbal de dépôt de chaque marque de fabrication et pour le coût de l'expédition, 1 fr.

9. Il est alloué, conformément à l'article 14 de la loi du 21 ventôse an VII, à titre de droit de recherches des actes, jugements et ordonnances faits ou rendus depuis plus d'une année, et dont il n'est pas demandé d'expédition, savoir :

Pour la première année, 50 cent.
Pour chacune des autres années, 25 cent.

10. Il est alloué :

1º Pour chaque légalisation de signature dans les cas prévus par la loi, 25 cent.

2º Pour chaque visa d'exploit donné par le greffier, 25 cent.

3º Pour la mention de chaque acte dont la tenue est prescrite par l'article 49 de la loi du 22 frimaire an VII, 10 cent.

CHAP. V. — *Droits d'expédition.*

11. Il est alloué pour chaque rôle d'expédition, indépendamment de la remise accordée par l'article 19 de la loi du 21 ventôse an VII, un émolument de dix centimes à la charge des parties, 10 cent.

CHAP. VI. — *Remboursement de papier timbré.*

12. Il est alloué, à titre de remboursement de papier timbré :

1º Pour chaque jugement porté sur la feuille d'audience, ceux de simple remise exceptés, 80 cent.

2º Pour chaque acte porté sur un registre timbré, 60 cent.

3º Pour chaque mention portée sur un registre timbré, 25 cent.

CHAP. VII. — *Des greffiers des tribunaux civils qui exercent la juridiction commerciale et des greffiers des justices de paix des villes maritimes où il n'existe pas de tribunaux de commerce.*

13. Les allocations attribuées aux greffiers des tribunaux spéciaux de commerce par les dispositions des articles 1 à 11 du précédent décret sont accordées aux greffiers des tribunaux civils qui exercent la juridiction commerciale, à l'exception du droit de 50 centimes déterminé, pour les jugements, par les paragraphes 1 et 2 de l'article 2.

Dans l'exercice de la juridiction commerciale, ils ne recevront pour la communication, sans déplacement, des pièces dont le dépôt est constaté par un acte du greffe, que l'émolument fixé par l'article 8, 10º, et, à titre de remboursement du papier timbré, que les allocations fixées par l'art. 12.

14. Les greffiers des justices de paix des villes maritimes où il n'existe pas de tribunaux de commerce

ont droit aux allocations qui sont accordées aux greffiers de ces tribunaux par l'article 5 du présent décret, pour la rédaction des actes désignés audit article.

CHAP. VIII. — *Dispositions générales.*

15. Les greffiers doivent inscrire au pied des expéditions qu'ils délivrent aux parties le détail des déboursés et des droits auxquels chaque jugement ou acte donne lieu.

À défaut d'expédition, ils mentionnent le détail sur les actes signés d'eux qu'ils remettent aux parties ou à leurs mandataires.

Ils portent sur les registres dont la tenue est prescrite par la loi toutes les sommes qu'ils reçoivent.

Les déboursés et les émoluments sont inscrits dans des colonnes séparées.

16. Il est interdit aux greffiers ainsi qu'à leurs commis de recevoir, sous quelque prétexte que ce soit, d'autres ou plus forts droits que ceux qui leur sont alloués par la loi ou les décrets; ils ne peuvent exiger ni recevoir aucun droit de prompte expédition.

Le contrevenant est, suivant la gravité des circonstances, destitué de son emploi et poursuivi pour l'application des peines prononcées soit par l'article 23 de la loi du 21 ventôse an VII, par l'article 174 du Code pénal, sans préjudice de la restitution des sommes perçues et de tous dommages-intérêts, s'il y a lieu.

17. Les greffiers n'ont droit à aucun émolument pour l'accomplissement des obligations qui leur sont imposées, soit à l'effet de régulariser le service du greffe, soit dans un intérêt d'ordre public ou d'administration judiciaire.

18. Sont et demeurent abrogés l'ordonnance du 9 octobre 1825 et le décret du 6 janvier 1814.

Est également abrogé l'arrêté du 8 avril 1848, dans la partie de ses dispositions qui est relative aux émoluments des greffiers des tribunaux de commerce.

DÉCRET

Portant fixation des émoluments des greffiers des cours d'appel, des tribunaux civils et de commerce en ce qui concerne les expéditions, mandements ou bordereaux de collocation délivrés par eux.

(23 juin 1892.)

Art. 1er. Il est alloué pour chaque rôle d'expédition :

Aux greffiers des cours d'appel une remise de 60 centimes;

Aux greffiers des tribunaux de commerce et des tribunaux civils, jugeant commercialement, y compris l'émolument de 10 centimes accordé par l'article 11 du décret du 18 juin 1880, une remise de 60 centimes.

Aux greffiers des tribunaux civils de première instance, une remise de 45 centimes.

2. Sur les expéditions que les agents de la République demandent en son nom et pour soutenir ses droits, la remise allouée par l'article précédent est réduite :

Pour les greffiers des cours d'appel, à 40 centimes ;

Pour les greffiers des tribunaux de commerce, à 40 centimes ;

Pour les greffiers des tribunaux civils de première instance :

En matière commerciale, à 40 centimes ;

En matière civile, à 30 centimes.

3. Les greffiers des tribunaux civils de première instance ont droit à 65 centimes par page pour les mandements ou bordereaux de collocation qu'ils délivrent aux créanciers en matière d'ordre et de contribution.

4. Les dispositions des lois et décrets antérieurs sont abrogées en ce qu'elles ont de contraire au présent décret.

————

DÉCRET

Déterminant la qualité et les dimensions du papier servant à la confection des actes d'avoué à avoué.

(23 juin 1892.)

Art. 1er. Le papier servant aux actes d'avoué à avoué doit être de la même qualité et des mêmes dimensions que le petit papier ou la demi-feuille visés au tableau de l'article 3 de la loi du 13 brumaire an VII.

2. Ne pourront être admis en taxe par les magistrats taxateurs que les actes d'avoué à avoué rédigés sur le papier ayant la qualité et les dimensions indiquées par l'article précédent.

————

DÉCRET

Portant règlement d'administration publique en exécution de l'article 4 de la loi du 16 mars 1893, relative à la publicité à donner aux décisions prononçant une interdiction ou nommant un conseil judiciaire (V. S. C. 618).

(9 mai 1893)

Art. 5. Il est alloué à l'avoué de première instance, pour la rédaction et la transmission de l'extrait som-

maire du jugement d'interdiction, y compris les frais de recommandation de la lettre, un émolument de 6 fr. Cet émolument est de 9 fr. pour les avoués près les cours d'appel.

6. Il est alloué au greffier : — 1° Pour la mention de l'extrait sommaire du jugement ou de l'arrêt sur le registre spécial, un émolument de 2 fr.; — 2° Pour la rédaction et l'envoi du certificat constatant l'accomplissement de la formalité, un émolument de 0 fr. 60, les frais de recommandation de lettre d'envoi restant à sa charge ; — 3° Pour la communication sans déplacement du registre spécial ou pour droit de recherche, sans qu'il y ait jamais lieu à double droit pour communication ou recherche, un émolument de 0 fr. 50 ; — Et pour la rédaction et la délivrance de la copie des mentions contenues au registre spécial, un émolument complémentaire de 0 fr. 50.

————

DÉCRET

Portant fixation des émoluments attribués aux greffiers des justices de paix pour certains actes de la procédure de saisie-arrêt sur les salaires et petits traitements des ouvriers ou employés.

(8 février 1895.)

Art. 1er. Il est alloué aux greffiers des justices de paix, en dehors de tous déboursés faits par eux : 1° Pour toutes communications par lettres recommandées, 50 centimes ; — Si elles contiennent notification d'un jugement par défaut, 1 fr. 75 ; — 2° Pour chaque copie de l'état de répartition, 2 francs. — S'il n'est délivré qu'un extrait, 1 franc.

2. Le papier destiné à la notification des jugements et des états de répartition devra être de la même qualité et des mêmes dimensions que le petit papier ou la demi-feuille visés au tableau de l'art. 3 de la loi du 13 brumaire an VII.

————

FIN DES TARIFS EN MATIÈRE CIVILE.

TABLE

DES TARIFS EN MATIÈRE CIVILE

FIN DE LA TABLE DES TARIFS EN MATIÈRE CIVILE

IIᴱ ANNEXE

DU CODE DE PROCÉDURE CIVILE

LOI

Sur les tribunaux civils de première instance.

(11 avril 1838).

Art 1ᵉʳ. Les tribunaux civils de première instance connaîtront, en dernier ressort, des actions personnelles et mobilières jusqu'à la valeur de 1,500 francs de principal, et des actions immobilières jusqu'à 60 francs de revenu, déterminé, soit en rentes, soit par prix de bail — Ces actions seront instruites et jugées comme matières sommaires.

2. Lorsqu'une demande reconventionnelle ou en compensation aura été formée dans les limites de la compétence des tribunaux civils de première instance en dernier ressort, il sera statué sur le tout sans qu'il y ait lieu à appel. — Si l'une des demandes s'élève au-dessus des limites ci-dessus indiquées, le tribunal ne prononcera, sur toutes les demandes, qu'en premier ressort. — Néanmoins, il sera statué en dernier ressort sur les demandes en dommages-intérêts, lorsqu'elles seront fondées exclusivement sur la demande principale elle-même.

3. Les tribunaux dont les noms suivent, actuellement composés de trois juges et trois suppléants, seront, à l'avenir, composés de quatre juges et trois suppléants : Alais, *Altkirch*, Argentan, Aubusson, Bagnères, Bayeux, Belfort, Bourgoin, Charolles, Espalion, Issoire, Largentière, Lure, Mauriac, Marvejols, Neufchâtel, Oléron, Roanne, Saint-Gaudens, Saint-Girons, Saint-Lô, Saint-Marcellin, *Sarreguemines*, *Saverne*, *Schelestadt*, Uzès, Villefranche (Aveyron), Villefranche (Rhône), *Wissembourg* (1).

4. Les tribunaux de Saint-Étienne (Loire) et de Vienne (Isère), actuellement composés de quatre juges et trois suppléants, seront portés à sept juges et quatre suppléants. — En conséquence, ils seront augmentés d'un vice-président, de deux juges, d'un juge suppléant, d'un substitut du procureur du roi et d'un commis-greffier.

5. Seront, à l'avenir, composés de sept juges, au lieu de neuf, les tribunaux dont les noms suivent : Alençon, Auch, Bourbon-Vendée, Carpentras, Digne, Laval, Le Mans, Montauban, Mont-de-Marsan, Moulins, Niort, Perpignan, Saintes, Quimper, Saint-Omer, Saint-Brieuc, Vannes.

6. Le tribunal de Grenoble, actuellement composé de neuf juges, sera porté à douze et formera à l'avenir trois chambres. — En conséquence, il sera augmenté d'un vice-président, de deux juges, de deux juges suppléants, d'un substitut et d'un commis-greffier.

7. Le nombre, la durée des audiences et leur affectation aux différentes natures d'affaires, seront fixés, dans chaque tribunal, par un règlement qui sera soumis à l'approbation du garde des sceaux.

8. Dans les tribunaux où il sera formé une chambre

(1) Le décret du 12 décembre 1860 a modifié le personnel de plusieurs tribunaux.

temporaire, les juges suppléants qui feront partie de cette chambre, comme juges ou substituts, recevront, pendant toute sa durée, le même traitement que les juges.

9. Dans le cas où la peine de la suspension aura été prononcée contre un juge pour plus d'un mois, un des juges suppléants sera appelé à le remplacer, et il recevra le traitement de juge.

10. Tout juge suppléant qui, sans motifs légitimes, refuserait de faire le service auquel il serait appelé, pourra, après procès-verbal constatant sa mise en demeure et son refus, être considéré comme démissionnaire.

11. Dans tous les cas où les tribunaux de première instance statuent en assemblée générale, l'assemblée devra être composée, au moins, de la majorité des juges en titre. — Les juges suppléants n'auront voix délibérative que lorsqu'ils remplaceront un juge. — Dans tous les autres cas ils auront voix consultative.

12. — *Transitoire.*

LOI

Sur les justices de paix.

(25 mai 1838.)

Art. 1ᵉʳ. Les juges de paix connaissent de toutes actions purement personnelles ou mobilières, en dernier ressort, jusqu'à la valeur de 100 francs, et à charge d'appel, jusqu'à la valeur de 200 francs.

2. Les juges de paix prononceront, sans appel, jusqu'à la valeur de 100 francs, et, à charge d'appel, jusqu'au taux de la compétence en dernier ressort des tribunaux de première instance (1,500 francs). *L. 11 avril 1838, art. 1ᵉʳ*) : — Sur les contestations entre les hôteliers, aubergistes ou logeurs, et les voyageurs ou locataires en garni, pour dépense d'hôtellerie et perte ou avarie d'effets déposés dans l'auberge ou dans l'hôtel; — Entre les voyageurs et les voituriers ou bateliers, pour retards, frais de route et perte ou avarie d'effets accompagnant les voyageurs; — Entre les voyageurs et les carrossiers ou autres ouvriers, pour fournitures, salaires et réparations faites aux voitures de voyage.

3. Les juges de paix connaissent, sans appel, jusqu'à la valeur de 100 francs, et, à charge d'appel, à quelque valeur que la demande puisse s'élever : — Des actions en paiement de loyers ou fermages, des congés, des demandes en résiliation de baux, fondées sur le seul défaut de paiement des loyers ou fermages, des expulsions de lieux et des demandes en validité de saisie-gagerie : le tout lorsque les locations verbales ou par écrit n'excèdent pas annuellement 400 francs. (*Ainsi remplacé par la loi du 2 mai 1855*) : — Si le prix principal du bail consiste en denrées ou prestations en nature, appréciables d'après les mercuriales, l'évaluation sera faite sur celles du jour de l'échéance, lorsqu'il s'agira du paiement

des fermages. Dans tous les autres cas, elle aura lieu suivant les mercuriales du mois qui aura précédé la demande. Si le prix principal du bail consiste en prestations non appréciables d'après les mercuriales, ou s'il s'agit de baux à colons partiaires, le juge de paix déterminera la compétence, en prenant pour base du revenu de la propriété le principal de la contribution foncière de l'année courante, multiplié par cinq.

4. Les juges de paix connaissent sans appel, jusqu'à la valeur de 100 francs, et, à charge d'appel, jusqu'au taux de la compétence en dernier ressort des tribunaux de première instance : — 1° Des indemnités réclamées par le locataire ou fermier pour non-jouissance provenant du fait du propriétaire, lorsque le droit à une indemnité n'est pas contesté ; — 2° Des dégradations et pertes dans les cas prévus par les articles 1732 et 1735 du Code civil. — Néanmoins, le juge de paix ne connaît des pertes causées par incendie ou inondation que dans les limites posées par l'article 1er de la présente loi.

5. Les juges de paix connaissent également, sans appel, jusqu'à la valeur de 100 francs, et, à charge d'appel, à quelque valeur que la demande puisse s'élever : — 1° Des actions pour dommages faits aux champs, fruits et récoltes, soit par l'homme, soit par les animaux, et de celles relatives à l'élagage des arbres ou haies, et au curage, soit des fossés, soit des canaux servant à l'irrigation des propriétés ou au mouvement des usines, lorsque les droits de propriété ou de servitude ne sont pas contestés; — 2° Des réparations locatives des maisons ou fermes, mises par la loi à la charge du locataire ; — 3° Des contestations relatives aux engagements respectifs des gens de travail au jour, au mois et à l'année, et de ceux qui les emploient; des maîtres et des domestiques ou gens de services à gages; des maîtres et de leurs ouvriers ou apprentis, sans néanmoins qu'il soit dérogé aux lois et règlements relatifs à la juridiction des prud'hommes; — 4° Des contestations relatives au paiement des nourrices, sauf ce qui est prescrit par les lois et règlements d'administration publique à l'égard des bureaux de nourrices de la ville de Paris et de toutes les autres villes ; — 5° Des actions civiles pour diffamation verbale et pour injures publiques, ou non publiques, verbales ou par écrit, autrement que par la voie de la presse; des mêmes actions pour rixes ou voies de fait; le tout lorsque les parties ne se sont pas pourvues par la voie criminelle.

6. Les juges de paix connaissent, en outre, à charge d'appel : — 1° Des entreprises commises dans l'année, sur les cours d'eau servant à l'irrigation des propriétés et au mouvement des usines et moulins, sans préjudice des attributions de l'autorité administrative dans les cas déterminés par les lois et par les règlements; des dénonciations de nouvel œuvre, complaintes, actions en réintégrande et autres actions possessoires fondées sur des faits également commis dans l'année; — 2° Des actions en bornage et de celles relatives à la distance prescrite par la loi, les règlements particuliers et l'usage des lieux, pour les plantations d'arbres ou de haies, lorsque la propriété ou les titres qui l'établissent ne sont pas contestés; — 3° Des actions relatives aux constructions et travaux énoncés dans l'article 674 du Code civil, lorsque la propriété ou la mitoyenneté du mur ne sont pas contestées ; — 4° Des demandes en pension alimentaire n'excédant pas 150 francs par an, et seulement lorsqu'elles seront formées en vertu des articles 205, 206 et 207 du Code civil.

7. Les juges de paix connaissent de toutes les demandes reconventionnelles ou en compensation qui, par leur nature ou leur valeur, sont dans les limites de leur compétence, alors même que, dans les cas prévus par l'article 1er, ces demandes, réunies à la demande principale, s'élèveraient au-dessus de 200 francs. Ils connaissent, en outre, à quelques sommes qu'elles puissent monter, des demandes reconventionnelles en dommages et intérêts fondées exclusivement sur la demande principale elle-même.

8. Lorsque chacune des demandes principales, reconventionnelles ou en compensation, sera dans les limites de la compétence du juge de paix en dernier ressort, il prononcera en dernier ressort. — Si l'une de ces demandes n'est susceptible d'être jugée qu'à charge d'appel, le juge de paix ne prononcera sur toutes qu'en premier ressort. — Si la demande reconventionnelle ou en compensation excède les limites de sa compétence, il pourra, soit retenir le jugement de la demande principale, soit renvoyer, sur le tout, les parties à se pourvoir devant le tribunal de première instance, sans préliminaire de conciliation.

9. Lorsque plusieurs demandes formées par la même partie seront réunies dans une même instance, le juge de paix ne prononcera qu'en premier ressort, si leur valeur totale s'élève au-dessus de 100 francs, lors même que quelqu'une de ces demandes serait inférieure à cette somme. Il sera incompétent sur le tout, si ces demandes excèdent, par leur réunion, les limites de sa juridiction.

10. Dans les cas où la saisie-gagerie ne peut avoir lieu qu'en vertu de permission de justice, cette permission sera accordée par le juge de paix du lieu où la saisie devra être faite, toutes les fois que les causes rentreront dans sa compétence. — S'il y a opposition de la part des tiers, pour des causes et pour des sommes qui, réunies, excéderaient cette compétence, le jugement en sera déféré aux tribunaux de première instance.

11. L'exécution provisoire des jugements sera ordonnée dans tous les cas où il y a titre authentique, promesse reconnue, ou condamnation précédente dont il n'y a point eu appel. — Dans tous les autres cas, le juge pourra ordonner l'exécution provisoire, nonobstant appel, avec ou sans caution, lorsqu'il s'agira de pension alimentaire, ou lorsque la somme n'excédera pas 300 francs, et avec caution, au-dessus de cette somme. — La caution sera reçue par le juge de paix.

12. S'il y a péril en la demeure, l'exécution provisoire pourra être ordonnée sur la minute du jugement, avec ou sans caution, conformément aux dispositions de l'article précédent.

13. L'appel des jugements des juges de paix ne sera recevable ni avant les trois jours qui suivront celui de la prononciation des jugements, à moins qu'il n'y ait lieu à exécution provisoire, ni après les trente jours qui suivront la signification à l'égard des personnes domiciliées dans le canton. — Les personnes domiciliées hors du canton auront, pour interjeter appel, outre le délai de trente jours, le délai réglé par les articles 73 et 1033 du Code de procédure civile.

14. Ne sera pas recevable l'appel des jugements mal à propos qualifiés en premier ressort, ou qui, étant en dernier ressort, n'auraient point été qualifiés. — Seront sujets à l'appel les jugements qualifiés en dernier ressort, s'ils ont statué, soit sur des questions de compétence, soit sur des matières dont le juge de paix ne pouvait connaître qu'en premier ressort. Néanmoins, si le juge de paix s'est déclaré compétent, l'appel ne pourra être interjeté qu'après le jugement définitif.

15. Les jugements rendus par les juges de paix ne pourront être attaqués par la voie du recours en cassation que pour excès de pouvoir.

16. Tous les huissiers d'un même canton auront le droit de donner toutes les citations et de faire tous les actes devant la justice de paix. Dans les villes où il y a plusieurs justices de paix, les huissiers exploitent concurremment dans le ressort de la juridiction assignée à leur résidence. Tous les huissiers du même canton seront tenus de faire le service des audiences, et d'assister le juge de paix toutes les fois qu'ils en seront requis ; les juges de paix choisiront leurs huissiers audienciers.

17. (*Ainsi modifié, L. 2 mai 1855.*) Dans toutes les causes, excepté celles qui requièrent célérité et celles dans lesquelles le défendeur serait domicilié hors du canton ou des cantons de la même ville, il est interdit aux huissiers de donner aucune citation en justice, sans qu'au préalable le juge de paix ait appelé les parties devant lui au moyen d'un avertissement sur papier non timbré, rédigé et délivré par le greffier, au nom et sous la surveillance du juge de paix, et expédié par la poste, sous bande simple, scellée du sceau de la justice de paix, avec affranchissement. — A cet effet, il sera par le greffier un registre sur papier non timbré, constatant l'envoi et le résultat des avertissements ; ce registre sera coté et paraphé par le juge de paix. Le greffier recevra pour tout droit et par chaque avertissement une rétribution de 25 centimes, y compris l'affranchissement, qui sera dans tous les cas de 10 centimes. — S'il y a conciliation, le juge de paix, sur la demande de l'une des parties, peut dresser procès-verbal des conditions de l'arrangement ; ce procès-verbal aura force d'obligation privée. — Dans les cas qui requièrent célérité, il ne sera remis de citation non précédée d'avertissement qu'en vertu d'une permission donnée sans frais par le juge de paix, sur l'original de l'exploit. — En cas d'infraction aux dispositions ci-dessus de la part de l'huissier, il supportera sans répétition les frais de l'exploit.

18. Dans les causes portées devant la justice de paix, aucun huissier ne pourra ni assister comme conseil, ni représenter les parties en qualité de procureur fondé, à peine d'une amende de 25 à 50 francs, qui sera prononcée sans appel par le juge de paix. — Ces dispositions ne seront pas applicables aux huissiers qui se trouveront dans l'un des cas prévus par l'article 86 du Code de procédure civile.

19. En cas d'infraction aux dispositions des articles 16, 17 et 18, le juge de paix pourra défendre aux huissiers du canton de citer devant lui, pendant un délai de quinze jours à trois mois, sans appel et sans préjudice de l'action disciplinaire des tribunaux et des dommages-intérêts des parties, s'il y a lieu.

20. Les actions concernant les brevets d'invention seront portées, s'il s'agit de nullité ou de déchéance des brevets, devant les tribunaux civils de première instance ; s'il s'agit de contrefaçon, devant les tribunaux correctionnels.

21. Toutes les dispositions des lois antérieures contraires à la présente loi sont abrogées.

LOI

Qui modifie celles des 25 mai 1838 et 20 mai 1854, sur les justices de paix.

(2 mai 1859).

Art. 1er. L'article 3 de la loi du 25 mai 1838, modifié par la loi du 20 mai 1854, est remplacé par la disposition suivante :

« Art. 3. Les juges de paix connaissent, sans appel, jusqu'à la valeur de 100 francs, et, à charge d'appel, à quelque valeur que la demande puisse s'élever, des actions en paiement de loyers ou fermages, des congés, des demandes en résiliation de baux, fondées sur le seul défaut de paiement des loyers ou fermages, des expulsions de lieux et des demandes en validité de saisie-gagerie, le tout lorsque les locations verbales ou par écrit n'excèdent pas annuellement 400 francs. — Si le prix principal du bail consiste en denrées ou prestations en nature appréciables d'après les mercuriales, l'évaluation sera faite sur celle du jour de l'échéance, lorsqu'il s'agira du paiement des fermages. Dans tous les autres cas, elle aura lieu suivant les mercuriales du mois qui aura précédé la demande. — Si le prix principal du bail consiste en prestations non appréciables d'après les mercuriales, ou s'il s'agit de baux à colons partiaires, le juge de paix déterminera la compétence, en prenant pour base du revenu de la propriété le principal de la contribution foncière de l'année courante, multiplié par cinq. »

2. L'article 17 de la loi du 25 mai 1838 est modifié ainsi qu'il suit :

« Art. 17. Dans toutes les causes, excepté celles qui requièrent célérité, et celles dans lesquelles le défendeur serait domicilié hors du canton ou des cantons de la même ville, il est interdit aux huissiers de donner aucune citation en justice sans qu'au préalable le juge de paix ait appelé les parties devant lui, au moyen d'un avertissement sur papier non timbré, rédigé et délivré par le greffier, au nom et sous la surveillance du juge de paix, et expédié par la poste, sous bande simple, scellée du sceau de la justice de paix, avec affranchissement. — A cet effet, il sera tenu par le greffier un registre sur papier non timbré, constatant l'envoi et le résultat des avertissements ; ce registre sera coté et paraphé par le juge de paix. Le greffier recevra, pour tout droit et par chaque avertissement, une rétribution de 25 centimes, y compris l'affranchissement, qui sera, dans tous les cas, de 10 centimes. — S'il y a conciliation, le juge de paix, sur la demande de l'une des parties, peut dresser procès-verbal des conditions de l'arrangement ; ce procès-verbal aura force d'obligation privée. — Dans tous les cas qui requièrent célérité, il ne sera remis de citation non précédée d'avertissement qu'en vertu d'une permission donnée, sans frais, par le juge de paix, sur l'original de l'exploit. — En cas d'infraction aux dispositions ci-dessus de la part de l'huissier, il supportera sans répétition les frais de l'exploit. »

8

LOI

Qui détermine, pour la Corse et pour l'Algérie, les délais des instances devant le conseil d'Etat et devant la Cour de cassation.

(11 juin 1859.)

Art. 1er. Les délais à observer dans les instances portées devant le conseil d'Etat par les habitants du département de la Corse et par ceux de l'Algérie seront les mêmes que les délais réglés par le décret du 22 juillet 1806 pour les habitants de la France continentale. — L'article 13 du même décret cessera de leur être appliqué.

2. Les lois et règlements qui déterminent pour la France continentale les délais à observer pour les pourvois et procédures en matière civile devant la Cour de cassation sont également applicables à la Corse et à l'Algérie. (*Modifié par la loi du 2 juin 1862, art. 5.*)

3. Toutes les dispositions contraires à la présente loi sont abrogées.

LOI

Concernant les délais des pourvois devant la Cour de cassation en matière civile.

(2 juin 1862.)

Art. 1er. Le délai pour se pourvoir en cassation sera de deux mois, à compter du jour où la signification de la décision objet du pourvoi aura été faite à personne ou à domicile. — A l'égard des jugements et arrêts par défaut qui pourront être déférés à la Cour de cassation, ce délai ne courra qu'à compter du jour où l'opposition ne sera plus recevable.

2. Le demandeur en cassation est tenu de signifier l'arrêt d'admission à personne ou à domicile, dans les deux mois après sa date; sinon, il est déchu de son pourvoi envers ceux des défendeurs à qui la signification aurait dû être faite.

3. Le délai pour comparaître sera d'un mois à partir de la signification de l'arrêt d'admission faite à la personne ou à domicile des défendeurs.

4. Les délais fixés par les articles 1 et 3, relativement au pourvoi en cassation et à la comparution des défendeurs, seront augmentés de huit mois en faveur des demandeurs ou défendeurs absents du territoire français de l'Europe ou de l'Algérie, pour cause de service public, et en faveur des gens de mer absents de ce même territoire pour cause de navigation.

5. Il est ajouté au délai ordinaire du pourvoi, lorsque le demandeur sera domicilié en Corse, en Algérie, dans les Iles Britanniques, en Italie, dans le Royaume des Pays-Bas et dans les Etats ou Confédérations limitrophes de la France continentale, un mois. — S'il est domicilié dans les autres Etats, soit de l'Europe, soit du littoral de la Méditerranée et de celui de la mer Noire, deux mois. — S'il est domicilié hors d'Europe, en deçà des détroits de Malacca et de la Sonde ou en deçà du cap Horn, cinq mois. — S'il est domicilié au delà des détroits de Malacca et de la Sonde ou au delà du cap Horn, huit mois. — Les délais ci-dessus seront doublés pour les pays d'outre-mer, en cas de guerre maritime.

6. Les mêmes délais seront ajoutés : — 1° Au dé-lai ordinaire accordé au demandeur lorsqu'il devra signifier l'arrêt d'admission dans l'un des pays désignés en l'article précédent ; — 2° Au délai ordinaire réglé par l'article 3, lorsque les défendeurs domiciliés dans l'un de ces pays devront comparaître sur la signification de l'arrêt d'admission.

7. Lorsque le délai pour la comparution sera expiré sans que le défendeur se soit fait représenter devant la Cour, l'audience ne pourra être poursuivie que sur un certificat du greffier constatant la non comparution du défendeur.

8. Les arrêts de la chambre des requêtes, contenant autorisation d'assigner en matière de règlement de juge ou de renvoi pour suspicion légitime, seront signifiés dans le mode prescrit aux défendeurs, sous peine de déchéance. Les défendeurs devront comparaître dans le délai fixé par l'article 3. Néanmoins, ces délais pourront être augmentés, suivant les circonstances, par l'arrêt portant permission d'assigner.

9. Tous ces délais ci-dessus énoncés seront francs; si le dernier jour du délai est un jour férié, le délai sera prorogé au lendemain. Les mois seront comptés suivant le calendrier grégorien.

10. Il n'est pas dérogé aux lois spéciales qui régissent les pourvois en matière électorale et d'expropriation pour cause d'utilité publique.

11. Sont abrogés, dans leurs dispositions contraires à la présente loi, l'ordonnance d'août 1737, le règlement du 28 juin 1738, les lois des 27 novembre 1790, 2 septembre 1793, 1er frimaire an II, 11 juin 1839, et autres lois relatives à la procédure en matière civile devant la Cour de cassation.

LOI

Relative à la saisie-arrêt sur les salaires et petits traitements des ouvriers ou employés.

(12 janvier 1895.)

TITRE Ier. — SAISIE-ARRÊT.

Art. 1er. Les salaires des ouvriers et gens de service ne sont saisissables que jusqu'à concurrence du dixième, quel que soit le montant de ces salaires. — Les appointements ou traitements des employés ou commis, et des fonctionnaires, ne sont également saisissables que jusqu'à concurrence du dixième, lorsqu'ils ne dépassent pas 2,000 francs par an.

2. Les salaires, appointements et traitements visés par l'article 1er ne pourront être cédés que jusqu'à concurrence d'un autre dixième.

3. Les cessions et saisies faites pour le paiement des dettes alimentaires prévues par les articles 203, 205, 206, 207, 214 et 349 du Code civil, ne sont pas soumises aux restrictions qui précèdent.

4 Aucune compensation ne s'opère au profit des patrons entre le montant des salaires dus par eux à leurs ouvriers, et les sommes qui leur seraient dues à eux-mêmes pour fournitures diverses, quelle qu'en soit la nature, à l'exception toutefois : — 1° Des outils ou instruments nécessaires au travail ; — 2° Des matières et matériaux dont l'ouvrier a la charge et l'usage; — 3° Des sommes avancées pour l'acquisition de ces mêmes objets.

5. Tout patron qui fait une avance en espèces en dehors du cas prévu par le paragraphe 3 de l'article 4 qui précède ne peut se rembourser qu'au moyen de retenues successives ne dépassant pas le dixième du montant des salaires ou appointements exigibles. — La retenue opérée de ce chef ne se confond, ni avec la partie saisissable, ni avec la partie cessible portée en l'article 2. — Les acomptes sur un travail en cours ne sont pas considérées comme avances.

TITRE II. — PROCÉDURE DE SAISIE-ARRÊT SUR LES SALAIRES ET PETITS TRAITEMENTS.

6. La saisie-arrêt sur les salaires et les appointements ou traitements ne dépassant pas annuellement 2,000 francs, dont il s'agit à l'article 1er de la présente loi, ne pourra être pratiquée, s'il y a titre, que sur le visa du greffier de la justice de paix du domicile du débiteur saisi. — S'il n'y a point de titre, la saisie-arrêt ne pourra être pratiquée qu'en vertu de l'autorisation du juge de paix du domicile du débiteur saisi. — Toutefois, avant d'accorder l'autorisation, le juge de paix pourra, si les parties n'ont déjà été appelées en conciliation, convoquer devant lui, par simple avertissement, le créancier et le débiteur ; s'il intervient un arrangement, il en sera tenu note par le greffier, sur un registre spécial exigé par l'article 14. L'exploit de saisie-arrêt contiendra en tête l'extrait du titre, s'il y en a un, ainsi que la copie du visa, et, à défaut de titre, copie de l'autorisation du juge. L'exploit sera signifié au tiers saisi, ou à son représentant préposé au paiement des salaires ou traitements, dans le lieu où travaille le débiteur saisi.

7. L'autorisation accordée par le juge évaluera ou énoncera la somme pour laquelle la saisie-arrêt sera formée. — Le débiteur pourra toucher du tiers saisi la portion non saisissable de ses salaires, gages, ou appointements. — Une seule saisie-arrêt doit être autorisée par le juge. S'il survient d'autres créanciers, leur réclamation, signée et déclarée sincère par eux, et contenant toutes les pièces de nature à mettre le juge à même de faire l'évaluation de la créance, sera inscrite par le greffier sur le registre exigé par l'article 14. Le greffier se bornera à en donner avis dans les quarante-huit heures au débiteur saisi et au tiers saisi, par lettre recommandée, qui vaudra opposition.

8. L'huissier saisissant sera tenu de faire parvenir au juge de paix, dans le délai de huit jours à dater de la saisie, l'original de l'exploit, sous peine d'une amende de 10 francs, qui sera prononcée par le juge de paix en audience publique.

9. Tout créancier saisissant, le débiteur et le tiers saisi, pourront requérir la convocation des intéressés devant le juge de paix du débiteur saisi, par une déclaration consignée sur le registre spécial prévu en l'article 14. Dans les quarante-huit heures de cette réquisition, le greffier adressera : 1° au saisi ; 2° au tiers saisi ; 3° à tous autres créanciers opposants, un avertissement recommandé, à comparaître devant le juge de paix à l'audience que celui-ci aura fixée. — A cette audience ou à toute autre fixée par lui, le juge de paix, prononçant sans appel dans la limite de sa compétence, et à charge d'appel à quelque valeur que la demande puisse s'élever, statuera sur la validité, la nullité ou la mainlevée de la saisie, ainsi que sur la déclaration affirmative que le tiers saisi sera tenu de faire audience tenante. — Le tiers saisi qui ne comparaîtra pas, ou qui ne fera pas sa déclaration, ainsi qu'il est dit ci-dessus, sera déclaré débiteur pur et simple des retenues non opérées, et condamné aux frais par lui occasionnés.

10. Si le jugement est rendu par défaut, avis de ses dispositions sera transmis par le greffier à la partie défaillante, par lettre recommandée, dans les cinq jours du prononcé. — L'opposition, qui ne sera recevable que dans les huit jours de la date de la lettre, consistera dans une déclaration à faire au greffe de la justice de paix, sur le registre prescrit par l'article 14. — Toutes parties intéressées seront prévenues, par lettre recommandée du greffier, pour la plus prochaine audience utile. Le jugement qui interviendra sera réputé contradictoire. L'appel relevé contre le jugement contradictoire sera formé dans les dix jours du prononcé du jugement, et, dans le cas où il aurait été rendu par défaut, du jour de l'expiration des délais d'opposition, sans que, dans le cas du jugement contradictoire, il soit besoin de le signifier.

11. Après l'expiration des délais de recours, le juge de paix pourra surseoir à la convocation des parties intéressées, tant que la somme à distribuer n'atteindra pas, déduction faite des frais à prélever et des créances privilégiées, un chiffre suffisant pour distribuer aux créanciers connus un dividende de 20 p. 0/0 au moins. S'il y a somme suffisante, et si les parties ne se sont pas amiablement entendues pour la répartition, le juge procédera à la distribution entre les ayants droit. Il établira son état de répartition sur le registre prescrit par l'article 14. Une copie de cet état, signée du juge et du greffier, indiquant le montant des frais à prélever, le montant des créances privilégiées, s'il en existe, et le montant des sommes attribuées dans la répartition à chaque ayant droit, sera transmise par le greffier, par lettre recommandée, au débiteur saisi ou au tiers saisi, et à chaque créancier colloqué. — Ces derniers auront une action directe contre le tiers saisi en payement de leur collocation. Les ayants droit aux frais et aux collocations utiles donneront quittance en marge de l'état de répartition remis au tiers saisi, qui se trouvera libéré d'autant.

12. Les effets de la saisie-arrêt et les oppositions consignées par le greffier sur le registre spécial subsisteront jusqu'à complète libération du débiteur.

13. Les frais de saisie-arrêt et de distribution seront à la charge du débiteur saisi. Ils seront prélevés sur la somme à distribuer. — Tous frais de contestation jugée mal fondée seront mis à la charge de la partie qui aura succombé.

14. Pour l'exécution de la présente loi, il sera tenu au greffe de chaque justice de paix un registre sur papier non timbré, qui sera coté et parafé par le juge de paix, et sur lequel seront inscrits : 1° Les visas ou ordonnances autorisant la saisie-arrêt ; — 2° Le dépôt de l'exploit ; — 3° La réquisition de la convocation des parties ; — 4° Les arrangements intervenus ; — 5° Les interventions des autres créanciers ; — 6° La déclaration faite par le tiers saisi ; — 7° La mention des avertissements ou lettres recommandées transmises aux parties ; — 8° Les décisions du juge de paix ; — 9° La répartition établie entre les ayants droit.

15. Tous les exploits, autorisations, jugements, décisions, procès-verbaux et états de répartition qui pourront intervenir en exécution de la présente loi seront rédigés sur papier non timbré et enregistrés gratis. Les avertissements et lettres recommandées, et les copies d'état de répartition, sont exempts de tout droit de timbre et d'enregistrement.

16. Un décret déterminera les émoluments à allouer aux greffiers pour l'envoi des lettres recommandées, et pour dressé de tous extraits et copies d'état de répartition.

17. Les lois et décrets antérieurs sont abrogés en ce qu'ils ont de contraire à la présente loi.

18. La présente loi est applicable à l'Algérie et aux colonies.

———

LOI

Relative à la tenue par les juges de paix d'audiences foraines (1).

(21 mars 1896.)

Le Sénat et la Chambre des députés ont adopté,
Le Président de la République promulgue la loi dont la teneur suit :

(1) 19 fév. 1896, présentation par le gouvernement, à la Chambre des députés, d'une proposition de loi relative à la

ARTICLE UNIQUE. Le juge de paix doit tenir ses audiences au chef-lieu du canton.

Toutefois, le Président de la République peut, par décret rendu le conseil d'Etat entendu, l'autoriser à tenir des audiences supplémentaires en des communes autres que le chef-lieu du canton.

Le juge de paix et son greffier recevront dans ce cas, et lorsqu'il y aura lieu à déplacement de leur part, une indemnité qui sera supportée par les communes intéressées.

tenue, par les juges de paix, d'audiences foraines (*Journal off.* du 1er mars; Doc. parl. Ch., 1895, p. 213; Ann. 1187).

30 mars, dépôt du rapport de la commission, par M. Vallé, (*Id.* du 26 avril, *Ibid.*, p. 350; Ann. 1265).

4 avril, déclaration d'urgence et adoption.

8 avril, transmission au Sénat.

14 fév. 1896, dépôt du rapport de la commission, par M. Mir (Ann. 86).

5 mars 1896, discussion et adoption en première délibération; 16 mars, adoption, sans discussion, en deuxième délibération.

21 mars 1896, promulgation (*Journal off.* du 23 mars, page 1641).

FIN.

Besançon. — Imprimerie Outhenin-Chalandre fils et Cie.

CODE DE LA PRATIQUE NOTARIALE

CONTENANT TOUTE

LA LÉGISLATION, LES DOCUMENTS MINISTÉRIELS & LES RÈGLEMENTS INTÉRESSANT LE NOTARIAT

AU COURANT JUSQU'EN 1897

Par Lucien GENTY

Ancien principal Clerc de notaire à Paris, Chef de division au Crédit Foncier de France

SUIVI D'UN

RÉSUMÉ ET TARIF ALPHABÉTIQUE DES DROITS D'ENREGISTREMENT

Par LEFEBVRE

Docteur en droit, Ancien Employé supérieur de l'Enregistrement

ET DU

Texte complet du Code civil et du Code de Procédure civile

1 beau vol. in-8° jésus. — PRIX : **15 fr.**

Ce prix sera porté à **18 fr.** *à partir du 1er mars 1897*

Ouvrage tenu au courant par le Supplément à tous les Codes

RÉSUMÉ & TARIF ALPHABÉTIQUE DES DROITS D'ENREGISTREMENT

PAR LEFEBVRE

DOCTEUR EN DROIT, ANCIEN EMPLOYÉ SUPÉRIEUR DE L'ENREGISTREMENT

Au courant jusqu'en 1897

1 brochure in-8° jésus (1897). — PRIX . . . . **4 fr.**

LES CODES FRANÇAIS

Editions portatives de 1897

PUBLIÉES PAR PAUL ROY

Code civil. 1 brochure in-8° jésus (pour la serviette et l'audience), 3 fr.; reliure souple, 4 fr.

Le même (de poche). 1 vol. in-32, broché, 1 fr. 50; relié, 2 fr.

Code de Procédure civile. 1 brochure in-8° jésus, 2 fr. 50; reliure souple, 3 fr. 50.

Le même. 1 vol. in-32, broché, 1 fr. 50; relié, 2 fr.

Code de Commerce. 1 brochure in-8° jésus, 2 fr.; reliure souple, 3 fr.

Le même. 1 vol. in-32, broché, 1 fr. 50; relié, 2 fr.

Nous adressons ces Codes réunis, au choix du Client, en un seul volume.

BESANÇON. — IMP. OUTHENIN-CHALANDRE FILS ET Cie.

www.ingramcontent.com/pod-product-compliance
Lightning Source LLC
Chambersburg PA
CBHW071151200326
41519CB00018B/5178